Martina Rellin
Mein Liebhaber

SERIE PIPER

Zu diesem Buch

Die Ehe, die feste Partnerschaft – sie funktionieren. Aber war da nicht noch was? Das gewisse Kribbeln, Schmetterlinge im Bauch, Lust und Leidenschaft? Immer mehr Frauen erleben das, was sie in ihrer festen Partnerschaft vermissen, mit ihrem Liebhaber: Romantik, Abenteuer, Leichtigkeit. Sie genießen den Liebhaber heimlich und ohne schlechtes Gewissen. – Seit ihrem Bestseller »Ich habe einen Liebhaber« wurde Martina Rellin immer wieder von Leserinnen angesprochen, die ihr ebenfalls ihre Geheimnisse anvertrauen wollten. Die neuen Berichte in diesem Buch überraschen mit noch ungewöhnlicheren Lebenskonstellationen: Frauen bekommen Kinder von ihrem Liebhaber, wohnen mit Mann und Liebhaber zusammen, erleben die Liebe zu viert … Und sie zeigen, daß Frauen die Liebe ebenso selbstbewußt leben, wie sie Familie und Beruf vereinbaren – emanzipiert und weiblich zugleich.

Martina Rellin, geboren 1962, lebt mit ihrer Familie in Berlin. Sie war von 1994 bis 2001 Chefredakteurin der Zeitschrift Das Magazin und veröffentlichte die sehr erfolgreichen Bücher »Ich habe einen Liebhaber. Frauen erzählen von ihren Begegnungen mit dem ganz besonderen Mann«, »Wir sind die neuen Liebhaber« und »Mein Liebhaber«. Zuletzt erschienen von ihr »Klar bin ich eine Ost-Frau!«, »Ich habe einen Liebhaber. Die Gebrauchsanweisung« und »Bin ich eine gute Mutter?«.
Weiteres zur Autorin: www.martinarellin.de

Martina Rellin
Mein Liebhaber

Neue Berichte von Frauen über ihre Begegnungen mit dem ganz besonderen Mann

Piper München Zürich

Das Anaïs-Nin-Zitat stammt aus: Die Tagebücher der Anaïs Nin 1.

Von Martina Rellin liegen in der Serie Piper vor:
Ich habe einen Liebhaber (4363)
Wir sind die neuen Liebhaber (4366)
Mein Liebhaber (4367)

FSC

Dieses Taschenbuch wurde auf FSC-zertifiziertem Papier gedruckt. FSC (Forest Stewardship Council) ist eine nichtstaatliche, gemeinnützige Organisation, die sich für eine ökologische und sozialverantwortliche Nutzung der Wälder unserer Erde einsetzt (vgl. Logo auf der Umschlagrückseite).

Ungekürzte Taschenbuchausgabe
Piper Verlag GmbH, München
April 2006

Umschlag/Bildredaktion: Büro Hamburg
Heike Dehning, Charlotte Wippermann,
Alke Bücking, Daniel Barthmann
Foto Umschlagvorderseite: Miles/Zefa
Foto Umschlagrückseite: Agentur Ostkreuz, Berlin/Ute Mahler
Papier: Munken Print von Arctic Paper Munkedals AB, Schweden
Druck und Bindung: Clausen & Bosse, Leck
Printed in Germany
ISBN-13: 978-3-492-24367-4
ISBN-10: 3-492-24367-3

www.piper.de

Angst tötet die größte Liebe.
Anaïs Nin

Vorwort von Martina Rellin

Haben Sie einen Liebhaber?

Liebe Leserinnen,

wer hätte gedacht, daß man in diesem Land beim Thema Liebe und Sex noch wirklich Aufsehen erregen kann, man könnte doch annehmen, Zeitungen und Fernsehen hätten alles gebracht zu allen Liebestechniken dieser Welt, zu allem, was Frauen und Männern, Frauen und Frauen, Männern und Männern miteinander möglich ist. Aber es gab offenbar ein allerallerletztes Tabu, über das endlich mal gesprochen werden mußte: Mein Buch, das sich in dem schlichten Satz *Ich habe einen Liebhaber* zusammenfassen ließ, brachte es zur Titelzeile im *stern*. Einige der Frauen, die im Buch ihre Geschichte erzählt hatten, ließen sich für den *stern* anonym fotografieren, die Zeitschrift stellte Zitate aus dem Buch dazu – und Harald Schmidt ließ sich aus diesem Artikel und den Fotos lustige Pappen zum Hochhalten basteln, die er dann bestimmt zehn Minuten lang schwenkte und absolut kennerisch kommentierte: »Frauen, die so was machen, heißen immer Gabi« und: »Vielleicht sagen Sie zu Hause: Donnerwetter, das ist doch meine Frau.«

Nur zu gerne griffen die Medien provozierende Sätze aus dem Vorwort des Buches auf wie: »Der Liebhaber als Stabilisator der Ehe« oder: »Gäbe es die Liebhaber nicht – noch mehr Ehen landeten vor dem Scheidungsrichter.«

Dem ersten Buch mit Frauen-Berichten folgte mit Jahresabstand das Männer-Buch *Wir sind die neuen Liebhaber*, auch das ließ den Zeitungswald rascheln, dem *stern* war es unter dem Stichwort »geheime Liebhaber« wiederum eine Titelgeschichte wert. Das Medien-Echo von *Mitteldeutscher Zeitung* bis zur ZDF-Frauensendung *MonaLisa* bestätigte es, daß das Thema Liebhaber oder Liebhaberin allgemein interessiert. Und das, obwohl es bisher nicht gesellschaftsfähig ist, sich offen zum Liebhaber zu bekennen unter dem Motto: »Mein Mann kommt diesmal nicht mit zur Party, aber ich bringe meinen Liebhaber mit.«

Zu einer meiner schönsten Begegnungen im Zusammenhang mit den Liebhaber-Büchern gehört die mit dem Kapuziner Bruder Paulus, dem klugen Kolumnen-Schreiber-Mönch aus der *Bild*-Zeitung, der mir vor laufender Fernseh-Kamera bei *Vera am Mittag* (ja! Da war ich auch, ich kann Ihnen sagen …) verriet: »Zu jeder guten Ehe gehört ein Geheimnis.« Das Bruder Paulus natürlich ausdrücklich *Gott* nennt. Eine Weile später fragte mich ein Freund: »Wie kommt es eigentlich, daß dieser Pater Paulus auf seiner Website dein Buch empfiehlt?« Ja, wie kommt es? Es hat mich auf jeden Fall sehr gefreut.

Neulich blätterte ich in dem klein-formatigen, liebevoll zusammengestellten Komplett-Programm dieses Verlages und las über das Buch, das Sie jetzt in Händen halten, es sei *Teil drei der Liebhaber-Trilogie*. Genau! Drei Bücher über Liebhaber und Liebhaberinnen in drei Jahren! 60 veröffentlichte Geschichten von Frauen und Männern, etwa die doppelte Anzahl zum Gespräch getroffener Menschen, x-mal so viele, die sich gemeldet haben! Klar habe ich zwischendurch schon mal gedacht: Paß auf, daß du nicht die Liebhaber-Expertin vom Dienst wirst. Aber solche Gedanken habe ich immer weggeschoben. Sie werden sehen – und wenn Sie eines der vorherigen Bücher kennen, wissen Sie es schon –, daß es in den Protokollen auf den folgenden Seiten ja keinesfalls nur um Sex oder vordergründige Begegnungen geht. Nein, da erzählen Frauen von echten Freundschaften zu Männern, von Gefühlen, die sie tief bewegen, die sie zum Teil lange Zeit vermißt haben ... Romantik, Abenteuer, Schmetterlinge im Bauch.

Und es geht um weit mehr als den Liebhaber, es geht immer wieder um Fragen wie: Wie gestalte ich mein Leben? Was erlaube ich mir, welche Sehnsüchte habe ich, welche Wünsche erfülle ich mir? Und wie lassen sich meine Wünsche in Einklang bringen mit den Ansprüchen anderer, im Zweifelsfalle denen von Mann und Kindern?

Mehr als 5000 Menschen, überwiegend Frauen, haben sich in den vergangenen zwei Jahren bei den Lesungen überall im Lande in Buchhandlungen, Bibliotheken oder kleinen Theatersälen eingefunden, wir haben lebhaft diskutiert und werden dies gewiß auch anläßlich dieses Buches weiter tun.

Viele Frauen haben durch die Lektüre der ersten zwei Bücher, durch den Besuch einer Lesung so viel Vertrauen gefaßt, daß sie mich nach der Lesung beiseite nahmen und mir sagten: »Ich habe auch einen Liebhaber.« Allein dieser Satz wäre schon Grund genug für ein neues Buch mit neuen Geschichten gewesen, aber oft folgten dann noch Details nach, die du wirklich nur erzählst, wenn du ganz sicher bist: Es bringt meine Liebhaber-Beziehung, mein Leben, wie ich es lebe, nicht in Gefahr, wenn ich dies alles anonymisiert in einem Buch in die Öffentlichkeit gebe.

Was ich meine? Sie werden es lesen. Es liegt mir fern, in der Manier des Boulevards zu locken: Jetzt noch mutiger, verrückter, sensationeller ... Aber es ist schon so, daß viele Berichte in diesem Buch eben noch einen Schritt weiter gehen, als nur vom geheimen Mann zu erzählen, nein, hier wird komplexes Leben ausgebreitet, das nicht nur hauptsächlich die Liebhaberin und den Liebhaber betrifft.

Da ist zum Beispiel Verena, an die ich in den letzten Monaten immer wieder gedacht, ihr von ganzem Herzen gewünscht habe, daß es ihr und ihrem Baby gutgehen möge. Verena hat ganz bewußt mit ihrem Liebhaber ein Baby geplant, obwohl sie vorhatte, ihren langjährigen Freund bald zu heiraten. Viele Menschen würden das überhaupt nicht verstehen, darum kann Verena es auch nicht geradeheraus allen erzählen. Aber für dieses Buch hat sie darüber gesprochen, nicht zuletzt weil sie glaubt, daß viele Frauen Ähnliches erlebt haben wie sie – und ich glaube das mittlerweile auch. Auch wenn viele sich nie vorstellen könnten, wie Verena zu handeln: Vielleicht werden auch Sie das Geschehen anders beurteilen oder nachvollziehen können, wenn Sie lesen, warum Verena den Liebhaber, der Frau und Kind hat, nicht aus seiner Familie lösen möchte, warum sie glaubt, mit ihrem Ehemann alt werden zu können – aber trotzdem ein Baby von dem *anderen*, ebenfalls geliebten, Mann möchte.

Die Geschichte von Verena spitzt nur zu, was andere Frauen auch als Gefühlskonflikt in der Liebhaber-Beziehung erleben: Was, wenn ich schwanger werde, nicht weiß, von wem das Kind ist, oder definitiv weiß: Es ist von meinem Liebhaber? Wäre das dann ein Grund, sich doch – was eigentlich nie vorgesehen war – vom Partner zu trennen? Und dann? Alleine leben? Oder doch hoffen, daß es eine neue Familie mit dem (Ex-)Liebhaber gibt?

Ganz anders dagegen die Geschichte von Anna. Sie ist 39, hat fünf Kinder, ist 17 Jahre verheiratet – und machte sich vor zwei Jahren auf, das zu suchen, was sie in ihrer Ehe nie hatte: Lust und eine erfüllende Erotik. Das Besondere: Ihr Mann weiß davon. Sehr oft werde ich nach Lesungen gefragt: »Warum haben die Menschen ihre Liebhaber immer heimlich, wäre es nicht ehrlicher, offen mit dem Partner darüber zu sprechen?« Gewiß, ehrlicher wäre es. Aber ob es gut wäre? Kannst du vom Partner verlangen, daß er dir fröhlich »Schönen Abend mit Tommi« wünscht, wenn du schöngemacht das Haus verläßt? Die meisten werden mir zustimmen: In der Regel ist das zuviel verlangt. Daß es aber doch geht und welche Gründe es dafür gibt, das lesen Sie in der Geschichte von Anna. Ich habe ihr staunend zugehört, oft gedacht: Das kann nicht sein, wie hat diese Frau das gemacht?

Sie kam mir entgegen in der Wandelhalle eines großen Bahnhofs. Es ist normalerweise nicht schwer, sich bei so einer Verabredung zu erkennen, auch wenn man sich noch nie gesehen hat, der suchende Blick führt einen zueinander. Aber von der zierlichen Anna ging so eine Kraft, so ein Strahlen aus, daß ich sie vielleicht auch ohne Verabredung gefragt hätte: »Sagen Sie, Sie sehen so vergnügt aus, haben Sie einen Liebhaber?« Das sehe ich nämlich mittlerweile ... Wirklich!

Es sind gewiß keine Äußerlichkeiten wie schöne Kleidung, sorgfältiges Make-up oder gepflegte Frisur, die mich mutmaßen lassen: Aha, die auch. Nein, es ist so etwas wie – hört sich komisch an, ich weiß – positive Wellen oder Schwingungen, die von diesen Frauen (oder Männern) mit Liebhaber ausgehen.

Einmal kam ich gerade von einem Interview mit Manfred, wir hatten uns in einem Lokal am Theater getroffen. Ich stehe an der Ampel, es ist ein sonniger, aber noch sehr kühler Märztag, und ich sehe aus dem Augenwinkel eine Frau mit Pelzkragen-Mäntelchen am Tisch sitzen, den die Kellner schon rausgestellt haben, vor ihr ein leerer Eisbecher. Die wartet auf jemanden, denke ich. Und: Ist hier nicht eine Gegend, in der auch professionelle ... Der Pelz ... Aber nein, die Frau ist schon über 60 ... Solche Gedanken rattern mir ganz automatisch durch den Kopf. Die Ampel springt auf Grün, ich will gerade loslaufen, da tippt mir jemand auf die linke Schulter. Die Frau! »Entschuldigen Sie, daß ich Sie anspreche, aber nun muß ich doch ..., nachdem ich Sie jetzt den dritten Tag hintereinander sehe: Vorgestern in Y., da saß ich bei der Lesung in der letzten Reihe, gestern beim Fernsehbericht, und jetzt hier!«

Tatsächlich, die Frau wartete auf ihren Freund: »Ich bin einen Zug früher gekommen als er, und wenn er ankommt, gehen wir dort ins Hotel.« Ihr Finger wies auf ein prächtiges weißes Haus mit einladenden Markisen und goldenen Balkonen, ein für romantische Stunden gewiß gut gewähltes Haus. Und da sage noch einer, die Geschichten lägen nicht auf der Straße beziehungsweise begegneten einem nicht dort an der Fußgängerampel.

Aber zurück zu den Geschichten, die mir erst nach ausgiebiger Prüfung meiner Vertrauenswürdigkeit angetragen wurden, weil sie so besonders sind.

Eine weitere beliebte Frage nach Lesungen ist: »Und kennen Sie auch Paare, bei denen drei oder vier Menschen miteinander ...? Vielleicht sogar zwei Paare? Gibt es so etwas nicht?« Mein resolutes: »Im Fernsehen wird das ja manchmal behauptet, aber ehrlich gesagt: Ich glaube das nicht. Mir ist eine solche Beziehung jedenfalls bis heute nicht bekannt, und Sie wissen ja: Ich habe schon mit vielen gesprochen.«

Für zwei Pärchen war das so provozierend, daß sie zu viert beschlossen: Wir melden uns. Ihre Beziehung zu viert erscheint so einzigartig und so glücklich, daß man kaum glauben mag, daß es sie wirklich gibt. Christine hat stellvertretend für die anderen drei ihre Sicht der Dinge geschildert, und Simone, Matthias und Heiko haben vor der Veröffentlichung alles, was Christine mir erzählt hat, gelesen und abgesegnet.

Die vier teilen ein großes Glück miteinander, aber ihnen ist sehr wichtig, daß Nachbarn, Bekannte und Kollegen davon nichts erfahren, denn sie rechnen nicht damit, verstanden zu werden. Ähnlich geht es Sophia und ihren beiden Männern, dem Ehemann und dem *Schatz,* die demnächst sogar unter einem Dach leben werden. Es gibt sie also doch, diese gegen Konventionen verstoßenden Lebensformen, still und ruhig in einer ganz normalen Nachbarschaft, die in dieses Buch nur Eingang finden konnten, weil die Menschen, die so leben, anderen, die so etwas nicht erleben, sagen möchten: Das gibt es. Sophia hat es so schön in Worte gefaßt: »Vielleicht machen wir ja auch anderen Mut.«

Nicht, daß wir uns falsch verstehen, es geht ja nicht darum, daß nun alle Menschen zu dritt oder zu viert leben und lieben sollen, es geht auch nicht darum, sich endlich einen Liebhaber zuzulegen, um im Trend zu liegen. Diesen gerade von Frauen-Zeitschriften gern herbeigeschriebenen Trend zum Liebhaber gibt es nämlich nicht; erfrischende Liebhaberbeziehungen, in denen Frauen nicht die ewig wartende, hingehaltene Geliebte sind, sondern gleichberechtigte Partnerin eines emanzipierten Mannes, die gibt es aber schon lange, wenn auch in aller Heimlichkeit. Nur paßte es bislang offenbar besser ins Bild, Frauen im Zusammenhang mit Beziehungen außerhalb der Hauptpartnerschaft als böse Hexe darzustellen (»Hilfe, sie nimmt mir meinen Mann weg!«), oder eben als armes Opfer zu zeigen: als betrogene Ehefrau.

Aktive, selbstbewußte Frauen, die sagen: »Ich habe einen Mann, einen Liebhaber, und das soll so bleiben – ich will gar nicht, daß mein Liebhaber neuer Partner wird«, – das paßte bisher nicht ins Bild. Die beiden ersten Bücher mit den Protokollen von Männern und Frauen, die vielen Berichte in den Medien darüber haben an diesem Bild etwas verändert.

Nichtsdestotrotz glaube ich nicht, daß wir irgendwann mit einem großen Coming-out der Liebhaber und Liebhaberinnen zu rechnen haben wie bei Schwulen oder Lesben in den vergangenen 20, 30 Jahren, dafür sind die üblichen heterosexuellen Lebensumstände mit Ehe, Familie und trautem Heim dann doch zu festgefügt, als daß man sie derartig erschütternden Enthüllungen aussetzen könnte.

Ich habe jedenfalls bemerkt, daß eigentlich jede der in diesem Buch vertretenen Frauen anderen Frauen mit ihrer Geschichte Mut machen möchte, vielleicht im Sinne von: »Schau, ich stehe zu dem, was ich tue, trau du dich auch, deine eigenen Wünsche zu ergründen und zu leben.« Wohlgemerkt, das muß nicht immer der Wunsch nach dem Liebhaber sein, den man sich erfüllt, oft inspiriert einen das Beispiel eines anderen Menschen ja auch einfach, mal wieder in sich hineinzuhorchen, sich inspirieren zu lassen, im eigenen Leben etwas zu verändern.

Wie habe ich mich gefreut, als ich ein paar Tage nach dem ersten Treffen mit Anna folgende Mail vorfand: » ... wollte mich einfach nur mal melden, habe in letzter Zeit öfter mal an unser Treffen denken müssen, welches ich übrigens einerseits aufregend fand, andererseits aber auch sehr(!!!) genossen habe. Mich so lange mit Ihnen über all das zu unterhalten war anders, als es mit einer Freundin zu tun. Irgendwie offener und tiefer. Einem Menschen gegenüberzusitzen, der mir zwar fremd ist, aber von dem ich genau weiß, daß er mein Denken und Handeln nicht bewertet, sondern einfach zuhört und offen ist, das habe ich nicht oft (wenn überhaupt schon einmal ...) erlebt. Ich konnte sagen, was ich sonst niemandem gesagt habe, und habe Dinge ausgesprochen, die ich sonst vielleicht mir noch nicht mal zu denken gestatte ... Es war auf jeden Fall eine besondere Erfahrung für mich – und eine schöne und ermutigende noch dazu!!!

Interessant ist auch, was das mit mir und auch mit meiner Beziehung zu Jens gemacht hat. Ich bin nach unserem Treffen nicht gleich mit dem Zug nach Hause gefahren, sondern ein paar Stationen früher ausgestiegen, wo mich ein Freund von ihm abgeholt hat. Jens war so neugierig, wie unser Treffen war, daß ich erst mal ›Bericht erstatten‹ mußte … Ich war selbst noch so drin im Thema, daß ich erzählt und erzählt habe, nicht nur Fakten, sondern auch viel von dem, was mich bewegt oder meine Gefühle ihm gegenüber betrifft.

Da sind wir richtig gut ins Gespräch gekommen, und er hat einiges von seinen eigenen Gedanken und Gefühlen mir gegenüber preisgegeben. Das fand ich unheimlich schön … Es war eigentlich nur so ein kurzer Moment, aber der war sehr intensiv … Klar wußte ich auch schon vorher, wie wichtig ihm unsere Beziehung ist, was er für mich empfindet, aber er hat es eigentlich bisher nie so deutlich und klar gesagt.

So sind wir uns also wieder ein Stückchen näher gekommen. Überhaupt ist es so, daß er sich mit jedem Treffen, egal ob zu ’nem Capuccino im Café oder zu tollem Sex, ein wenig tiefer in mein Herz gräbt. Jedesmal ein bißchen mehr Platz darin einnimmt. Als ich das gemerkt habe, hat mir das Angst gemacht, inzwischen lasse ich es geschehen, denn es ist sooo schön und tut mir doch so gut. Ich glaube, ihm geht es genauso.

Nicht einen Augenblick lang bereue ich es, diesen besonderen Mann in mein Leben gelassen zu haben. Durch ihn habe ich so viele neue Seiten an mir kennengelernt, die ich nie vermutet hätte. So vieles, was in mir geschlummert hat, hat er durch seine Offenheit und Achtung mir gegenüber, aber auch sein Begehren und seine Fähigkeit, eine Atmosphäre tiefer Geborgenheit zu schaffen, zum Leben erweckt … Das nimmt auch meine Umgebung wahr.

Zwar können sie es oft nicht genau benennen (wie auch???), aber ich höre dann Sätze wie: ›Du hast dich total verändert‹, ›Du siehst heute toll aus, hast du dich anders geschminkt?‹, ›Ich weiß nicht was, aber irgendwas ist anders an dir‹ usw.

Schade eigentlich, daß es immer noch so viele Frauen gibt, die sich solche Erfahrungen nicht gönnen – zumindest in meiner Umgebung. Aber wer weiß, vielleicht werden ja auch einige durch das Lesen Ihrer Bücher genau dazu ermutigt. Das wäre doch ein schöner Erfolg!!!!!«

Wissen Sie, es gäbe noch viel zu erzählen und zu berichten über die Hintergründe jeder einzelnen Geschichte, eben: Daß die meisten Frauen durch die ersten beiden Bücher ermuntert wurden, sich zu offenbaren. Daß fast eine Lawine von Geschichten über mich hereinbrach von Frauen, die seit 20 oder 30 Jahren verheiratet sind, immer treu waren und »dann plötzlich ...« Und daß viele Frauen die Gelegenheit, die eigene Geschichte vieltausendfach gedruckt zu bekommen, so wie Karin, als vieltausendfache Liebeserklärung an einen wunderbaren Mann sehen.

Allen, die mir in den letzten Monaten ihre Geschichten erzählt haben, möchte ich an dieser Stelle von ganzem Herzen für ihr Vertrauen und ihre Offenheit danken: Liebe Frauen, ihr seid inspirierend und herzerfrischend, und eigentlich immer bin ich nach unseren Gesprächen belebt davongegangen mit dem Wissen: Es gibt so viele tolle Frauen in dieser Welt. Wie beruhigend! Ihnen viel Freude beim Lesen wünscht

Ihre Martina Rellin
Martina.Rellin@web.de

P.S.: Ja, die Geschichten von Lena, Bea und Lotte sind Pendants zu den Geschichten von Alex, Thoralf und Adam aus dem Buch *Wir sind die neuen Liebhaber*, aber es ist wie immer im Leben: Die Geschichten der Frauen lassen sich ganz wunderbar verstehen, auch wenn man die Sicht der Männer nicht kennt (die schadet aber im Zweifelsfalle auch nicht).

P.P.S.: Achtung, Privatdetektive: Selbstverständlich sind alle Namen und Umstände, die Rückschlüsse auf die Identität der Erzählenden zulassen, geändert.

Bibi, 38, Kunsterzieherin

Pflückt mir die Kirschen

Oder: Eigentlich war ich glücklich

Unbeschwert winkt sie dem Mann, der im Biergarten auf unseren Tisch zukommt, umarmt ihn, küßt ihn – warum sollte sie jemand dabei beobachten und das dann ihrem Mann berichten? Ein tolles Paar, werden die Leute am Nebentisch denken, eine vergnügte Frau mit dunklem Haar und vielen Lachfalten um die blauen Augen

Meine älteren Schüler flirten mit mir, und neulich habe ich mitgehört, wie einer von ihnen über eine Kollegin gesagt hat: »Kuck dir die doch an, die ist doch voll unbefriedigt.« Ein anderer hat gesagt: »Was man von Frau Soundso«, also mir, »nicht sagen kann.« Ich hab's genau gehört. Was wollte ich sagen? Also, ich habe fast immer gute Laune, ich bin niemand, der Probleme rumwälzt, weder im Beruf noch in der Familie. Und Rolfi – der tut mir zusätzlich gut. Gestern waren es zwei Jahre und zwei Monate mit ihm.

Ich weiß noch, als wir uns kennengelernt haben, waren Ferien – ich hatte also Zeit und ein bißchen Langeweile. Ich war erst das zweite Mal im Chat, ich finde, das ist eine so unwirkliche Welt, aber ich wußte, daß viele Kollegen im Chat von unserem regionalen Radiosender nette Leute kennengelernt haben, die sie dann auch in Wirklichkeit trafen. Ich stieß da auf Rolf. Klar wurde im Chat geflirtet, öffentlich aber auch zu zweit, beim Flüstern. So habe ich mit Rolf jeden Tag ein, zwei Stündchen im Internet verbracht. Wir hatten uns schnell erzählt, wie alt wir sind, er 33, ich 36, daß wir verheiratet sind, wir haben beide zwei Kinder, Junge und Mädchen. Irgendwann fragte er: »Bist du glücklich in deiner Ehe?« Ich antwortete: »Eigentlich schon.« Er schrieb zurück: »Eigentlich?«

Ja, was hieß *eigentlich* nun genau? Ich habe einen Mann, der nur einen Fehler hat: Er arbeitet zu viel. Außerdem habe ich gesunde Kinder, Haus und Garten, einen schönen Job. Da bin ich eigentlich glücklich. Oder? Rolf brachte mich dann auf einen wichtigen Gedanken: »Biste glücklich? Oder biste nur zufrieden?« Komischerweise denke ich über diese Frage heute noch doller nach als vor zwei Jahren. Vielleicht war ich damals wirklich nur zufrieden, denke ich heute. Nicht, daß ich damals frustriert war in meiner Ehe oder überhaupt, nein. Dafür bin ich nicht der Typ.

Rolf hat jedenfalls vorgeschlagen: »He, sollen wir uns nicht mal treffen?« Ich habe geantwortet: »Wenn Du über 1,80 bist, Nichtraucher und wirklich verheiratet: ja.« Er mailte prompt: »Trifft alles zu.« Das mit dem Nicht-Rauchen war übrigens geschwindelt, sechs Wochen hat er durchgehalten, aber heute finde ich seine rauchigen Küsse erotisch!

Wir haben also einen Tag und einen Treffpunkt ausgemacht. Wir haben beide viel Tagesfreizeit, ich ab mittags, und Rolf ist Vermesser und teilt sich seine Termine auf den Grundstücken selbst ein. Eine Stunde vor dem ersten Treffen haben wir das erste Mal telefoniert, ich erinnere mich noch genau, ich stand in brütender Hitze mit dem Auto an einer Ampel. Er sagte: »He, ich fahre jetzt los.« Wir haben ein paar Minuten später noch mal telefoniert, ich besorgte gerade Gläser und eine Flasche Sekt. Die Zeit bis zum ersten Sehen streckte sich unglaublich.

Wir haben uns dann auf einem Parkplatz getroffen, er stieg aus seinem Golf, groß, nicht häßlich, wir gaben uns ein Küßchen: »He, schön dich zu sehen.« Er duftete so gut. Wir fuhren dann zu meinem Lieblings-Griechen, da gehe ich auch mit der Familie hin, da habe ich kein Problem. Die Kellner lächeln immer gleich nett, ich glaube, die sind eine Menge gewöhnt und denken sich einfach ihr Teil. Ja, wir haben mampfig Mittag gegessen, geschnattert, es war so, als wenn wir uns ewig kennen würden und uns nur lange nicht gesehen hätten.

Rolf hatte schon mal jemanden. Eine Kollegin. Das hat seine Frau mitgekriegt. Für mich ist es das erste Mal, so was wie mit Rolf. Für mich kam es nie in Frage, einen One-night-stand zu haben, ich hatte auch Rolf gemailt, bevor wir uns gesehen haben, daß ich mir eher was für länger vorstellen kann. Ja, das war schon vorm ersten Treffen Thema. Ich habe ihm auch geschrieben: Gegen Knutschen habe ich nichts. Aber wohl kaum bei meinem Griechen! Das ist bis heute so: Rolf legt da höchstens mal seine Hand auf meine, was ist dabei?

Wohin also? Jetzt ging es darum, einen Ort zu finden. Eine schöne Wiese? Einen Wald? Unter diesem Aspekt hatte ich mir die Landschaft beim Spazierengehen mit der Familie noch nie angesehen.

Wir fanden eine Waldwiese und saßen dann da auf einer Decke. Rolf sagte: »Eigentlich könnte ich dich ja küssen.« Ich sagte: »Mach's doch.« Und es hat gut geschmeckt. Wissen Sie, was Cybersex ist? Also, Rolf hatte in den Mails so was versucht wie: »Stell Dir vor, ich massiere Dir den Nacken, und was mache ich dann?« Ich habe ihm geschrieben: »Laß das.« Ich wollte nicht schon vorher unter Druck gesetzt werden. Hätte ja sein können, daß wir schreiend auseinanderlaufen, wenn wir uns sehen. Jetzt, da auf unserer Decke, sagte er also: »Jetzt könnte ich dir den Nacken massieren.« – Ich sagte: »Mach doch.« Dann ging die Fummelei los. Seine Küsse schmeckten lecker. Da habe ich aber gesagt. »Halt, ich will nicht *mehr*.« Mir ging durch den Kopf: Nachher mußt du noch mal zur Arbeit, grusel, nein, nicht: grusel. Ich arbeite ja gerne, ich hatte noch eine Zeichengruppe am Nachmittag. Ich dachte jedenfalls, daß das alles für unser erstes Treffen schon ganz schön viel ist.

Ich hatte unsere erste Begegnung extra so gelegt, daß ich am nächsten Tag mit meinem Mann an die Ostsee fuhr, ein Wochenende. Wir fahren schon seit der Wende immer nach Hiddensee, das gehört zum Sommer einfach dazu, mit meinem lieben Mann

Markus an die Ostsee. Er ist sehr sportlich, also er fährt Rad, spielt Tennis, er joggt. Wenn er auf Hiddensee am Strand zum Joggen los ist, habe ich gewartet, bis er außer Sicht war, dann habe ich mit Rolf gesimst. Ich mache das grundsätzlich nie, wenn mein Mann dabei ist, nicht, weil mein Mann mißtrauisch wäre, nein, ich *kann* das einfach nicht.

Ich habe Rolf gesimst: »Ich hier am Meer, Salz und Sand auf meiner Haut, ich wünschte, du wärst hier.« Ja, ich wäre auch gerne mit ihm an der Ostsee gewesen. Dorthin hat er mir auch die SMS geschickt: Sollen wir mal unsere, unsere, mein Gott, schweres Wort, wieso kriege ich das jetzt nicht, Kom-pa, Kom-pa-ti-bi-li- tät testen? Schweres Wort, daß 160 Zeichen auf dem Handy dafür reichen ... Kompatibilitätstest, Sie verstehen, was ich meine? Ich habe ihm geschrieben: »Ja, wenn ich zurück bin, K-Test.« Mal sehen, ob's zusammenpaßt.

17 Jahre lang hatte ich keinen anderen Mann als meinen, ich verschwendete daran auch nie einen Gedanken. Eigentlich fragt man sich, warum ich plötzlich *jetzt* wollte. *Eigentlich.* Ich hatte wohl Lust, mal etwas anderes, nein, jemand anderes auszuprobieren.

Rolf und ich haben uns wieder zum Essen verabredet, es war immer noch so heiß. Wir sind wieder an die Stelle im Wald gefahren, und da fing es an zu regnen, aber nur ein bißchen. Wir haben super geschnattert, super gekuschelt, super Sex gehabt. Mit einem eigentlich wildfremden Mann, aber es hat gepaßt. Wir haben schon zu dem Zeitpunkt beide gesagt: »Egal, wie es sich entwickelt, wir haben beide unsere eigene Familie, und das soll so bleiben.« Das ist nach gut zwei Jahren immer noch so.

Wir haben uns dann jede Woche getroffen, Essen, Spazierengehen, lange Gespräche, Sex. Aber allmählich ging der Sommer zu Ende. Ich fragte mich schon: Was machen wir dann? Abgesehen davon, daß draußen eben auch so komische Sachen sind wie Ameisen, Brennesseln, Spaziergänger, Geräusche, die dich stören, Tannenzapfen, die drücken. Rolf hat gesagt: »Hotel.« –

»Nee«, habe ich gesagt, »wir können doch nicht für zwei Stunden, das ist mir peinlich.« – »Ach was«, hat er gemeint. Ich habe gesagt: »Aber das mit der Rezeption mußt alles du machen, mir ist das unangenehm.« Wir sind dann ins Hotel, ich kam mir komisch vor, ich war aufgeregt. Natürlich war es klasse, wir hatten Zeit, eine Dusche, endlich ein weiches Bett. Es war noch aufregender als das erste Mal und richtig gut ... Traumhaft, nur sich zu haben, ohne Gedanken an Krabbelkäfer oder Spanner. Der Sex mit Rolfi war unheimlich leidenschaftlich. Eine Leidenschaft, die ich bis dahin nicht so intensiv kannte. Jetzt bin ich süchtig danach ...

Als wir in der Woche drauf wieder zu dem Hotel kamen, hing draußen ein Schild: *geschlossene Gesellschaft*. Rolf sagt: »Wir fahren zum *Etap-Hotel*.« Diese Billig-Hotels gibt es ja überall, ich wußte aber, daß die erst ab abends aufhaben, wir hatten mal einen Austausch-Lehrer da untergebracht. Wir haben dann an einer Pension an der Landstraße gehalten, da stand dran: *Zimmer frei*. Der junge Mann hat uns einen Sonderpreis für zwei, drei Stunden gemacht – in dieser Pension treffen wir uns immer noch, das ist bei dem Preis gut finanzierbar. Als wir dort ein Jahr hinkamen, stand eine Extra-Flasche Sekt im Zimmer. Mittlerweile ist mir völlig klar, daß Hotels und Pensionen von Leuten wie uns gut leben, wir sind ja nicht die einzigen. Wir können da im Kühlschrank sogar unseren eigenen Sekt deponieren.

Anfangs haben wir uns nur einmal die Woche getroffen, jetzt sind wir bei jedem zweiten Tag – mal mehr, mal weniger. Mein Mann arbeitet ja, wie gesagt, seit ein paar Monaten woanders. Und Rolf hat ein neues Büro bei mir ganz in der Nähe, da kann er auch tagsüber mal ein halbes Stündchen mit Bibi Kaffee trinken, es geht ja nicht immer nur um Sex. Richtig gekuschelt wird aber auch immer noch, mindestens einmal die Woche. Rolf tut mir gut, ich meine, ich habe ja meistens gute Laune, aber meine eine Nachbarin hat schon ein paarmal gesagt: »Bibi, du siehst immer besser aus.« Und meine alte Tante, die ist 70, hat gefragt: »Hast du einen Liebhaber?«

Weil es mir mit Rolf von Anfang an so gut ging, hat mich auch der Hammer nicht richtig umgehauen, der mit Rolf nach einem Vierteljahr kam. Ich wußte ja, daß er schon mal etwas mit einer Frau hatte, einer Ex-Kollegin, Elke. Das hatte seine Frau rausbekommen und Terror angefangen. Sie hat die Frau auf dem Parkplatz abgepaßt und da eine Szene gemacht: »Lassen Sie meinen Mann in Ruhe ... Sie machen unsere Familie kaputt ... Wenn Sie Rolf noch einmal treffen, rufe ich Ihren Mann an.« Die Kollegin hat Rolfs Frau einfach stehen lassen, sie hatte auch nichts zu befürchten, denn von ihrem Mann lebte sie schon lange getrennt ... Rolfs Frau hat dann noch ein paarmal am Telefon genervt, aber Rolf nie etwas von diesen Aktionen erzählt. Das mit Elke und Rolf ging zu Ende, weil Elke wohl doch mehr von ihm wollte, was für ihn nicht wirklich in Frage kam.

Na ja, jedenfalls meldet Rolfi sich plötzlich nicht nach dem Wochenende, an dem wir zum Biker-Treffen waren. Das war ungewöhnlich, aber Bibi hat erst mal abgewartet, denn ich hatte gelernt: Lauf den Männern nicht hinterher, warte ab, nerv nicht. Als er sich bis Mittag nicht gemeldet hatte, wurde mir mulmig, vielleicht war was passiert? Dann rief er an: »Ich bin bei Elke.«

»Bei Elke?«

»Ja, ich bin ausgezogen.«

Hä? dachte ich? Wieso? »Ich kann jetzt nicht reden, chatten wir heute abend?« Dann hat er aufgelegt. Ich habe meine Freundin Steffi angerufen: »Sag mal, ist dir am Wochenende was aufgefallen an Rolf? An mir und Rolf?« – Sie: »Nö?« – »Und mit Elke?« Elke war nämlich auch bei dem Treffen dabei. Mir war nicht aufgefallen, daß da vielleicht wieder etwas anfing mit den beiden. Ich habe wirklich überlegt: Läuft da was? Es ging nicht in meinen Kopf!

Abends haben Rolf und ich zwei Stunden gechattet, er saß an Elkes Computer. Komisch, dachte ich, da zieht einer zu seiner Liebe und hat dann nicht Besseres zu tun, als den ersten Abend am Computer zu verbringen? Ich war mir eigentlich 100prozentig sicher gewesen, daß ich seine einzige war, gut, er hatte im Chat noch eine Freundin, aber Elke? Plötzlich fielen mir Sachen ein wie: Elke war manchmal schnippisch zu mir gewesen, Rolf wirkte bei manchen Treffen irgendwie abwesend.

Mir ging nur durch den Kopf: Er ist ausgezogen, er ist zu ihr gezogen. Ich konnte noch nicht mal heulen. Warum auch? Ich war nicht traurig. Ich wollte ja nicht mit ihm leben – aber ich wollte auch nie, daß das Gleichgewicht aus der Balance gerät, daß wir beide vorher so wichtig fanden, also: Er mit Familie, ich mit Familie.

Da klingelt an diesem Abend auch noch mein Handy, unbekannte Rufnummer. Das habe ich ganz selten, mir schwante nichts Gutes. Seine Frau! Sie denkt, er ist bei mir! Als ich ranging, war keiner dran. Es war aber tatsächlich seine Frau, sie hat sein ganzes Telefonbuch durchtelefoniert, das kennt man ja von vielen Frauen.

Am nächsten Tag haben Rolf und ich uns zum Reden getroffen, ich konnte ihm nur sagen: »Wenn du meinst, daß du bei Elke die Liebe findest, dann mach mal, ich kann dir nur Glück wünschen.« Das habe ich ihm tatsächlich gewünscht, aber ich sah mich auch plötzlich, unser gemeinsames Vierteljahr, in einem anderen Licht, nämlich als ehe-erhaltende Maßnahme. Es ist doch so: Wenn man jemand nebenbei hat, also mich, ist man abgelenkt, es geht einem gut.

Mir kam das alles komisch vor, daß er plötzlich zu Elke zieht – und dann eben abends gleich an ihrem Computer sitzt. Und es war auch tatsächlich etwas komisch: Er hatte sich nicht aus freien Stücken zum Auszug entschieden. Es hatte Streit mit seiner Frau gegeben, weil die Lippenstift an seinem Hemd gefunden haben wollte. Von mir konnte der nicht sein, von Elke auch nicht, sagt Rolf, aber darum ging's auch gar nicht, wahrscheinlich war's nur Filzstift. Seine Frau hat ein Riesenfaß aufgemacht, und ihm ist der Kragen geplatzt und er hat gebrüllt: »Dann geh' ich jetzt für immer!«

Wo sollte er hin außer zu Elke, die ja allein lebte. Zu mir konnte er ja schlecht. Elke dachte nun aber: Hach, endlich ist er da. Das hat sie mir später mal erzählt.

Ich habe eine Woche lang ganz viel mit Rolf geredet, er sollte begreifen, daß ich wirklich keine Besitzansprüche stelle, daß ich nur will, daß er glücklich ist, so oder so. Aber ich dachte: Wenn er jetzt mit Elke neu anfängt, dann geht das mit mir nicht mehr. Darum habe ich ihn auch gebeten, mir mein Foto wiederzugeben. Ich hatte extra für Rolf beim Fotografen ein erotisches Foto machen lassen, in Dessous, die wir mal zusammen ausgesucht hatten. Nichts Obszönes, einfach nur erotisch. Das wollte ich zurück. Er hat es mir beim Griechen zurückgegeben, ich sah, wie er dabei zitterte. Ich saß ihm gegenüber und habe nun so ganz langsam, zsch, zsch, zsch, das Foto in Streifen geschreddert, es war ja nur für ihn gedacht gewesen. Überhaupt: Bei dem Griechen hatte alles angefangen, da sollte auch alles enden. Das hatte ich mir so richtig als theatralisches Bild ausgemalt. Später sagte er mir mal, wie weh es ihm tat, zuzuschaun, wie ich dieses schöne Foto zerriß.

Natürlich haben wir uns weiter getroffen. Am Ende der Woche, am Freitag, heulte er: »Weißt du, wie schwer das ist, seine Kinder zu verlassen?« Wußte ich nicht, will ich auch nicht wissen, das möchte ich mir noch nicht mal vorstellen. Ich habe aber zu ihm gesagt: »Sag mal, das hast du doch selbst entschieden, du hast dir das doch ausgesucht. Oder bist du etwa nur schwanzgesteuert?«

Diese Frage, dieses Wort, hat etwas in ihm ausgelöst. Am Montag rief er an: »Wir müssen uns unbedingt treffen, jetzt gleich.« – »Wie jetzt?« habe ich gesagt. Er sagte: »Ich bin bei Elke raus, ich habe am Wochenende mit meiner Frau geredet, daß wir es noch mal versuchen.«

Direkt zurück durfte er natürlich nicht, sie wollte ihn schon schmoren lassen. Er ist also in *unsere* Pension gezogen. Ich habe gesagt: »Du erwartest aber nicht, daß ich da jetzt hinkomme.« – »Och doch, und bring mir doch bitte eine Bürste und Waschzeug mit, das habe ich alles bei Elke stehenlassen.« Ich habe schnell im Drogeriemarkt eine Grundausstattung gekauft und bin hingefahren, aber ich wollte nicht reingehen, er mußte auf den Parkplatz kommen. Da saßen wir im Auto und haben geredet. Als ich zu Hause war, habe ich ihm eine SMS geschickt: »Ich bin zerrissen ... Wann kommst du meine Wunden küssen ...«, das ist von Falco, wir sagen uns ganz viel über Zitate aus Liedtexten. Ich wollte zwar, daß Rolf glücklich ist, aber mich hatte das Ganze trotzdem sehr mitgenommen, daß er so aus heiterem Himmel Elke aus dem Hut gezaubert hat. Und für uns war ja noch nicht klar, ob und wie es weitergehen könnte.

Er hat in dieser Zeit viel mit seiner Frau geredet, was ihn einengt, was nicht geht, sie hat gesagt, was sie verletzt. Ihr Vertrauen war weg, das kann man ja auch verstehen. Ich hatte die Hoffnung, daß es wieder läuft mit seiner Ehe – und daß es dann vielleicht auch mit uns wieder geht. Die beiden haben sich tatsächlich wieder zusammengerauft. Er mußte versprechen, daß er nichts mehr mit anderen Frauen hat. Um des lieben Friedens Willen hat er's versprochen, aber sie ist weiter mißtrauisch, jetzt auch mir gegenüber – das erzähl' ich nachher.

Und er ist ja auch inkonsequent, denn sein Verhalten hat sich nicht geändert. Er hat mich noch mal drauf angesprochen, auf meine Frage: »Bist du schwanzgesteuert?« – »Ja, das war ich wohl damals«, hat er gesagt. Diese Frage hatte ihm die Augen geöffnet, über den Sinn seiner Ehe, den Unsinn, das alles aufzugeben.

Ach, Rolfi paßt ideal zu mir: Er ist intelligent, wir haben die gleichen politischen Ansichten und Freizeitinteressen, wir sind seelenverwandt, müssen manchmal gar nichts sagen und verstehen uns wortlos, das hatte ich noch nie mit jemandem – manchmal rufen wir uns genau im selben Augenblick an und landen dann beide auf dem Besetztzeichen. Rolf ist ein sehr emotionaler Typ, er spürt meine Stimmung genau, er sagt manchmal: »Ich kann schon am Telefonklingeln hören, wenn es dir nicht so gut geht.« Wir telefonieren oder simsen viel. Das fängt an mit »Guten Morgen«, wir fragen uns: »Was machst du gerade?« und hört auf mit »Schönen Abend«, denn abends und am Wochenende simsen und telefonieren wir nicht, wegen seiner Frau, die würde einen Koller kriegen.

Es ist komisch, wenn Rolfs Frau ihm hinterhertelefoniert, ist er genervt, bei mir stört ihn das nicht, er sagt: »Das ist anders bei dir.« Das merke ich auch, zum Beispiel, wenn mal eine SMS von ihm an sie bei mir landet, das ist dann so kühl: »Komme um sieben, liebe Dich.« Abgesehen davon, daß wir uns nicht sagen, daß wir uns lieben: Mir schreibt Rolf immer sehr lang und gefühlvoll. Und das nach so langer Zeit! Ich denke oft, daß die Zeit des ersten Verliebtseins doch endlich vorbei sein müßte. Ist sie aber nicht!

Anfangs haben wir ja gedacht, vielleicht könnten die Familien auch befreundet sein, bei den Kindern würde es vom Alter her passen, alle zwischen 13 und 17, wir haben das gleiche Umfeld mit Haus und Garten und Beruf – mein Mann kennt Rolf ja auch mittlerweile, er besucht mich manchmal zu Hause, wir gehen auch mal zu dritt zu unserem Griechen. Aber offiziell ist Rolf eben nur ein Freund, mit dem ich auch ausgehe, in Ausstellungen oder zum Sport. Ich versuche, nicht zu lügen. Ich lasse einfach einen Teil der Wahrheit weg. Ich kann sagen, daß ich mit Rolfi lecker essen war – ich muß doch nicht sagen, daß wir auch noch lecker gemütlich baden waren und geilen Sex hatten. Ich sehe nicht nur unsere Liebesbeziehung, ich sehe auch eine echte Freundschaft. Wir hatten lange auch gemeinsame Bekannte, die wir als Paar kennengelernt haben, leider sind die weggezogen. Seine Frau will überhaupt nicht, daß er Freunde oder schlimmer noch Freundinnen hat, abgesehen von den Freundschaften, die die beiden als Paar haben. Ich weiß, daß ihn das einengt. Andererseits versteh' ich sie: Es ist ihre Angst, daß sie noch einmal verlassen werden könnte.

Rolf und ich sind unglaublich großzügig miteinander, wir gönnen dem anderen eigentlich alles. Bei anderen ist es ja auch so, daß sie mit ihrem Liebhaber nicht an Orte fahren, wo sie mit der Familie waren, das ist irgendwie tabu. Bei Rolf und mir ist das komplett anders. Er hat zum Beispiel mit seiner Familie letztes Jahr genau die gleiche Italien-Tour gemacht, die ich mit meiner im Jahr vorher gemacht habe. Ich habe ihm sozusagen eine komplette Route ausgearbeitet, wir haben zusammen über den Landkarten gehockt. Ich fand den Gedanken schön, daß er dann, wenn er in Amalfi beim Wein sitzt, weiß: Hier hat Bibi auch gesessen. Ich habe ihm auch Fotos von meinem Urlaub gezeigt – er kam dann nach seinem Urlaub und zeigte mir Aufnahmen, die dann eben seine Familie auf dem Marktplatz in Siena zeigen, ungefähr an der Stelle, wo wir auch waren. Uns verbindet so was, wir sind da nicht mißgünstig oder eifersüchtig, es ist doch schön, wenn der andere etwas Tolles erlebt.

Seine Frau hat immer noch von Zeit zu Zeit so Eifersuchtsattacken – und bei einer hat sie sich auch bei mir gemeldet und auf den Anrufbeantworter gesprochen. Als ich ihn abhörte, mußte ich lachen, eine Frauenstimme sagte ganz keck: »Wie wäre es, wenn Sie zur Abwechslung mal Ihren eigenen Mann ficken?« Tu ich doch! Mir war sofort klar: Das ist Rolfis Frau. Da kriegte ich doch einen Schreck: Was, wenn sie sich bei meinem Mann meldet? Ich habe es Rolfi erzählt, der hatte schon so was geahnt, denn eine Kollegin hatte ihm erzählt, daß seine Frau sich auch bei ihr gemeldet hatte, wenn auch nicht so drastisch. Seine Frau rief einfach die Nummern an, die sie damals in Rolfis Adreßbuch gefunden hatte. Er hat sie gebeten, ihn nie wieder so lächerlich zu machen, und sie hat sich auch entschuldigt.

Danach war Ruhe. Ich meine, sie hat ja im Grunde recht, ich verstehe sie ja. Ich weiß, daß sie immer wieder mit dem Thema andere Frauen anfängt und nicht gut über die redet. Das ist mir egal, was soll ich darüber nachdenken. Aber trotzdem: Sie macht mit ihrem Verhalten doch so vieles kaputt in ihrer Ehe. Dieses ständige Geschnüffel ... Mir würde es nie in den Sinn kommen, bei meinem Mann ins Jackett zu kucken oder in sein Adreßverzeichnis, das liegt bei uns oft rum, aber es interessiert mich nicht, null. Das ist seine Intimsphäre. Ich will ja auch, daß er meine achtet.

Mir ist völlig klar, daß mein Mann ganz böse reagieren würde, wenn er das mit Rolf mitkriegen würde. Er kann ja schon beim Karneval manchmal kaum an sich halten. Ich meine, es ist doch normal, daß man da tanzt, Küßchen verteilt, auch mal anfaßt – mir hat da mal einer, so ein Seeräuber mit Augenklappe, die Hand auf den Busen gelegt, ich gebe zu, daß der ziemlich freizügig zu sehen war in meinem Nixen-Kostüm. Und ich habe dem Mann an den Arsch gefaßt. Deswegen hat mein Mann am nächsten Tag rumgegrummelt: »Das muß doch nicht sein ...« Und so weiter. Also ich finde, wenn es weiter nichts ist, es war doch Karneval ... Ich frage mich manchmal: Untreue, kann man die verzeihen? Gibt es einen Unterschied zwischen geistiger und körperlicher Untreue? Ist die eine schlimmer als die andere? Meinem Mann habe ich gesagt: »Wenn mal was ist: Erzähl's mir nicht.« Kann doch passieren, gerade jetzt. Wo er so weit weg ist. Aber da mache ich mir schon länger keine Gedanken mehr. Ich möcht's nicht wissen, solang es uns gut geht in unserer Ehe.

Ich denke, für eine Ehe ist es doch folgendermaßen typisch: Man will den anderen für sich, man stellt Besitzansprüche. Mit Rolf erlebe ich das ganz anders, wir sind natürlich auch in einer anderen Situation. Meinen Mann hatte ich vor Jahren mal ganz vorsichtig angesprochen, wie es denn wäre, mit Pärchenclub ... Ob er das interessant fände. Da hat mein Mann nur gesagt: »Das fragst du doch nicht ernsthaft?« Und Rolfs Frau findet auch, daß Swingerclubs das Allerletzte sind. »Da schleppen Männer ihre armen Frauen mit hin, und die müssen dann zukucken, wie ihr Mann 'ne andere bumst. Das ist doch widerlich.«

Rolf und ich haben uns auch irgendwann über Pärchenclubs unterhalten und beschlossen: Das recherchieren wir mal, das kucken wir uns mal an. Wir haben dann die verschiedenen Websites im Internet angeguckt und was Seriöses rausgefunden. Es waren wirklich nette Leute da: nicht nur alte und häßliche.

Wir haben das versucht mit dem Pärchenclub. Ich habe gedacht: Man muß ja nicht, wenn man nicht will. So ist es auch. Man kann ja auch nur an der Bar sitzen oder baden. Man kann auch nur mit dem eigenen Partner baden. Wir haben uns für diesen Besuch extra eine Nacht organisiert, och, ich glaube, wir hatten erst überhaupt drei Nächte. Oder vier. Also, Pärchenclub. Bibber. Nee, es war ja nicht bibber. Es war auch nicht schmuddelig. Alles war so normal. Wir saßen an der Bar, unterhielten uns mit einem anderen Pärchen, das war auch verheiratet, aber auch nicht miteinander. Ich hatte vorher gesagt: »Du, ich erlaub' dir das, mit einer anderen Frau.« Es ergab sich dann, daß wir zusammen im Whirlpool waren. Aber das reichte für den ersten Besuch.

Wir sind dann zwei Monate später noch mal hingegangen. Als ich dann mit Rolfi in einer Kuschelecke lag, legte sich ein anderes Paar dazu. Ich habe gesehen, daß *sie* Rolf vorsichtig anfassen wollte, und ich habe dann ihren Mann gefragt, ob er ein Problem damit hat, wenn die beiden ... Er hat gesagt: »Nö, deswegen sind wir doch hier.« Ich habe dann ihre Hand rübergeführt. Es störte mich tatsächlich nicht, daß Rolf angefaßt wurde. Ich hatte es ja drauf angelegt, daß er mit einer anderen ... Sie wurden dann tatsächlich intim, also sie hat ihn gepoppt, wie meine lieben Schüler heutzutage neudeutsch sagen. Rolfi hat dabei komischerweise immer mich angefaßt. Es war toll, seine Lust zu beobachten, die jedoch nicht von mir ausging. Ich konnte ihn dabei küssen, streicheln ... Ich habe ihm sogar den Gummi gereicht. Er steckte in dieser fremden Frau und genoß sichtlich das körperliche Gefühl. Seine Hand drückte jedoch ganz fest meine, und seine Zunge küßte *meinen* Mund. Ich wußte, daß er sich unendlich wohl fühlt und wir uns nahe waren wie selten zuvor. Dann dachte ich: Ach, eigentlich kannst du ja auch mal anfassen, nur mal streicheln, weiche Frauenhaut spüren – das ist wirklich anders als ein Mann. Mit meinem Mann wäre das alles undenkbar gewesen, er ist da verklemmter. Bei Rolfi sage ich: »Ich will, daß es dir gutgeht«, und es ging ihm sichtlich gut. Ich genieße das, daß ich das alles jetzt so locker sehen kann. Die allererste Zeit habe ich gefühlsmäßig sehr aufgepaßt, Rolfi hat mir das immer übel genommen, daß ich da so eine Mauer um mich rum hatte. Aber irgendwann hat er gesagt: »Deine Mauer fängt an zu bröckeln.« Und das stimmte auch. Das war, nachdem er zu Hause aus- und dann wieder eingezogen war. 'Ne Weile war es dann bei mir ein Stacheldrahtzaun, und heute ist nur noch Maschendraht. Der ist nur dafür da, die Herzen voneinander fernzuhalten, aber man kann durchkucken und er piekst auch nicht.

Ja, ich möchte, daß die Menschen, die ich mag, glücklich sind. Was das für Rolfi heißt, ist klar, das habe ich oft genug gesagt: Er will mit seinen Kindern leben und auch irgendwie mit seiner Frau.

Und mein Mann – ja, mein Mann hat schon immer viel gearbeitet, mich viel allein gelassen. Markus hat eine eigene Firma, und im März wollte er dann das Konkurrenzunternehmen übernehmen, 500 Kilometer weit weg, er will die andere Firma flottmachen. Ich finde das nicht so toll, daß er so weit weg ist, aber er und auch die Eltern und Schwiegereltern sagen mir: »In diesen Zeiten ... Einer muß doch das Geld verdienen.« Da frage ich mich immer, was das heißen soll, verdiene ich etwa kein Geld? Es war auch klar, daß der Haushalt jetzt erst recht an mir hängenbleibt. Mir war das alles nicht so recht. Ich wußte aber: Er braucht das für sein Selbstwertgefühl, Männer definieren sich ja viel stärker über die Arbeit als Frauen. Also habe ich gesagt: »Mach.« Es fiel mir nicht leicht. Schließlich fehlt er ja auch den Kindern, denen er immer ein ganz lieber Papi ist.

Ich hatte ehrlich gesagt auch Angst vorm Alleinsein, und ich habe mich gefragt, was das für Rolfi und mich bedeuten wird, ob ich dann vielleicht zu viele Gefühle für ihn entwickele, wobei ich ja denke, daß es gar nicht noch enger werden kann, wir sind uns schon so nah. Aber so ist es nicht, und mein Mann ist ja auch jedes Wochenende da. Ich muß nur aufpassen, daß nicht die Woche über der ganze Alltagstrott an mir hängenbleibt und dann am Wochenende Markus kommt und sich verwöhnen läßt. Ich finde, da bin ich dann auch mal dran.

Ich habe schon manchmal drüber nachgedacht, ob mein Mann vielleicht auch eine Freundin hat, da in der Ferne, aber ich glaube nicht. Seit mir das mit Rolfi passiert ist, lege ich allerdings für niemanden mehr die Hand ins Feuer.

Als Mädchen hatte ich immer die Vorstellung, man braucht drei, vier Männer. Einen für die Familie, einen romantischen Abenteurer, einen fürs Reden ... Ein bißchen ist es ja wirklich so. Sexuell war ich meinem Mann immer zu aufdringlich, das weiß ich, er hat weniger Lust als ich. Das ist jetzt, wo er nur am Wochenende da ist, eigentlich besser. Es ist jetzt sogar manchmal so, daß ich aufpassen muß, daß ich nicht mit Rolfi am Freitag ... Damit mehr Lust für meinen Mann bleibt.

Wenn ich mich ernsthaft frage: Warum mache ich das mit Rolf? Dann fällt mir durchaus eine Antwort ein. Also, ich habe ja gesagt, ich war *eigentlich* glücklich. Oder nur zufrieden. Egal, ich war auf jeden Fall viel allein, auch damals schon. Und: Ich muß das mal so ehrlich sagen, das hört sich vielleicht streng an, aber: Bei meinem Mann war nie diese emotionale Verbundenheit da, wie ich sie jetzt mit Rolfi erlebe. Vielleicht liegt's ja am Alter oder an der Heimlichkeit unserer Beziehung, daß ich vieles mit Rolfi viel intensiver genieße bzw. einiges gelassener sehe als früher.

Ja.

Wenn mein Mann dienstlich unterwegs ist, ruft er höchstens einmal am Tag an: Pflichtanruf. Wenn ich anrufe, einmal in der Woche, ist er nicht erreichbar, oder ich habe das Gefühl, daß ich störe. Das möchte ich nicht. Deswegen beschränken sich meine Anrufe inzwischen auf ein Minimum. Nie würde er mir irgendwelche kleinen Zettelchen, Nachrichten hinterlassen, nie bringt er mir auch nur ein Blümchen mit. Ich dagegen stecke ihm was zu naschen in den Kulturbeutel oder zwischen seine frisch gebügelten Hemden, wenn er wegfährt, dazu ein Zettelchen: »Betthupferl, und hinterher gleich Zähne putzen.« Ich schicke ihm zwischen durch SMSe, kriege aber oft keine Antwort. Ich finde das herzlos. Ich fand schon immer, daß ich von ihm nicht genug Aufmerksamkeit bekomme. Jetzt, wo ich Rolfi hab', bekomme ich das, was mir in meiner Ehe manchmal fehlt: Aufmerksamkeit und Leidenschaft.

Einmal, das ist lange her, die Kinder gingen noch nicht zur Schule, bin ich deswegen richtig ausgetickt. Immer mußte ich alles machen: Neben der Arbeit noch Kinder, Einkauf, Haushalt. Da habe ich eines Freitagabends einen Zettel auf den Küchentisch gelegt, als mein Mann gerade in die Garage fuhr: »Wir testen mal, wie es ist, wenn Bibi nicht da ist. Bin das Wochenende über weg – mach dir keine Sorgen. Ich möchte nur mal wissen, ob Du das wirklich alles mit Links schaffst, wie du immer sagst – wenn ihr was essen wollt, mußt du also noch einkaufen, und fürs Wochenende ist auch nichts da. P. S. Bitte meine Wäsche nicht mitwaschen, mache ich am Montag selbst, bin Montag um sieben zurück.« Als ich zurückkam, sagte mein Mann: »Du hast ja recht, ich muß dir wirklich mehr abnehmen. Ich brauche dich.« Aber ich möchte nicht gebraucht werden ...

Er bemühte sich dann echt, mich hier und da ein bißchen zu unterstützen oder zu entlasten. Er lobt mich auch bei Nachbarn und Freunden, wie ich ihm stets den Rücken freihalte für seinen Job, aber die Aufmerksamkeit und Zuwendung, die ich wollte, hatte ich deswegen noch lange nicht. Ich fühle mich bei ihm einfach nicht so geborgen. Er kommt zwar und will sich bei mir ankuscheln, aber das ist es nicht. Wenn ich zweimal im Jahr mein Tief habe, öfter ist es nicht, habe ich nicht das Gefühl, daß er mich auffängt. Das macht dann Rolfi. Er ist mein doppelter Boden ...

Der nimmt sowieso mehr Anteil. Als ich mich neulich endlich durchgerungen hatte, doch mal zur Mammographie zu gehen – meine Frauenärztin predigt schon seit Jahren: »Gehen Sie, wo Ihre Mutter doch Brustkrebs hatte.« Aber ich wollte nie, ich bin kein depressiver Typ, kein Typ für Krebs. Na, ich wollte nun doch mal zum Röntgen, in eine Praxis am anderen Ende der Stadt. Mein Mann sagt nur: »Da fährste am besten mit der Bahn, mit dem Auto dauert es viel zu lange.« Er hat hinterher auch nicht gefragt, was dabei herausgekommen ist. Natürlich nichts, klar, aber er fragt eben nicht. Rolfi dagegen, der will nicht nur wissen: »Haste Angst vor der Untersuchung?« Nein, der sagt auch noch: »Ich fahr' dich hin.« Hat er gemacht. So ist er. Das tut mir gut.

Rolfi ist wirklich immer so, auch zu seiner Frau, sie hat eigentlich null Grund, sich zu beklagen. Aber was tut sie? Sie stellt immer nur Forderungen, Forderungen, Forderungen, und wenn er mal vergißt, Butter mitzubringen oder so, brennt die Luft. Ich sehe das anders, ich sehe Rolfis Aufmerksamkeit nicht als Selbstverständlichkeit. Gerade deswegen ist sie so wertvoll für mich.

Manchmal sagt Rolfi: »Hach, Bibi ... Wenn ich dich doch vor 20 Jahren kennengelernt hätte ...« Dann sage ich: »Wir wären geschieden oder hätten die gleichen Probleme, wie wir sie jetzt mit unseren Lieben haben.« Dann malen wir uns aus, wie es wäre, wir zwei zusammen: Es gäbe Streit in der Küche, weil er gern kocht und ich auch, es gäbe Streit, weil er gerne vorn auf dem Motorrad fährt und ich auch, es gäbe Streit, weil er ein Nachtmensch ist und ich nicht ... Dann sind wir froh, daß alles so ist, wie es ist, und wir wollen daran nichts ändern.

Einmal, vor einem Jahr, hat Rolfi mir eine lange Liebeserklärung gemailt, warum er mich liebt ... Weil ich ihm gefalle, wie ich bin, weil er sich so wohl fühlt mit mir. Er mag meine Art, Dinge zu sehen, er mag auch mein Vertrauen zu meinem Mann und das wachsende Vertrauen zu ihm, also zu Rolfi. Ja, er schrieb mir auch: »Wenn wir beide nicht gebunden wären, dich würde ich fest an mich binden, aber ohne Trauschein, weil man den nicht braucht, um glücklich zu sein.«

Es hört sich komisch an, es ist emotionale Nähe, Wärme, die mir bei meinem Mann fehlt. Das wußte ich schon vor Rolfi. Zwei Jahre, bevor ich Rolf kennengelernt habe, war ich mal mit Freunden und vielen Kindern an einem See. Es war herrlich, wir haben gebadet ... Ich lag im Liegestuhl. Der eine Freund ist dann zu einem Kirschbaum gegangen und hat mir Kirschen gepflückt, auch die, die so paarweise an den Stielen sind. Dann hat er mir zwei Kirschpaare über die Ohren gehängt und angefangen, mich mit den Kirschen zu füttern, ich mußte nur noch die Kerne in hohem Bogen wegspucken. Das hat mich so gerührt, das war unglaublich. Das hat nämlich mein Vater früher mit mir so gemacht. Während ich so im Liegestuhl lag und Kerne spuckte, dachte ich: Ach, so was wie jetzt, das vermißt du in deinem Leben. Das halte ich meinem jedoch Mann nicht vor. Rolfi sagt ab und zu im Winter: »Augen zu, Mund auf.« Und dann steckt er mir *Mon Chéri* in den Mund. Wovor ich am meisten Angst habe: Daß sich seine Frau mal einen Privatdedektiv nimmt ...

Ulrike, 44, Geschäfts-Inhaberin

Nie habe ich so geküßt

Oder: Zyste der angestauten Lust

Manchmal verliert sich ihr Blick beim Gespräch ins Leere, dann wirkt sie melancholisch. Doch plötzlich zucken die Mundwinkel, lachend und mit blitzenden Augen erzählt sie von dem, »was sich bestimmt keiner meiner Nachbarn von mir vorstellen kann«.

Hans und ich haben uns schon vor über 20 Jahren kennengelernt, aber mein Liebhaber ist er erst seit einem halben Jahr. Lange Zeit hatten wir uns ganz aus den Augen verloren, zur Wende wiedergetroffen – aber dann brauchten wir mehrere Anläufe, bis es losging. Mein Mann, mit dem ich seit 19 Jahren verheiratet bin, ahnt nichts. Er hat mich damals aus dem Tief nach Hans befreit.

Als ich Hans kennenlernte, war ich noch ein junges Mädchen, Anfang 20. Eines Tages war ich da mit meiner großen Tochter, das heißt, damals war sie gerade drei Jahre, Verwandte besuchen. Einen Onkel und eine Tante, die hatten gerade in einem Neubauprogramm eine Wohnung bekommen, die war noch im Bau, aber beide waren total happy – sie wohnten nämlich schon eine ganze Weile mit der Mutter der Tante gemeinsam in einer Einraumwohnung mit Kammer, das muß man sich mal vorstellen. Der Onkel wollte mir unbedingt die neue Wohnung zeigen.

Wir kommen zu dem Haus, da sind die Bauarbeiter drin. Der Onkel fragt: »Darf ich mal meine Wohnung zeigen?« Klar durfte er. Der Onkel lief durchs ganze Haus, bis unters Dach. Ein Bauarbeiter saß da an einem Schreibtisch, mit ihm fing ich an zu erzählen. Das war Hans. Wir kamen schnell drauf, daß wir uns eigentlich kennen könnten. Ich hatte gerade ein Jahr Bezirksparteischule in X-Stadt hinter mir, und da war er auch ein Vierteljahr gewesen. Wir sind uns aber nicht über den Weg gelaufen. Er sagte: »Vielleicht können wir ja mal essen gehen.«

Das haben wir gemacht. Und es wurde schnell mehr daraus. Ich fand es total schön, mit ihm auszugehen, mit ihm zusammenzusein. Die Scheidung von meinem ersten Mann lag da gerade kurz hinter mir, ich war ziemlich enttäuscht von den Männern. Aber als es mit Hans am allerschönsten war, hat er mir gesagt: Er ist verheiratet. Hans ist zehn Jahre älter als ich, und er hatte zwei Töchter. Ich bin aus allen Wolken gefallen. Ich habe nur gedacht: Das kann doch nicht wahr sein. Er hat auch angedeutet, daß es in der Ehe Probleme gibt, aber ich habe nicht gedrängt.

Er war immer unzuverlässig mit dem Telefonieren, das wurde schlimmer, und irgendwann meldete er sich gar nicht mehr. So ist der Kontakt auseinandergegangen. Es hat ein schönes Frühjahr und einen halben Sommer lang gedauert.

Ich habe damals Verkäuferinnen-Lehrlinge ausgebildet. Da war es üblich, daß man auch kollektive Urlaubsgestaltung macht, so hieß das, ja. Wir sind alle gemeinsam an die Ostsee gefahren. In diesem Urlaub habe ich meinen Ehemann kennengelernt, mit dem ich heute noch verheiratet bin. Norman. Ich glaube, er hat mich damals auch so ein bißchen über das mit Hans hinweggetröstet. Norman ist ein ganz anderer Typ als Hans, er ist zuverlässig und liebt Prinzipien, Hans ist eher unberechenbar und sieht mich als junges Mädchen. Ja, im September hatten wir uns kennengelernt, es waren schöne 14 Tage mit Norman, dann fuhr jeder wieder in seine Stadt, 300 Kilometer weit voneinander entfernt.

Norman hatte mir gesagt, daß er schreibfaul sei. Das war er auch. In einem der seltenen Briefe hat er mich, besser uns: mich und meine Tochter, aber zu Silvester eingeladen. Ich bin danach noch zweimal hingefahren, und dann hat sich herauskristallisiert, daß ich zu Norman ziehen werde. Für Juni hatte ich eine neue Arbeitsstelle, für den Umzug war schon alles in die Wege geleitet, Norman hatte alles gut geplant und organisiert. Dann kam mein Geburtstag, am 5. Mai. An diesem Tag rief Hans an. Ich dachte nur: Er ruft an! An meinem Geburtstag! Ich staunte, daß er sich den überhaupt gemerkt hatte. Wieso rief er wieder an? Ich habe Hans gesagt, daß ich umziehen werde, daß ich heirate. Damit war der Fall erledigt. Damals.

1989 sind wir, meine Tochter, unser Sohn Konrad und Norman, zurück in meine Heimatstadt gezogen. Das war noch vor der Wende. Mein Mann hatte das alles heimlich in die Wege geleitet. Mir hat das gefallen: Meine Eltern wohnen auch hier in der Nähe. Mein Mann fing als Leiter in einem Produktionsbetrieb an, ich war Dispatcher.

Da kam bekanntlich die Wende. Nun ist unser Ort ein bißchen verschlafen und hinkt immer hinterher, aber die Wende ist auch hierher vorgedrungen. Es gab eine Reihe großer Veranstaltungen, wo jeder jeden anschiß, wie das so war. Norman und ich haben so eine Veranstaltung im Oktober, November auch mal besucht, im Kulturhaus. Da waren Diskussionen in verschiedenen Sälen, wir haben nur zugehört. Da kam *er* plötzlich aus einem Saal raus. Hans stand plötzlich einfach vor mir. Mein Herz schlug mir sofort bis zum Hals. Ich konnte gar nicht vernünftig reden. Aber es reichte doch, um mit ihm abzumachen, daß wir telefonieren. Wir tauschten die Telefonnummern aus, er versprach, sich zu melden. Doch ich war so ungeduldig und rief ihn an. Wir haben uns dann zweimal gesehen, aber es hat sich nicht gefunden. Es war auch alles so in Unruhe durch die Wende. Ich war völlig aufgelöst, alles geriet ins Wanken, die ganze Lebenssicherheit war weg. Ich mußte mir überlegen, was nun beruflich für mich kommen sollte, denn es war klar, daß es mit der Arbeit als Dispatcher nicht mehr lange weitergehen würde.

Ich habe dann sehr schnell mein Geschäft für Kinderspielzeug eröffnet. Mein Mann kaufte einen kleinen Gartenbaubetrieb mit Treibhaus und Wohnhaus. Dahin zogen wir um. Wir hatten also viel mit uns zu tun. Und dann kam vor sechs Jahren Felix, unser

Nachzügler. Er war ein Wunschkind, viel später hätte es für mich auch nicht sein dürfen, ich war 38. Ich habe Felix von klein auf mit in den Laden genommen. In der Mittagspause bin ich mit ihm rausgegangen, habe den Kinderwagen durch die Gegend geschoben. Und bei einem dieser Spaziergänge passierte es: Wie aus dem Erdboden gewachsen stand Hans auf einem Parkweg vor mir. Er sagte: »Na, wie geht's?« Da war nichts weiter. Er hat ja auch gesehen, daß ich einen Kinderwagen schiebe. Ob das nun meins war oder schon ein Enkel, das konnte er nicht wissen. Mir hat diese Begegnung einen Stich versetzt. Aber das war es auch.

Dann, im Oktober vorletztes Jahr, komme ich aus meiner Sparkasse raus, er will gerade rein, und wir laufen uns in der Tür direkt in die Arme. Ich sage: »Es müssen wohl immer Jahre vergehen, bis wir uns treffen.« Und ganz mutig, ich weiß nicht warum, sage ich auch: »Du kannst mich ja mal zum Essen einladen.« Er sagt: »Ja, wir müssen mal quatschen.«

Es war ein strenger Winter, Hans arbeitet bei den Stadtwerken und ist für die Fernwärme-Versorgung zuständig. Wir haben ein paarmal telefoniert, doch mich zu treffen, hatte er keine Zeit. Oder wollte er keine haben? Vielleicht hat er damals schon geahnt, was sich da entwickeln könnte. Er wollte sich wieder melden, tat es aber nicht. Dann kam der Frühling. An einem Mittwoch im Mai war ich abends mit meiner Freundin Ilona verabredet. Meine Söhne, der große und der kleine, waren an dem Abend bei meinen Eltern, mein Mann war unterwegs, sie abzuholen. Ich wollte nach Geschäftsschluß zu Ilona in ihren Laden, noch ein bißchen rumsitzen und reden. Für mich ist so eine Verabredung schon etwas Außergewöhnliches, sonst ist es immer so: Wenn ich um sechs den Laden zumache, erwartet die Familie, daß ich um halb sieben auf der Matte stehe und dann das Abendbrot auf den Tisch stelle.

An diesem Tag hat aber keine Familie gedrängelt, ich konnte ganz in Ruhe sitzen, erzählen, ein Glas Wein trinken. Ich bin nicht ewig geblieben, als ich gehe, so um halb acht, laufe ich ihm in der Passage direkt in die Arme, er kam von der Arbeit, donnerstags mußte er länger bleiben. Er hat rumgeflachst und sich halb entschuldigt, daß er sich nicht mehr gemeldet hat. Er versprach, diesmal ganz bestimmt in den nächsten Tagen anzurufen. Ich habe es dann aber nicht ausgehalten und habe selbst angerufen – er hatte sich doch so sichtlich über unsere Begegnung gefreut.

Er kam dann wie abgemacht in meinen Laden. Da wollte er eigentlich nur den Termin mit mir besprechen, wann er mit mir essen geht. Mein Herz schlug bis zum Hals, ich war so aufgeregt. Freitag mittag! Am Mittwoch kam er noch mal kurz vorbei: Nur um zu sagen, es ist alles o.k., es bleibt dabei. Und dann kuckte er mich so an und sagte: »Was wird'n das jetzt?« Ich habe gesagt: »Das können wir dann ja ganz in Ruhe beim Essen klären.«

Das Essen war dann beim Chinesen, mitten in der Stadt, am Markt. Es gab ja noch nichts zu verbergen. Ich hatte Hans so in Erinnerung, daß er nicht so viel Worte macht, zwar zuhört, aber selber nicht so viel erzählt. Aber er war bei unserem ersten richtigen Gespräch erstaunlich offen. Ich war ehrlich gesagt auch sehr gespannt auf dieses Treffen, was daraus denn werden würde. Wir haben uns dann verständigt, daß wir beide uns unser Leben eingerichtet haben. Er ist jetzt 30 Jahre verheiratet, immer noch mit der Frau von damals. Wir haben uns gesagt, daß wir das alles nicht aufs Spiel setzen wollen. Für mich kam das eigentlich ernsthaft auch nicht in Frage, mein Leben zu verändern, gar meinen Mann oder meine Familie zu verlassen.

Er hat aber auch gesagt: »Wenn man 80 ist und auf sein Leben zurückschaut, vielleicht ärgert man sich dann, wenn man eine Chance verpaßt hat, etwas Schönes auszukosten.« Als wir die Gaststätte verließen, war ich völlig aufgekratzt. Ich sagte: »So kann ich jetzt nicht in den Laden, laß uns noch 'ne Runde im Park spazierengehen.« Das wollte er aber nicht: Im Park geht seine Schwiegermutter immer mit dem Hund. Das ist durchaus symptomatisch für eigentlich alles in unserer Stadt: Hier können wir nirgendwo unbeobachtet hingehen.

Wir haben zwei Tage später telefoniert, und ich mußte ihm sagen, daß er in mir alle Gefühle wie vor 20 Jahren mit einem Schlag wieder geweckt hat. Ich war total aufgewühlt und durcheinander. Das Schönste aber war, daß es ihm genauso ging. Er sagte dann: »Ich komme im Laden vorbei.« Freitag, kurz nach acht. Wir haben uns in der Tür getroffen. Jetzt hatten wir das erstemal die Chance und die Zeit, uns richtig ausführlich zu küssen. So habe ich noch nie jemanden geküßt, vorher nicht und nachher nicht ... Er war ganz wild und hat mich geküßt wie irre und ich ihn ebenso. Aber so richtigen klassischen Verkehr? Da hat er gesagt: »Nee, das geht nicht.« Seine Gefühle waren auch ganz schön durcheinander geraten, Herz und Verstand fanden keine Übereinstimmung.

Na ja. Hans wollte danach nicht direkt zur Arbeit, sondern noch schnell im Baumarkt was besorgen. Ich fand, wir hatten so wenig Zeit zum Reden gehabt, und darum sagte ich: »Ich komme mit«, aber er fand, das sei Unsinn, das kann Probleme mit sich bringen, wenn uns jemand sieht. Ich bin dann doch mit, habe im Laden einfach einen Zettel angeklebt: »Heute erst ab 11 Uhr geöffnet.«

Für den nächsten Freitag waren wir wieder verabredet, aber er kam nicht. Ich habe bei ihm auf der Arbeit angerufen und da erfahren: Er hat Urlaub. Er war mit seiner Frau spontan an die Ostsee gefahren, weil so schönes Wetter war – das machen sie öfter, wenn es sich einrichten läßt. Ich mußte mich erst mal wieder einkriegen. Ich war total enttäuscht und auch sauer. Er hätte mir schließlich sagen können, daß er nicht kommt. es hat eine Weile gedauert, bis mein Verstand wieder klar reagiert hat. Wir waren uns nicht verpflichtet, was hatte ich eigentlich erwartet? Ich nahm mir vor, mich nicht mehr bei ihm zu melden, irgendwie war er am Zuge. Als er zurück war, hat er angerufen: »Wann können wir uns sehen?« Da war ich mehr als happy.

Mittlerweile hat es sich sozusagen eingespielt, wir sehen uns so einmal die Woche, immer bei mir im Laden. Freitag ist unser Tag, da öffne ich erst um zehn, da haben wir also Zeit, wo wir uns mit uns befassen und beschäftigen können. Hans kann sich seine Zeit bei der Arbeit einigermaßen einteilen und eben auch mal später kommen. Obwohl er gesagt hatte: »Keinen Verkehr« – irgendwann läßt es sich doch nicht verhindern, man ist ja wie im Rausch. Da ist es passiert. Natürlich war ich in meinem Laden auf so etwas nicht eingerichtet – da war dann mein Schreibtisch unser gewesen. Das war ja auch was Besonderes, wie es überhaupt mit Hans besonders ist. Er und ich, wir gehen anders miteinander um als ich mit meinem Mann. Wir fassen uns anders an, wir küssen uns anders ...

Einmal war für mich absehbar, daß mein Mann ein Wochenende mit den Jungs in den Harz fahren würde. Da wollte ich mich mit Hans verabreden – er hatte aber leider schon lange mit seiner Frau eine Fahrt geplant. Seine Frau war schon vorgefahren zu ihren Eltern, er wollte mit dem Auto hinterher. Ich wollte gerne mitfahren, damit wir im Auto Zeit zum Quatschen haben, und dann mit dem Zug zurückfahren. Aber er wollte das partout nicht. »Ich kann das nicht verantworten, du allein im Zug«, hat er gesagt.

Am Samstag vormittag hat er dann angerufen, er sammele gerade Pilze, würde bald fahren. Er wollte tatsächlich ohne mich fahren. Als er aufgelegt hatte, mußte ich heulen. Ich war fix und fertig, ich war so traurig. Da habe ich beschlossen: Jetzt fährst du erst mal ins Einkaufszentrum und gehst in den Buchladen, du mußt dir jetzt etwas Gutes tun. Ich habe mir eine CD gekauft und kucke mich noch so um – da lag das Buch *Wir sind die neuen Liebhaber.* Das habe ich sofort gekauft. Unglücklich, wie ich an dem Nachmittag war, bin ich nach Hause gefahren. Ich habe mir Tee gekocht, in dem Buch gelesen und fand: Männer sind doch wunderbar – manchmal jedenfalls.

Ulkigerweise war ich ein paar Tage später in derselben Buchhandlung und suchte da nach einem Buch über Sternzeichen, natürlich, weil ich kucken wollte, was ich von Hans' Sternzeichen zu halten habe, ob wir zusammenpassen ... Es lief ja schon eine Weile. Da sehe ich das Plakat mit der Zeile: Nächste Woche

Lesung aus dem Buch *»Ich habe einen Liebhaber«*. Sonst habe ich ja nie Zeit, aber da war mir klar: Ich gehe auf jeden Fall hin. Das mit dem Abendbrot habe ich eingerichtet.

Bei der Lesung hat mir am besten die Geschichte von Gabi gefallen: die, die mit ihrem Liebhaber Uli sogar gemeinsame Freunde hat, die Bekannte haben, die die beiden für ein richtiges Paar halten. Für mich und Hans ist das undenkbar: In unserer Stadt wohnen 60 000 Menschen, davon kennen mich durch meinen Laden zumindest vom Sehen bestimmt 5 000, habe ich mir so überlegt. Und ihn kennen mindestens genauso viele.

Aber das Zuhören bei diesen Geschichten, das hat mich so glücklich gemacht, ich hätte platzen können, aber das ging ja nicht. Da hörte ich etwas über und von Frauen, die Ähnliches erlebt haben, wie ich es erlebe – ich dachte lange Zeit, ich bin damit ganz allein! Ich habe ganz lange mit niemandem darüber gesprochen, mittlerweile wissen es zwei Freundinnen.

Meinem Hans habe ich erzählt, daß ich zu der Lesung war, daß ich das Buch lese. Er fand das aufregend. Ich würde ihm das Buch so gerne leihen, aber er kann es nicht mit nach Hause nehmen – seiner Frau würde das bestimmt auffallen, und sie würde sich wundern. Man muß ja sehr aufpassen. Wir wollen das Entdeckt-Werden nicht heraufbeschwören. Gott sei Dank habe ich weder Handy noch Computer, die sind ja ungeheure Gefahrenquellen. Hans und ich verabreden uns einfach immer, oder wir telefonieren.

Ich glaube ja nicht, daß mein Mann irgendeinen Verdacht hat oder mir hinterherspioniert. Tue ich ja auch nicht. Norman hatte bei der Arbeit lange hauptsächlich mit Frauen zu tun, da kamen von ihm auch schon mal Bemerkungen über Kolleginnen. Ich mußte oft Vergleichen standhalten, bisher habe ich gut abgeschnitten, ich denke, er weiß, was er an mir hat. Normans Arbeit jetzt ist sehr stressig, er ist auch durch die Kollegen mehr unter Beobachtung. Mein Mann ist ein Einzelkind und ein Einzelgänger, es nervt ihn, ständig unter Beobachtung zu stehen. Er will seine Arbeit gut machen, darum arbeitet er auch oft am Wochenende oder nachts am Computer. Norman hat für so etwas wie ein Verhältnis den Kopf gar nicht frei, das könnte ich mir von ihm überhaupt nicht vorstellen. Wenn er ein Verhältnis anfangen würde, hätte er ja noch mehr Streß. Man muß ja doch Zeit haben, organisieren oder was vertuschen.

Ich bedaure sehr, daß Hans und ich so wenig Zeit haben, um miteinander zu reden. Es ist mir wichtig, ihm mitzuteilen, was in mir vorgeht, und ich möchte auch wissen, wie es ihm so mit uns geht.

Einmal haben wir uns getroffen, und als er ging, war ich wieder so aufgewühlt. Es war so schön mit ihm gewesen, und dann mußte er los. Ich hätte am liebsten in seinem Büro angerufen, um noch mal seine Stimme zu hören. Aber Anrufe umgehe ich nach Möglichkeit, denn er hat fast nur Kolleginnen, die auch sein Telefon bedienen, wenn er nicht am Platz ist. Ich möchte nicht, daß er Probleme bekommt, weil die Damen mißtrauisch werden, wenn sie immer wieder meine Stimme hören. Frauen haben so sensible Antennen. Ich lasse das Telefon also meist zweimal klingeln, da weiß ich, er kann rangehen, wenn er am Schreibtisch sitzt, und wenn er so schnell nicht dran ist, sitzt er nicht da. Manchmal geht er auch ran und sagt: »Ja, o.k., aber ich habe gerade 'ne Beratung.« Dann weiß ich: Jetzt ist es unpassend.

An dem Tag, als ich ihn am liebsten angerufen hätte, habe ich ihm stattdessen einen Brief geschrieben. Alles, was ich ihm so gerne gesagt hätte, all das habe ich mir von der Seele geschrieben. Ich wollte, daß er weiß, wie die Schmetterlinge in meinem Bauch durcheinander fliegen, wie sehr ich ihn liebe und wie ich unser Zusammensein genieße. Ich mußte mich einfach mal abreagieren. Den Brief habe ich im Büro ins Regal gelegt.

Ein paar Tage später kam Hans. Ich wußte nicht: Sollte ich ihm den Brief wirklich geben? Ich habe es dann gemacht, und er hat ihn gelesen. Hinterher hat er gesagt, er hat nie viele Liebesbriefe gekriegt, aber dieser ist der schönste. Hans hat mir den Brief wiedergegeben, er wußte nicht, wohin damit. Wohin auch? Es ist doch so: Als Frau hat man das Regime zu Hause, man ordnet alles, räumt auf, macht die Wäsche. Du kennst als Frau jedes Versteck zu Hause. Seine Frau auch. Wohin also mit dem Brief. Ins Auto? Vielleicht in den Werkzeugkasten? Ich kenne mich doch selbst, wenn ich einen Schraubenzieher brauche, mache ich auch den Werkzeugkasten auf.

Am 23. Dezember hab' ich ihm wieder einen Brief geschrieben. Es ist ja klar: Feiertage und Wochenenden sind für uns tabu. Er hatte mich am 23. besucht und mir ein Geschenk gebracht, ein Parfüm. Er war sehr unsicher, ob mir der Duft gefallen würde. Er gefällt mir immer noch. Das Fläschchen steht auf meinem Schreibtisch, und wenn ich große Sehnsucht nach ihm habe, umgebe ich mich mit diesem Duft.

Ich habe damals für mich überlegt: Was kann ich ihm schenken? Eigentlich gar nichts. Was Praktisches scheidet aus, da käme zu Hause die Frage: Woher hat er das? Und etwas Persönliches, was ihn an mich erinnert, was er verheimlichen muß: Wo läßt er das? Ich habe ihm also wieder einen Brief geschrieben. Habe ihm von dem schönen Duft geschrieben, und daß ich ihm nichts schenken kann, weil es uns verraten könnte. Ich schrieb, daß er mich als Geschenk nehmen soll. Und: Vielleicht erfülle ich ihm ja Wünsche, die er sonst nicht erfüllt bekommt ... Am 30. oder 31. habe ich ihm den Brief gegeben. Er hat sich ins Auto gesetzt und ihn da gelesen. Er ist losgefahren, rief aber zehn Minuten später an: Er hätte sich sehr gefreut, das alles so zu lesen, das sei sein schönstes Geschenk gewesen.

Er hat den Brief dann in ein Computerbuch gelegt. Und letzte Woche ist das eigentlich Unvorstellbare passiert: Seine Frau steht an seinem Schreibtisch, greift nach ein, zwei Büchern und blättert darin herum. Er rief sofort: »Was machst du da? Du bringst alles durcheinander.« Sie hat die Bücher zurückgestellt, sie hatte nichts bemerkt. Ich habe ihn gefragt: »Was hätte sie denn getan, wenn sie den Brief entdeckt hätte?« Er sagte: »Das möchte ich mir nicht vorstellen.«

Gestern sagte er mir: »Ich habe den Brief noch mal gelesen. Es ist alles so wahr, es stimmt alles, was du schreibst. Es gibt eben Wünsche, die man sich zu Hause nicht erfüllt.« Es ist doch so: Bestimmte sexuelle Dinge gehen mit dem Partner einfach nicht. Warum nicht, ist klar: Man kennt sich so gut, man hat seine eingefahrenen Gleise und Routine, so daß man sich albern vorkommen würde, etwas anders zu machen, etwas Neues auszuprobieren. Wenn zum Beispiel gleich ein Satz kommt wie: »Was ist denn mit dir los?«, dann ist ja schon alles vorbei. Mit Hans ist es wunderschön, Sex am Schreibtisch oder auf dem Fußboden zu machen. Ich traue mich, ihn überall in den Mund zu nehmen, er schmeckt so lecker. Auch er kann mich da küssen, wo mein Mann mich nicht einmal anfaßt.

Mein Brief war für Hans eine Erleichterung, daß er mir nicht aufzwingt, Sachen zu machen, die ich gar nicht will. Er weiß jetzt, daß er das, was er macht, auch wirklich darf, daß ich es will.

Ich habe schon oft darüber nachgedacht, warum ich dieses Verhältnis mit Hans angefangen habe, warum ich will, daß es nicht aufhört. Es nimmt mich schon sehr in Anspruch, ihn nicht erreichen zu können, wenn ich will, auf Anrufe oder Besuche zu warten, manchmal auch vergeblich. Doch ich habe schon so viele glückliche Momente durch ihn erlebt. Wenn er anruft, ohne daß es verabredet war, wenn er plötzlich unvermutet im Laden steht, dann weiß ich, daß er fast genauso oft an mich denkt, wie ich an ihn. Inzwischen weiß ich auch, daß er sich nach einem verpaßten Termin wieder bei mir meldet. Diese Sicherheit ist erst nach und nach gewachsen.

Im Herbst hat mich eine ehemalige Kollegin, eine Freundin, besucht. Sie ist schon vor der Wende in den Westen gegangen, wir haben uns über Jahre immer geschrieben. Sie ist schon 15 Jahre geschieden und ständig auf der Suche nach einem neuen Partner. Sie lernt auch immer wieder neue Männer kennen, aber nie was Richtiges. Im Moment hat sie gerade eine Flamme in Dresden, da schrieb sie: Den besuche ich in zwei Wochen, da könnte ich doch auch mal bei Euch reinschauen. Für Grit sind wir, Norman und ich und die Kinder, die perfekte Familie. Sollte ich ihr nun etwas erzählen? Das Problem hatte ich von Anfang an: Man ist mit seinem Glück so allein, kann es niemandem erzählen. Ich hatte das Bedürfnis, mich mitzuteilen, aber ich hatte niemanden. Meiner Freundin Ilona habe ich von Hans nichts erzählt, ich hatte Angst, daß sie das so berühren würde, daß sie es jemandem weitererzählt. Das kann ich mir nämlich gut vorstellen, daß es ihr so nahegehen würde, daß es für sie so außergewöhnlich ist, daß sie es nicht für sich behalten könnte. Und bei Grit dachte ich: Nein, das geht nicht, ich bringe ihr Weltbild ins Wanken. Als ich sie aber dann mit dem Auto vom Bahnhof abgeholt habe, brach es aus mir heraus: »Ich muß dir was erzählen ...« Sie hat da etwas für mich sehr Überraschendes gesagt: »Genieß das Glück, solange du es hast.«

Einmal wollte Hans auch zu mir nach Hause kommen, das war länger geplant. Mein Mann war das Wochenende über zum Seminargruppentreffen. Ich hatte an dem einen Tag Weiterbildung, die Kinder sollten darum zu meinen Eltern. Da ruft meine Mutter an: »Dem Vater geht es nicht gut, er kann die Kinder nicht holen.« Ich habe sofort gefragt, ob sie überhaupt nicht kommen können – oder ob es geht, wenn ich sie bringe. Es ging. Ich habe mich so abgehetzt, ich kann Ihnen sagen. Und es geht einem doch durch den Kopf: Es soll alles ordentlich sein, man will sich ja auch ein bißchen frisch machen ... Fünf Minuten vor Toresschluß kam ich an. Ich habe in den fünf Minuten Tee gekocht, Kerzen angezündet, Betten bezogen, nur die Musik habe ich vergessen anzustellen. Da ruft Hans an. »Ich stehe hier an der Tankstelle – soll ich 'ne Flasche Wein mitbringen?« Ich durfte zu der Zeit nicht trinken, weil ich in homöopathischer Behandlung war. Zu ihm habe ich gesagt: »Du mußt doch noch fahren.«

Er war erst im Zweifel, als ich sagte: »Du kannst zu mir kommen.« Es war Winter und schon früh dunkel, wer sollte da was sehen, habe ich mir gedacht. Wir hatten trotzdem abgemacht, daß er sein Auto eine Straße weiter parkt, bei uns ist nur wenig Platz, und vor der Garage fällt es dann doch auf. Er kam also an.

Da mußten wir uns erst mal ausführlich küssen. Dann haben wir Tee getrunken. Unser Haus ist ja noch ganz neu. Ich habe ihm alles gezeigt. Um halb zehn, zehn wollte er schon wieder zu Hause sein. Mir war vorher klar: Ich würde ihn nie mit in mein Bett nehmen. Aber das Haus ist ja, wie gesagt, neu. Da gibt es genug uneingeweihte Plätze. Wir haben im Wohnzimmer die Couch ausgezogen und es uns gemütlich gemacht. Das war schön, er hatte danach noch Ruhe, dazubleiben. Das fehlt mir sonst. Es ist oft so: Wenn er wieder losgeht, ist es schwer für mich. Ich bleib' dann immer so übrig. Das ist komisch. Er hat dann von unterwegs noch mal angerufen und gesagt, er würde am liebsten umkehren und zurückkommen. Das war besonders schön.

Am Montag haben wir telefoniert, und ich habe gefragt: »Wie ging's dir denn so danach?« Er fand den Abend sehr schön, war aber doch irgendwie bedrückt auf dem Nachhauseweg. Bei seiner Frau hat er sich mit einem Kollegentreffen entschuldigt. Diese Lügerei störte ihn sehr. Die ist sonst ja nicht notwendig, wenn wir uns am Tage sehen, da brauchen wir keine Ausrede. Noch schwieriger wäre natürlich, eine gemeinsame Nacht oder ein paar Tage am Stück zu organisieren, das wünschen wir uns beide, haben wir aber noch nicht hingekriegt.

Ich habe dann jedenfalls einen Büroraum für uns hergerichtet. Erst hatte ich Scheu, ihm diesen Raum zu zeigen, weil es so direkt aussah, das steht einem als Frau ja nicht unbedingt zu, bildet man sich zumindest ein. Ich hatte ja meinen kleinen Felix als Alibi, der hat manchmal Mittagsschlaf bei mir gemacht, und da war es völlig in Ordnung, ein Schlafsofa, Steppbetten und Kissen anzuschaffen. Daraus habe ich uns ein Lager gebaut. Eingeweiht haben wir den Raum an Hans' Geburtstag im November. Ich weiß noch, es war wieder ein Freitag früh, und ich habe mich total abgehetzt, um ihm einen kleinen Geburtstagstisch zu richten, Kuchen zu besorgen. Er war total gerührt, und dann haben wir eben dieses Lager eingeweiht.

Meine Freundin Grit fragt mich jetzt immer, wenn wir telefonieren: »Na und, ist alles noch schön?« Ansonsten weiß noch meine homöopathische Ärztin von der Sache. Bei ihr bin ich wegen einer Zyste in Behandlung. Die hatte mein alter Frauenarzt entdeckt und gleich gesagt: »Das schneiden wir mal bei Gelegenheit weg.« Halt, halt, hab' ich gesagt, »da schneiden wir gar nichts.« Ich wollte mich erst mal belesen: Eine Zyste, was ist das eigentlich genau? Diese Zyste hatte ich schon lange, sie tat auch nicht weh. Und Zysten muß man ja nicht wegmachen. Ich habe dann den Arzt gewechselt. Der stand aber auch gleich mit dem Messer in der Hand neben mir und sagte: »Wegschneiden, das ist kein Problem.« Ich habe fluchtartig die Praxis verlassen. Als ich das nächste Mal wieder hinkam, war an der Tür ein Zettel: Praxisaufgabe.

Ich hatte in der Zwischenzeit mit meiner Heilpraktikerin gesprochen, die gesagt hat, natürlich kann man Zysten auch homöopathisch behandeln. Ich habe im Ärzteverzeichnis eine Frauenärztin rausgesucht, die auch mit Naturheilverfahren und Homöopathie heilt. Die Ärztin hat ein sehr langes Aufnahmegespräch gemacht, zwei Stunden. Ich ging raus aus der Praxis, und fortan beschäftigte mich der Gedanke: Warum habe ich so was?

Die Ärztin hatte mir sehr deutlich gemacht, daß alles Körperliche meist seelische Ursachen hat. Wir haben darüber gesprochen, was das bei einer Zyste bedeuten könnte. Bei einer Zyste, die an den Drüsen sitzt, also der Drüse, die bei Frauen alles zum Fließen bringt. Die Ärztin meinte: »Ihre Zyste, das ist angestaute Lust.« Da habe ich mit ihr auch über meinen Liebhaber geredet. Man stelle sich vor: Zwei Frauenärzte wollten zum Skalpell greifen ... Da wäre nicht nur die Zyste weggeschnitten worden, sondern auch die eine Drüse. Die Ärztin sagte: »Stellen Sie sich mal vor, was da passiert: Da passiert schlimmstenfalls nämlich gar nichts mehr. Sie haben dann nur noch eine funktionierende Drüse. Wenn Sie die auch verlieren, sind Sie Ihre Lust ein für allemal los.«

Als wir so über Hans und meinen Mann sprachen, fragte sie mich auch, ob ich an Trennung denke. »Nee«, konnte ich da sagen, »ich will, daß bei meiner Familie alles so bleibt, wie es ist.« Ich habe mich gefragt, warum ich das will. Sicher, es ist Bequemlichkeit, es ist die Angst vor dem Ärger, es wäre auch für die Kinder nicht gut. Ich streite außerdem nicht gern. Das ist alles eine Entwicklung über eine sehr lange Zeit. Meinen ersten Mann habe ich mit 16 kennengelernt. Der erste Verkehr war für mich furchtbar, es hat weh getan. Der körperliche Schmerz läßt nach, aber daß ich das nun gleich wieder gewollt hätte ... Mein erster Mann, der hatte auch so sein Vergnügen, aber ich habe das Über-sich-ergehen-Lassen nie ganz verloren. Von diesem Mann war ich ja auch schnell wieder geschieden.

Mit Norman habe ich dann durchaus etwas Neues entdeckt, aber es war nie so gewesen, daß meine Bedürfnisse wirklich beachtet wurden. Ich sage ja nicht, daß meine Bedürfnisse im Vordergrund stehen sollen, das meine ich gar nicht. Mein Mann ist einfach – viel zu schnell. Ich bin noch gar nicht warm, da ist er schon fertig und dreht sich zum Schlafen um.

Eine besonders kritische Zeit hatten wir rund um unseren Umzug. Ich sagte ja schon, wir haben ein neues Haus. Mein Mann hatte zehn Jahre um die Gärtnerei und das Haus gekämpft, das wir nach der Wende gekauft haben. Plötzlich gab es da einen Rückgabeanspruch, aber er war der Meinung: »Wir haben rechtmäßig gekauft, so viel am Haus gemacht, hier den Betrieb aufgebaut, wir müssen kämpfen.« Er hat das gemacht, ich hätte viel schneller klein beigegeben. Irgendwann hatten wir verloren, es war klar, daß sie uns das wegnehmen. Ein Jahr hatten wir Zeit, etwas Neues zu finden. Mein Mann hat im Alleingang beschlossen: Wir bauen. Er hat alles ausgetüftelt: Wie baut man günstig, wie kriegen wir einen günstigen Kredit? Nächtelang hat er verglichen und berechnet. Als dann alles fertig war, wir nur noch die Möbel holen mußten, ist er zusammengekracht: Völlig verschnupft und mit Hautausschlag hat er im Bett gelegen, sein Körper signalisierte deutlich, was mein Mann empfand: Er wollte nicht umziehen. Ich habe dann mit Konrad und Freunden alles gemanagt. Wir haben einen großen Wagen gemietet, alles gepackt – mein Mann lag flach. Dann stand aber eine Reise vom Alpenverein an, auf die er sich lange gefreut hatte. Ich wünschte ihm von Herzen, daß er fährt und ein wenig Abstand von unserem Dauerstreß bekommt, unter dem wir seit Jahren stehen. Ich hatte sogar alle für die Reise notwendigen Sachen vorsorglich in eine gesonderte Kiste gepackt. Er fuhr.

Und ich habe mit Konrad in dieser einen Woche alles in die Schränke geräumt. Konrad hat Regale angebracht, Haken angebohrt, alles gemacht. Mein Mann kommt wieder – und ist muffig und maulig: »Wie kommt Konrad dazu, einfach Regale anzumachen? Wieso fragt mich keiner?« Ja, wie denn? Ich habe mich geärgert, kein Lob für seinen Sohn, der so fleißig und so selbständig war. Ich habe mich nachts im Bett auf meine Seite gedreht – da kann man sich vorstellen, was Norman nach drei Wochen für einen Druck hatte.

Ja, und dann saß ich bei der Ärztin und hörte, es sei ein Symbol dafür, daß ein Partner seiner Frau das Glück nicht gönnt, wenn er zu schnell beim Sex ist. Ich bin sicher, daß das so nicht in Normans Bewußtsein ist. Aber mich hat das schon nachdenklich gemacht. Es war ja wirklich über Jahre so, daß meine Lust nicht befriedigt wurde. Das Verhalten von Norman und mir war nie das von einem richtigen Liebespaar. Er hatte immer schon Probleme, seine Gefühle nach außen zu zeigen. Als wir uns kennenlernten, war es für ihn sogar ein Problem, Arm in Arm mit mir an der Ostsee entlang zu spazieren, das war ihm peinlich. Mir brachte das damals schon ein bißchen Abkühlung. Und über die Jahre hat sich das Verklemmte, Steife auch auf mich übertragen.

Norman leidet seit Jahren, eigentlich seit seiner Kindheit, an Hautallergien, nicht direkt Schuppenflechte oder Neurodermitis. Er muß sich dann immer kratzen, und oft habe ich schon gesagt, daß es mich sehr stört. Er hatte so eine ganz schlimme Stelle an der rechten Handfläche, da mochte ich mich von ihm auch nicht anfassen lassen, und er mochte mich nicht berühren. Er ist jetzt bei einer Ärztin in Behandlung, die weniger auf Medikamente setzt als auf Gespräch und autogenes Training – und die Stelle an der Hand war schon ganz lange nicht mehr da. Mein Mann hat da sicher einiges aufzuarbeiten, auch aus seiner Kindheit.

Eine Scheidung wäre für mich heute ein größerer Kraftakt als meine erste Scheidung. Und wenn ich sage: »Ich trenne mich«, dann kommt Hans in eine Zwangssituation. Ich hätte auch Probleme, wenn er sagt, er trennt sich von seiner Frau. Dabei wäre mir völlig klar, wenn das bei ihm passieren würde: Ich kann maximal der Anlaß dafür sein, nicht der Grund. Ich müßte also kein schlechtes Gewissen haben. Nein, daß wir uns von unseren Partnern trennen, steht überhaupt nicht an. Wir genießen es beide, gemeinsam unser zweites Leben zu haben, in dem jeder anders sein kann als in der Ehe.

Was ich mir wirklich wünschen würde für Hans und mich, das ist mehr Zeit. Die Ärztin hat gesagt: »Stellen Sie sich vor, es gäbe einen Knall und Sie hätten drei Wünsche frei. Was würden Sie sich wünschen?« – »Ehrlichkeit«, habe ich spontan geantwortet. Ehrlichkeit, auch was die Gefühle von meinem Mann zu mir angeht. Ich spüre seine Verklemmtheit und Starrheit, er steht sich selbst im Wege, er tut sich weh und mir auch. Heute kann ich immerhin sagen: Laß ihn. Das konnte ich früher nicht so.

Im Sommer sagte eine Nachbarin zu mir: »Sie werden immer jünger.« Und eine Kundin meinte neulich: »Sie sehen klasse aus, sind Sie frisch verliebt?« Auch mein Mann hat Phasen, wo er mir sehr zugetan ist. Letzte Woche sagte er: »Du siehst richtig gut aus.« Womit er aber überhaupt nicht klarkommt: Wenn ich ihm Lust signalisiere. Letzte Woche zum Beispiel, Samstag abend. Da sagte er wirklich: »Ach, laß doch, du weißt doch, daß Peter mich morgen zum Angeln abholt.«

Ich bin froh, daß ich Hans habe, wirklich. Ich bin viel offener geworden in erotischer Hinsicht, ich habe mir auch neue Unterwäsche gekauft – man möchte doch schön angezogen sein, wenn man schon halb ausgezogen ist. Leider habe ich jetzt zu oft meine Regel. Das stört mich natürlich. Und einmal kam sie gar nicht.

Mein Gott. Wenn ich schwanger gewesen wäre ... Ich muß aber sagen: Beide Männer haben sich gut verhalten. Für Norman kam Abtreibung nie in Frage, er wäre auch in diesem Fall für das Kind gewesen. Hans hat zwar gesagt: »Nee, das kann ja gar nicht sein.« Ich habe aber gesagt: »Was machen wir, wenn doch?« Ich habe es nicht mehr ausgehalten und einen Test gemacht. Es war dann nicht so. Ich weiß nicht, ein Kind mit 45 – ich glaube, das will ich nicht mehr.

Wenn ich an damals denke, als ich Hans das erste Mal kennengelernt habe, dann denke ich: Ein bißchen mehr hättest du schon kämpfen können. Aber ich denke auch: Wir wären dann heute auch 20 Jahre zusammen, wie sähe es da mit uns aus? Wahrscheinlich wäre es sexuell in ähnliche Bahnen gekommen wie mit meinem Mann heute.

Ich habe während der Ehe ja nie nach etwas anderem gesucht. Wenn Hans es nicht gewesen wäre – mit einem anderen hätte ich nichts angefangen. Wenn wir heute zusammen sind, ist es viel schöner als damals.

Einmal habe ich seine Frau gesehen, auf dem Weihnachtsmarkt, jedenfalls bildete ich mir ein, sie müßte es gewesen sein. Ich fuhr blitzschnell mit dem Rad am Markt vorbei, meinte, ihn gesehen zu haben und neben ihm eine Frau, seine. Er hat mich später angerufen: »Hast du mich gesehen?« Also war sie's wirklich. Ein anderes Mal stand er vor der Reinigung, und ich fuhr mit dem Rad direkt auf ihn zu. Er machte Zeichen. Da wußte ich: Seine Frau ist da, fahr weiter. Das passiert in so einer kleinen, übersichtlichen Stadt. Was mich wirklich schafft: Wenn ich durch die Straßen fahre und sein Auto irgendwo stehen sehe, das ist ganz merkwürdig. Ich denke dann: Hier irgendwo muß er sein.

Ich habe ein Buch über Kenia gelesen: Da hat ein Mann eine Frau geheiratet und mit ihr ein Kind gehabt. Üblich ist aber, daß ein Mann dort drei, vier Frauen hat, die ihm das Leben angenehm gestalten. Die Frau dieses Mannes hatte einige Fehlgeburten, hat dann doch noch außer einem Sohn eine Tochter bekommen. In Kenia ist es so, daß man traditionsgemäß bei der Schwiegermutter wohnt, die dann auch mit versorgt werden muß. Die Frau hatte also für die Schwiegermutter zu sorgen, für die Ziegen, fürs Essen, sie mußte sich um die Hütte kümmern und die Kinder. Diese Frau hat sich geärgert, daß ihr Mann nicht noch zwei, drei weitere Frauen hatte, mit denen hätte sie dann nämlich die Arbeit geteilt. Das ist doch für uns ein Unding, man ist eben sehr geprägt durch seine Kultur und die Moralansprüche. Allein die Vorstellung: Hans und ich und ...

Anna, 39, Physiotherapeutin

Jetzt weiß ich, was gefehlt hat

Oder: Einmal begehrt werden

Ihr wacher, offener Blick fällt auf unter all den Menschen, inmitten derer wir uns in einer Bahnhofshalle das erste Mal begegnen – keiner käme beim Anblick dieser quirligen, figurbetont gekleideten Frau auf die Idee, daß Anna bis vor gut zwei Jahren fast lebte wie eine Nonne. Fast, denn einen Mann und Kinder hat sie …

Mein großer Sohn hat mich neulich gefragt, wie das sei, ob ich denn auch mal mit anderen Männern geschlafen hätte. Als ich ja gesagt habe, hat er mich verwundert angekuckt: »Wie kann das denn sein?« Ich hatte ihm nämlich mal erzählt, daß ich aufgewachsen bin mit der Vorstellung, daß man bis zur Ehe wartet, daß man in der Ehe treu ist. Ich stamme aus einer sehr religiösen Familie, und ich bin auch heute noch gläubig. Mein Ehemann war tatsächlich der erste Mann in meinem Leben und die längste Zeit der einzige. Bis Thomas und ich, nach 15 Jahren Ehe und fünf Kindern endlich geklärt haben, was mich so lange belastet hat: Er hat mich nie wirklich begehrt, denn eigentlich ist er schwul. Wir haben uns endlich darüber ausgesprochen und vereinbart: Jetzt suchen wir uns beide außerhalb der Ehe, was wir einander nicht geben können.

Ich habe mich in den letzten zwei Jahren bestimmt mehr verändert als in den zehn Jahren davor. Das merke ich auch, wenn ich mit meinen Kolleginnen spreche, die sagen: »Daß du dich das traust.« Sie bewundern mich, beneiden mich auch irgendwie, sie würden so etwas aber selber nie wagen. Ich habe erst gedacht: Wenn du erzählst, was du tust, kommt dann da als Reaktion: »Du machst was Schlechtes«? Das war nicht so. Kurz:

Ich habe in den letzten zwei Jahren mit den verschiedensten Männern geschlafen. Und jetzt habe ich einen festen Liebhaber, einen Freund, in den ich sogar verliebt bin. Aber bis dahin war es ein weiter Weg.

Die Ehe. Als Thomas und ich geheiratet haben, war ich total naiv. In diesen religiösen Bahnen existieren bestimmte Sachen einfach nicht, zum Beispiel Homosexualität. Thomas und ich waren jahrelang zusammen zur Schule gegangen, bis wir ein Paar wurden. Er hatte damals schon seine Interessen für Jungs, aber das war überwiegend Schwärmerei und ein bißchen Rumspielen. Mein Mann hat gerade neulich gesagt: »Mein Gott, ich werde wohl als Jungfrau sterben.« Es war schon früher nichts Direktes, aber er fühlte sich hingezogen.

Wie oft war ich damals gekränkt, wenn Thomas in der Öffentlichkeit distanziert war, auf Abstand gegangen ist. Als er dann kurz vor dem Abitur konvertiert ist und beschlossen war, wir heiraten, war für mich klar, daß ich es geschafft hatte, na klar: Jesus macht frei. Außerdem dachte ich: Jetzt bin ich ja da.

Mein Mann hat während der ganzen Ehe gelitten. Er ist da reingegangen, weil er das Gefühl hatte, er wollte *das*, sein Interesse für Jungs, loswerden. Er sagt heute: »Ich wollte Kinder von dir.« Er hatte auch Angst: Was ist, wenn du mal alt bist – ohne Familie? Er hat aber nicht richtig bewußt gesagt: »Ich heirate jetzt und kriege Kinder.« Er wollte *es*, also seine Jungs-Interessen, damals einfach nicht leben. Ich habe gedacht, die Heirat ist die Lösung für ein Problem, das mir gar nicht richtig bewußt war.

Leidenschaft gab's nie mit meinem Mann. Mir fehlte zwar jeder Vergleich, aber das habe ich gespürt. Ich bin trotzdem sehr schnell schwanger geworden, die Kinder kamen dicht hintereinander. Nach unserem letzten Sohn ist der Sex noch weniger geworden, das habe ich auch auf den vielen Alltagsstreß geschoben. Es passierte also nicht sehr oft. Und dann ist Thomas auch noch öfter eingeschlafen, wenn er sich an mir zu schaffen machte. Ich habe das auf mich bezogen, ich dachte, mit mir ist was nicht in Ordnung.

Immer wenn mein Mann gemerkt hat: Die möchte jetzt gerne, hat er die Fenster im Schlafzimmer aufgerissen, damit es ja schön kalt und ungemütlich wird. Bei uns gab es keine Gespräche: «Was gefällt dir, was möchtest du gerne?« So wie ich sie jetzt mit Jens erlebe. Aber zu Jens später.

Ich habe immer wieder versucht, ihn aus der Reserve zu locken. Schöne Unterwäsche brauchte ich mir für meinen Mann sowieso nicht zu kaufen, die hätte er gar nicht gesehen. Einmal hatte ich mir richtig vorgenommen, ihn anzumachen: Ich hab' mich auf dem Sofa im Morgenmantel in Pose geworfen. Er hat nur gesagt: »Mach das nie wieder.« Aber ich dachte: Du gibst nicht auf. Das passierte bei mir alles eingebettet in dieses religiöse Denken. Ich habe gebetet, gemacht und getan. Ich dachte: Ich werde es nicht zulassen, daß es so bleibt.

Das Schlimmste, was ich dachte, war tatsächlich: Mit mir ist was nicht in Ordnung. Heute weiß ich: Das hatte alles nichts mit mir zu tun, und Thomas wollte mich mit seinem Verhalten nicht verletzen. Ich kann ihm heute sagen: »Das muß schlimm für dich gewesen sein, mit mir zu schlafen.« Er sagt: »Ja, manchmal schon.« Ich mußte immer ganz still liegen, wenn er mit mir geschlafen hat, ich durfte mich nicht bewegen. Neulich habe ich ihn gefragt: »Warum eigentlich nicht?« Er sagte: »Ich wollte, daß ich das schnell schaffe.« Das tut mir heute noch weh. Aber immerhin: Wir haben auch so fünf Kinder gekriegt, und vielleicht wäre eine Partnerschaft auch gar nicht auszuhalten, wenn alles perfekt wäre.

Ein ganz wichtiger Punkt für mich war unser Urlaub vor vier/fünf Jahren. Wir waren drei Wochen in Holland. Wir haben abends viel gesessen und gelesen, ich dachte: Jetzt ist Urlaub, jetzt hat er nicht so'n Streß. Da hab' ich unser Problem, daß wir so wenig Zärtlichkeiten austauschen und so wenig miteinander schlafen, noch mal angesprochen, er machte aber keine Anstalten, mit mir zu reden, er sagte nur: »Laß mich einfach in Ruhe.«

Das konnte nicht wahr sein. Es war für mich die weiße Flagge. Ich wußte: Ich muß aufgeben. Das war so schwer. Ich habe mit niemandem darüber gesprochen – mit meinen Geschwistern nicht und schon gar nicht mit meinen Eltern – die sind auch in der Freikirche, für sie war Thomas der tollste Schwiegersohn, er ist es heute noch. Und mit den Freundinnen redete ich damals über Geld, ihre Arbeit, Hausbau und Kirche – aber nicht über die Frage: »Wie ist es, wenn du mit deinem Mann schläfst?« Das fand ich das Allerschlimmste, daß ich mit keinem drüber reden konnte – ich wollte doch auch nicht, daß jemand was Schlechtes über Thomas denkt.

Nach dem Urlaub habe ich nicht mehr versucht, mit ihm ins Bett zu gehen. Das hat ihn entlastet, aber so richtig entspannt wirkt er erst heute. Damals wußte ich also: Ich lasse meinen Mann künftig in Ruhe, aber was sollte ich sonst tun? Mein Alltag war sehr voll, unser Ältester war erst zwölf, ich hatte genug um die Ohren. Damals hätte ich nie gedacht: Jetzt suchst du dir was anderes.

Ich wußte zwar: Thomas ist da, er steht hinter dir, aber es gab Zeiten, da habe ich mir so sehr gewünscht, er würde mich mal in den Arm nehmen. Ich habe oft still in meine Kissen geweint. Einmal habe ich ihm gesagt: »Wenn jetzt jemand käme und würde mit mir flirten – ich weiß nicht, was ich dann tun würde.« Wir waren damals noch in der Gemeinde, und für mich war klar: Du willst ein guter Christ sein, also mußt du dies und das machen und das und das lassen

Die Mitgliedschaft in dieser Freikirche hat uns beide sehr geprägt: Wir waren da jahrelang sehr engagiert, die Gruppenerlebnisse waren toll und ganz wichtig für mich. Da hat man sich auch Seelsorge-Programmen unterzogen, da kam die Neigung auch zur Sprache, aber das wurde einfach dreimal weggebetet, und dann war es gut. Thomas hat damals ziemlich gelitten, weil er ja wußte: Es ist nicht weg.

Für mich war damals also unklar: Wie geht es weiter? Da sind wir umgezogen, in eine größere Wohnung, raus aufs Land. Für diesen Umzug war Thomas die treibende Kraft. Ein Dreivierteljahr sind wir noch jede Woche zum Gottesdienst gefahren – irgendwann traten wir aus der Gemeinde aus. Auf den Austritt hatte es sich allmählich hinentwickelt. Hauptsächlich durch meinen Mann, der ja nicht den religiösen Hintergrund hatte wie ich. Er hat sich auch in der Gemeindezeit sein eigenes Denken bewahrt, auch wenn er es nicht immer laut gesagt hat. Ich erinnere mich, wenn ich erzählt habe: die Pastorin hat das und das gesagt, hat er nachgefragt: »Ja, hat sie das jetzt gesagt oder steht es in der Bibel?« Wir haben nicht alles so gemacht, wie es vorgesehen war, wir haben auch unsere Kinder nicht so streng behandelt, wie es erwartet wurde. Irgendwann sagte mein Mann: »Wir gehen jetzt.« Und das war für mich in Ordnung, denn auch ich hatte mehr und mehr dieses Sich-gegenseitig-unter-Druck-Setzen empfunden, das Manipulieren – heute würde ich sogar sagen, die Gemeinde wurde diktatorisch geführt.

Der Austritt hat uns viele Freundschaften gekostet. Wir waren jetzt Heiden, und zu denen hat man möglichst wenig Kontakt. Für mich war das nicht einfach: Die Gemeinde und mein religiöses Zuhause, das war doch jahrelang meine Welt gewesen. Außerdem wußte ich nicht, wie ich die Religion außerhalb der Gemeinde leben kann.

Ich habe in der neuen Wohngegend bewußt Freundschaften zu Leuten gesucht, die keine Christen sind. Das geht relativ schnell, durch die Kinder im Kindergarten und in der Schule, da habe ich mich auch engagiert. Die Eltern von einem Freund meines Sohnes haben mir besonders gefallen, das waren offene Leute, da trafen sich alle Nationalitäten, Linke wie Konservative, es war das, was bei uns in der Gemeinde gerne humanistisch genannt wurde. Ich habe das unheimlich genossen: Menschen zu treffen, ohne den Druck zu verspüren: Du mußt denen jetzt was von Jesus erzählen, du mußt die jetzt bekehren. Das wäre nämlich als Gemeindemitglied meine Aufgabe gewesen. Einmal waren wir mit dieser Familie auch im Urlaub, Erwachsene, Kinder, wir hatten so viel Spaß miteinander, und die Mutter hat so lecker für uns alle gekocht, ich habe das so genossen. Manchmal durchzuckte es mich aber doch: Wo bist du gelandet, wie tief bist du gesunken? Ich unter Heiden ... Gleichzeitig fühlte ich mich unheimlich frei, nicht ständig die Gelegenheit suchen zu müssen, um was Frommes anzubringen. Das ist irgendwie schizophren. Mit diesen Leuten ist alles so unproblematisch. Neulich haben sie uns eingeladen, und mir war es so unangenehm, daß ich mich zu Weihnachten nicht gemeldet habe, aber sie haben nur gesagt: »Das macht doch nichts.« Wenn ich vergleiche mit den Leuten in der Gemeinde, da gab es eigentlich nur Dienstbeziehungen, nichts Privates. Auf die Frage »Wie geht's« habe ich auch immer nur »gut« gesagt. Das war nicht nur im öffentlichen Umgang so, zu Gemeindezeiten habe ich mir, auch als es mit meinem Mann überhaupt nicht lief, eingeredet: Es wird einfach wunderbar. Nein, die neuen Leute waren die ersten, wo alles wirklich herzlich war.

Der Umzug war für mich eine Riesenchance, man kannte mich nicht, ich konnte richtig neu anfangen. Ich habe mir bewußt gesagt: Das passiert dir nicht noch mal, daß du allein zu Hause sitzt, keine Leute kennst. Mein Mann sagt heute zu mir: »Toll, daß du so rausgegangen bist.« Eine Zeitlang mochte ich es nicht zulassen, daß ich mich so wohl fühle. Irgendwann war ich noch mal bei der Freundin, die uns dann die Freundschaft aufgekündigt hat, zum Brunch. Ich konnte da gar nicht mehr zuhören, wie da geredet wurde, wie man mit den Kindern umgehen soll, wie das ist mit Erziehung, Strenge und Züchtigung. Wenn ich daran denke, wie unsere Großen unter ihren kirchentreuen Eltern gelitten haben müssen ... Als ich von diesem Brunch zurückkam und die Kinder abholte, sagte meine Freundin: »Wie siehst du denn aus?« Ich habe so geheult und mich das erste Mal gefragt: War ich in einer Sekte? Ich glaube ja. Ich habe gedacht: Und da hast du deine gute Zeit verschwendet, acht Jahre lang. Aber so sollte man das nicht sehen, diese Zeit hat mich zu dem gemacht, was ich heute bin. Ich finde es heute noch aufregend und gar nicht verwerflich, Trivialliteratur zu lesen und kein frommes Buch.

In der ersten Zeit nach unserem Umzug fuhr mein Mann einmal einen Schleichweg, hielt an und sagte: »Mensch, kuck mal, wie schön es hier ist.« Ich bin richtig erschrocken, denn ich hatte keinen Blick dafür gehabt. Ich habe auch gemerkt, wie lange ich Gefühle nicht zugelassen hatte: sauer zu sein, wütend zu sein, ich dachte: Warst du tot, oder was? Aber es hat mir keinen Schaden zugefügt. Den Kindern auch nicht.

Trotzdem hatte unser Großer, Tobias, nach dem Umzug Probleme in der neuen Schule. Das hat uns nicht nur einfach Magenschmerzen gemacht. Er hat geklaut, irgendwann mußten wir mit ihm zur Polizei. Wir fühlten uns so hilflos mit unserem 13jährigen. Ich selbst bin so behütet aufgewachsen, ich war in Panik. Ich konnte nicht Sätze sagen wie: »Ja, in deinem Alter habe ich auch das und das gemacht.« Ich dachte nur – und habe das auch gesagt: »Wenn wir noch in der Gemeinde wären, wäre das nicht passiert.« Mein Mann hat natürlich gesagt, das ist Unsinn.

Eine Psychotherapeutin hat uns dann erklärt: Die lange Zeit in diesem religiösen Umfeld mit seinem Schwarz-weiß-Denken ... Da hatte Tobias keine Möglichkeit, ein eigenes Gewissen aufzubauen, jetzt war er orientierungslos. Sie gab uns den Tip, alles gelassener zu sehen, ihn zu begleiten auf seinem Weg. Als wir nach Hause kamen, wurde mir immer klarer, je mehr ich darüber nachdachte: Mir ging es genauso wie meinem Sohn. Mein Fundament war weg. Es war keiner mehr da, der mir sagte: »Mach das« oder »mach das«. Ich habe dann noch mal Kontakt zu der Therapeutin aufgenommen, für mich. Das war sehr hilfreich.

Dann fing ich auch noch an, wieder zu arbeiten, es ging mir rundum gut. Manchmal dachte ich trotzdem noch: Was bist du für eine geworden, aber dann kam: Ach, Quatsch, du kannst froh sein, daß es so ein Leben gibt wie deins jetzt. Ich bin weiter zur Therapie gegangen, weil ich merkte, das sind tolle Gespräche: Ich erkenne durch die Gespräche Probleme ganz von alleine, die Therapeutin sagt nie: »Das ist so und so.« Wenn ich aus der Stunde rausgehe, denke ich immer noch weiter, ich merke dann: Hier mußte 'ne Entscheidung treffen, welche triffst du? Oder: Darüber lohnt es sich, genauer nachzudenken.

Dann fuhr ich vor zwei Jahren mit meiner Schwester und einer Freundin eine Woche in die Türkei, das war ein superschöner Urlaub. Ich kam ganz beflügelt zurück. In der Woche danach stehen Thomas und ich eines Morgens auf, da sehe ich auf seinem Nachttisch einen Taschenkalender für Schwule liegen, obendrauf ein Bild von einem blonden Jüngling. Thomas sagt nichts, ich kucke. Ich frage: »Hast du den geschenkt gekriegt?« Er sagt: »Nein, den habe ich selbst gekauft.« Ich hatte die ganze Zeit gedacht: Oooooch, du gehst in die Therapie, du bist gut gewappnet ... Kaum war mein Mann zur Tür raus, sah ich mir das Ding erst mal richtig an. Fotos, Adressen von Clubs. Ich bin fast geplatzt, dachte nur: Du mußt mit jemandem reden. Ich habe die Therapeutin angerufen: »Stellen Sie sich vor ... !!!!« Sie sagte: »Reden Sie mit Ihrem Mann, und reden Sie ganz viel.« Das haben wir gemacht auf mein Drängen. Und das war gut so. Mein Mann sagt heute natürlich: »Naja, ich habe ja den Kalender hingelegt, ich habe das ja angestoßen.« »Sagen Sie alles, was Sie auf dem Herzen haben, reden Sie, reden Sie, reden Sie.«

Ich dachte: Gut, jetzt packen wir das an, was wir schon 16 Jahre als Ballast mitschleppen. Mein Mann hat mir viel erzählt, auch, daß er sich an den Bahnhöfen Zeitschriften gekauft hat, die ihn ansprachen, also Zeitschriften mit Bildern von jungen Männern. Ich habe gefragt: »Und, wo hast du die Zeitschriften gelassen?« Er hat gesagt. »Die habe ich weggeschmissen, bevor ich nach Hause gekommen bin.« In dem Rahmen, in dem wir gelebt haben, wäre etwas anderes auch kaum denkbar gewesen. Na ja, das Gespräch war irgendwie befremdlich und schwierig. Aber mein Mann stellte von Anfang an klar: »Paß auf, eine Trennung ist für mich überhaupt keine Option.« Am Anfang hatte ich diese Ängste, er könnte sich trennen. Wir haben viel geredet, und das wichtigste Resultat: »Was wir uns gegenseitig nicht geben können, das holen wir uns bei anderen.« Ich habe ihm gesagt: »Es sind jetzt meine besten Jahre ... und ich geb' dir diese besten Jahre? Wenn ich 60 bin, könnte ich das bedauern.« Er fragte: »Was willst du denn?« Ich wußte genau, was ich wollte: »Einmal, nur einmal richtig begehrt werden.« Thomas sagte: »Wenn sich dazu die Gelegenheit bietet, ergreif sie.« Ich habe ihm gesagt: »Ich hab' Angst, daß ich dich verliere.« Es gibt keinen Menschen, der mich so gut kennt wie er. Das wollte ich nicht aufgeben.

Wir hatten also unsere Abmachung, aber ich habe noch eine Weile gebraucht. Heute frage ich mich: Wo hattest du dafür eigentlich den Mut her. O.k., arbeiten gegangen bin ich damals schon wieder, das war auch eine sehr große Veränderung, ich war immerhin 13 Jahre raus als Krankenschwester. Eines Tages habe ich einfach zugegriffen: Da war eine Anzeige in der Zeitung, ich habe angerufen, ich sollte noch am selben Nachmittag vorbeikommen, mit vollständigen Bewerbungsunterlagen. Ich wußte noch nicht mal, was da alles dazugehört. Ich hatte kein Foto und bin dann mit einem schnell getippten Lebenslauf und Zeugnissen hin. Mein Chef in spe hat gefragt: »Können Sie Streß vertragen?«, hat dann im Lebenslauf gelesen und sich die Antwort selbst gegeben: »Fünf Kinder, alles klar.« Wir haben eine Probewoche vereinbart, und er hat sogar extra für mich eine Halbtagsstelle geschaffen, obwohl er jemanden für ganztags suchte. Ich war so glücklich mit den neuen Kolleginnen, zehn Frauen. Das Weibliche habe ich richtig genossen – ich habe doch nur Männer zu Hause, das ist was anderes, die reden anders, machen auch mal deftigere Späße.

Ich genoß das also sehr, die neue Arbeit mit den Frauen. Dazu kamen abends die Gespräche übers Schwulsein – ich hatte keine Zeit zum Grübeln, ich war auch so euphorisch: neue Menschen kennenlernen, eigenes Geld verdienen. Trotzdem machte ich mir klar: Dein Mann hat dir 'nen Freibrief ausgestellt. Nutz ihn.

Die Odyssee. Ich habe mir damals den Kopf zerbrochen: Wie lernst du jemanden kennen, was suchst du überhaupt? Ich wußte ja: Ich habe den Mann zu Hause, mit dem ich meinen Alltag leben will, ich brauchte also nur etwas fürs Bett. Ich habe also auf Kontaktanzeigen geantwortet. Das war ein bescheuertes Gefühl, als ich zum ersten Treffen fuhr. Es war dann eine sehr angenehme Begegnung, ich fand das durchaus auch abenteuerlich. Man fühlt sich so unsicher in so einer Situation. Aber je öfter ich mich getroffen habe, desto sicherer wurde ich. Als ich mich einmal bei dem Gedanken ertappte: Wieso hat der Mann sich eigentlich nicht mehr gemeldet – naja, besonders schön biste nicht. Da dachte ich: Halt, stop, so ist es auch wieder nicht, du kannst Forderungen stellen.

So weit wie heute, daß ich mich so richtig wohl mit mir selber fühle, war ich noch lange nicht. Ich habe damals gerne weite Pullis getragen, mir war es nicht angenehm, meine Weiblichkeit zu zeigen, geradezu zur Schau zu stellen. Als meine Kolleginnen mal über ihre Figuren meckerten, die eine fand, sie hätte einen zu kleinen Busen, die andere fand, sie hätte zu viel Bauch, sagte eine: »Du hast es gut: Du bis schlank und hast 'n Busen.«

Da dachte ich: Recht hat sie.

Klar.

Wunderbar.

Optimal.

Und: Warum sollte ich das nicht zeigen? Ich fing an, mir andere Klamotten zu kaufen, ich fühlte mich gleich ganz anders, und das hatte auch einen tollen Effekt. Bei den Männern hat es eine Weile gedauert, bis ich wußte, was ich wollte, jetzt war klar: *Ich* kann auswählen. Ansprüche stellen? Natürlich. Ein Dicker? Nee. Ich habe vorm Treffen nachgefragt: »Wie siehst du aus?« Es sind so viele, die suchen, gebundene, viele, viele nette, aber auch kranke. Männer, die Anzeigen aufgeben, sind in der schlechteren Position als Frauen, sie kriegen viel weniger Zuschriften. Ich habe manche gefragt: »Wieviel Post gab es denn?« Es waren meist so drei, vier. Das sieht bei Anzeigen von Frauen ganz anders aus.

Einen Mann habe ich getroffen, das war nett, mit dem zu reden.

Hanno.

Wir haben uns ein zweites Mal getroffen, und da hat er mich gefragt, ob ich mit ihm in den Swinger-Club gehe.

Hä?

Ich wußte nicht, was das ist, mochte aber auch nicht fragen. Ich habe dann meinen Mann gefragt, der auch keine Ahnung hatte. Ich habe meinen Ältesten gefragt, ob er vielleicht wüßte ..., und er sagte: »Da haben, glaube ich, verschiedene Menschen miteinander Sex.«. Na ja, Hanno konnte ja nicht ahnen ...

Männer denken natürlich: Die Frau ist 38, die hat Erfahrung. Beim nächsten Treffen habe ich mir ein Herz gefaßt und ihn indirekt gefragt: »Was erwartet mich denn da so, wenn wir dahin gehen?« Er hat mir erzählt, daß man da in Unterwäsche an der Bar sitzt... Ja, dachte ich, warum soll ich das eigentlich nicht machen, ich hatte Vertrauen zu Hanno, er hatte auch gesagt, wenn mir irgendwas unbehaglich oder unangenehm wäre, sollte ich es nur sagen, dann würden wir sofort gehen. Ich habe mir also schnell etwas Wäsche gekauft, ich hätte gar nichts gehabt sonst, und fand: Für den Anfang ist das ganz o.k.

Wir gingen also hin, und er hat mir erst mal das ganze Haus gezeigt, dann setzten wir uns in Unterwäsche an die Bar. So viele Leute waren noch nicht da. Da gingen die ersten auf die Spielwiese. Er sagte: »Sollen wir mal kucken?« Er war überhaupt nicht aufdringlich, darum fand ich das auch alles o.k. Ich fand's schon interessant, da waren alle möglichen Leute, welche, die morgens neben dir am Bankschalter stehen, tummeln sich abends auf der Spielwiese, es waren alle Altersgruppen vertreten. Was mich störte, war, daß überall so Fernseher waren, auf denen Pornos liefen, aber da mußte ich nicht hinsehen.

In dem Swinger-Club gab es Räume, wenn du da reingehst, heißt das, du läßt alles mit dir machen ... Ich hatte ja keine Ahnung, gut, daß Hanno mir das vorher gesagt hat. Im oberen Stockwerk war noch nichts los. Irgendwann saß ich da mit einem

Mann, der sehr gut aussah. Wir fingen an, ein bißchen rumzuknutschen. Ich habe gar nicht mitbekommen, daß dieser Mann irgendwann weg war, dafür lag ich da mit drei anderen Männern. Ich habe an diesem Abend das erste Mal einem Mann einen geblasen. Dabei habe ich gemerkt, wie schwach die Männer dann sind, ich habe gedacht: Wenn du jetzt aufhörst, leidet der. Das war also das erste Mal, daß ich mit jemand anderem Sex hatte, auch: anderen Sex hatte. Und zu sehen:

Denen gefällt das,
du gefällst denen

– das fand ich auch schön. Hanno traf ich dann an der Bar wieder. Wir sind nach Hause gegangen.

Dieser Abend – das war purer Sex, ich hatte puren Sex erlebt. Ich fand diese Erfahrung ganz in Ordnung und stimmig, das hat mir Unsicherheiten genommen. In dem Club ist das eine geschützte Umgebung für eine Frau, es ist klar, es passiert nichts, was du nicht willst, und wer kein Kondom benutzt, fliegt sofort raus, alle halten sich an die Regeln. Aber das ist alles ohne Gefühle, irgendwie kraß. Wenn Hanno nicht so einfühlsam gewesen wäre, wäre ich kaum ein zweites Mal hingegangen, aber nach dem zweiten Mal dachte ich: Nee, das ist nicht das, was du wirklich willst. Vielleicht mal zur Not, wenn du was brauchst ... Ich habe allen Männern künftig von vornherein gesagt, was ich will, der Swinger-Club gehört nicht zu meinen Zielen. Wenn Jens sagen würde: »Gehen wir mal da hin?« Dann würde ich schon noch mal mitgehen.

Ich habe weiter Männer über Kontakt-Anzeigen getroffen, bin auch blauäugig, ja, naiv zu denen nach Hause gegangen. Hinterher habe ich manchmal gedacht: War das jetzt gefährlich? Der eine war gerade von seiner Frau verlassen worden, erzählte mir die ganze Trennungsgeschichte ... Mir stellte er seltsame Fragen und baggerte mich richtig plump an. Ich dachte: Nichts wie raus hier. Als ich meinem Mann davon erzählte, sagte er: »Ich will gar nicht wissen, was du mit wem machst, aber ich will wissen, wo du bist.« Das nächste Mal habe ich einen Studenten getroffen, da wollte Thomas richtig die Adresse und den Namen vorher wissen.

Ich habe unendlich viele Männer getroffen. Der eine, ein Automechaniker, kam noch in Arbeitsklamotten, der war noch nicht mal zu Hause zum Duschen. Einer kam eine halbe Stunde zu spät, der hatte sein T-Shirt total auf links an. Ich mußte die ganze Zeit hinkucken und war irritiert. Mit einem war ich zum Spazierengehen verabredet, der war verheiratet, hatte zwei Kinder. Er sagte: »Ich brauche so was nebenher.« Er meinte auch, ein Mann braucht mehr Sex als eine Frau. Ich habe gesagt: »Wer weiß, vielleicht trifft sich deine Frau auch mit jemandem.« Da sagte er: »Meine Frau ist doch keine Schlampe.« – »Und was bin ich dann?« habe ich gefragt. Er hat gar nichts gesagt. Den habe ich stehenlassen.

Ich begreif' das nicht, wenn ich mich auf so 'ne Anzeige melde, muß ich doch versuchen, möglichst positiv rüberzukommen. Ich habe oft schon beim bloßen Gespräch gedacht: Nee, mit dem Thomas kannste dich viel besser unterhalten. Man will doch einen Mann mit einem gewissen Niveau, nicht so einen Schwanzdenker!

Einer meldete sich, der war Anfang 20, er wußte ja, wie alt ich bin, aber ich dachte, na, wieso denn nicht? Der wohnte im eigenen Haus, das er geerbt hatte, er fläzte sich im Sessel, als ich kam, ließ den Fernseher laufen und konnte mir mit Mühe 'ne Cola anbieten. Irgendwann sagte er: »Jetzt können wir ja mal ins Bett gehen.« Er fing an, sich auszuziehen, bis auf die Strümpfe. Dabei bewegte er sich die ganze Zeit so: »Wie sehe ich aus?« Männer in Strümpfen sind für mich absolut unmöglich, besonders in weißen Tennissocken. Das war genug, ich bin gegangen.

Einmal hatte ich einen Philosophiestudenten, so einen Leonardo-di-Caprio-Verschnitt. Der kiffte: »So hat man einen noch wilderen Orgasmus.« Er war verlobt, und er fand es toll mit mir. Er hat gesagt: »Es ist gut mit Älteren, die sind nicht so zickig.« Er brauchte zweimal am Tag Sex, seiner Freundin war das zu stressig. Erst wohnte sie in einer anderen Stadt, dann zog sie zu ihm, wir konnten uns nicht mehr bei ihm treffen. Wir haben es dann einmal in der Therme getrieben, in der Umkleidekabine, das war aufregend, so verboten, wir mußten schön leise sein. Ja, der fand mich toll.

Von den Anzeigentypen hatten einige wirklich nicht viel Niveau. Ich habe zwischendurch richtig Frust gehabt und gedacht: Wer mit 40 noch keine Frau hat, wer solo ist, bei dem stimmt irgendwas nicht. Ich dachte dann, vielleicht ist es besser, wenn du aussuchen kannst. Ich habe eine Anzeige geschaltet: »Frau, 38, geb., suche erotische Dauerfreundschaft.« Einen Kontakt habe ich immer noch übers Internet, er hatte gesimst: Schade, ist zu weit weg. Ich habe zurückgesimst: Ja schade. Wir mailen uns jetzt ab und zu. Als ich nicht wußte: Wie geht das mit den Strapsen und dem Slip, Slip drüber oder drunter, und meine Kolleginnen mir auch nicht helfen konnten, habe ich ihn gefragt.

Die Gefühle. Im Februar vor einem Jahr hatte ich die Anzeige aufgegeben, und da habe ich auch Jens getroffen. Ihn habe ich gefragt: »Warum antwortest du auf meine Anzeige?« Er hat geschrieben, er sei 36 Jahre alt, habe ein Kind. Und seit das Kind da ist, hat seine Frau keine Lust mehr auf Sex. Er hat es mit Wein versucht, Kerzen, Massagen, sie waren bei der Eheberatung. Nun meint er: »Das ist mir zu mühsam, immer wieder zu hören: »Willst du schon wieder Sex?« Nur, weil er die Kerzen im Schlafzimmer angezündet hat. Vom Typ her fand ich ihn schon interessant: Ohrring, Tätowierung am Oberarm, Brustwarzenpiercing, und er hat wirklich viel erzählt und geredet. Er hatte schon mal eine Beziehung mit einer Frau, und die ist aufgeflogen. Ich dachte: Ich will einfach nur einen für schöne Stunden. Ich weiß nicht, warum ich mich nicht mehr gemeldet habe. Vielleicht, weil ich dachte: Der ist viel zu erfahren. Und weil er angenommen hätte: Die ist 38, die kennt sich aus.

Außerdem hatte ich damals zeitweise einen, das war o.k., hat Spaß gemacht, aber es war nicht so, daß ich dachte, das isses jetzt. Er schickte ab und zu 'ne SMS: Wie ist es, hast du Lust? Es war ein fauler Kompromiß, der Mann ist unheimlich behaart, und eigentlich stehe ich ja gar nicht auf so Gorilla-Typen. Ich wußte die ganze Zeit, mir fehlt was, aber ich wußte nicht was. Jetzt weiß ich, was gefehlt hat.

Nach den Sommerferien hat Jens sich wieder gemeldet. Ich hatte da gerade einen, der war Ende 30, der hat mich so angehimmelt, der war lieb und nett, aber der suchte wohl eher einen Mutter-Ersatz. In der Zeit dachte ich: Na gut, du kannst dir ab und zu was holen, aber gib's auf, was du suchst, findest du nicht. Jens fragte: »Wollen wir uns noch mal treffen, Kaffee trinken, schön essen?« Ich sagte: »Na gut.«

Jens hat im Westerwald ein kleines Wochenendhaus, seine Frau mag das nicht, sie fährt da nicht mit hin. Das wollte er mir zeigen. Ich sagte wieder: »Na gut.« Und ich habe meinem Mann alles erzählt, aber natürlich nicht dran gedacht, daß da ein Funkloch ist und überhaupt kein Empfang.

Wir trafen uns also auf einem Parkplatz, und Jens sagte: »Ich weiß, wo du wohnst.« Das war mir unheimlich, aber andererseits ... Er hatte meine Adresse im Telefonbuch rausgesucht. Dann kamen wir an, und ich sah das, wovon viele Frauen träumen: Der Kamin war an, es brannten 100 000 Kerzen, es gab Sekt. Da war nix mit Kaffee, Kaffee hatte er wirklich nicht. Wir sind an dem Tag miteinander ins Bett gegangen. Es hat mir einfach Spaß gemacht, es war nett. Damals dachte ich: Wenn ich mich verliebe, muß Schluß sein.

Wir haben uns öfter getroffen. Auch im Haus eines Kollegen von Jens, wir kriegten den Schlüssel, da gab es 'ne Sauna. Irgendwann fragte Jens: »Hast du nicht mal Lust auf 'ne Nummer zu dritt?« Ich dachte, was ich nicht kenne, kann ich ja ruhig mal ausprobieren. Er sagte auch: »Ich möchte, daß du sagst, wenn was nicht o.k. ist.« Er reagiert sehr einfühlsam auf meine Reaktionen, darauf kann ich mich verlassen. Ich habe gesagt. »Ja, das würde ich machen, sag dem Mann aber, daß ich überhaupt keine Erfahrungen habe.«

Wir haben dann dieses Ding zu dritt tatsächlich gemacht. Das hat bei mir was verändert: Da waren zwei Männer, die waren nicht gleich! Ich habe gemerkt: Jens bedeutet mir was. Ich bin nach Hause gefahren und war ganz verwirrt. Ich merkte: Du empfindest was für ihn. Ich hatte ja eigentlich gedacht: Das ist der Moment, wo du sagen mußt: Es ist Schluß. War ich jetzt etwa verliebt? Das waren Gefühle, die ich für meinen Mann nicht habe. Mein Mann hat auch gefragt: »Kann es ein, daß das Verliebtsein ist?« Ich dachte: Entweder, du hörst jetzt auf, oder du kommst in ein Stadium, wo's zu schön ist. Wenn er nicht nur fürs Bett sein sollte ...

Ich wollte das nicht, aber es waren doch Gefühle da. Jens sagte: »Ich wußte, daß das nicht geht.« Ich: »Ja, deshalb mußt du ab jetzt mein Liebhaber sein. Du mußt wissen, ob dir das zu nah ist.« Er war mir zu nah gekommen, ohne daß ich es gemerkt hatte. In der Woche hat er mir fast nur SMSe geschickt, in denen stand »meine Süße«, »hallo Kleines« oder *Mäuschen*. Mäuschen – das fand ich früher albern. Nie wollte ich irgendjemandes Mäuschen sein. Aber irgendwie ist das jetzt doch anders. Er sagte: »Ja, mit dir geht das alles, mit dir gibt es keinen Streß.« Er schreibt mir seitdem Sachen wie »ich hab dich lieb«, oder einmal, als ich Oberstreß auf der Arbeit hatte: »Denk daran: ild.«

Ja, es ist 'ne Beziehung. Wir wissen: Da sind unsere Familien, und die wollen wir erhalten. Wenn seine Frau das rauskriegen würde mit uns: Er würde sich für sie entscheiden. Aber ich will ihn ja gar nicht. Das weiß ich. Der Zauber wäre weg im Alltag ...

Einmal waren wir in seinem Haus, ich war supermüde und bin vor seinem Kamin eingeschlafen. Er sagte: »Eh, du schläfst ja.« Und dann: »Ist ja seltsam, bei meiner Frau wäre ich in der gleichen Situation richtig sauer geworden und hätte gesagt: Sag mal, hörst du mir nicht richtig zu?«

Jens sagt: »Die Beziehung zu meiner Frau ist viel entspannter geworden, seit ich dich hab'.« Er hat eine attraktive Frau, klar, daß er da sonst immer gedacht hat: Wie krieg' ich die ins Bett? Jetzt habe ich mit ihm supergeilen Sex, und er bedrängt sie nicht mehr. Einmal kam er im tiefsten Schneetreiben zu sich nach Hause, war stundenlang im Schrittempo gefahren, da sagt sie: »Du Armer.« Er: »Ja, ich Armer, und darum hätte ich jetzt gerne Sex.« Das war nicht so gemeint, aber was hätte er gemacht, wenn sie gewollt hätte. Er meint: »Jam, da hätte ich es irgendwie gemacht.« Sie hat schon gemerkt, daß sich was geändert hat, und gesagt: »Du machst gar keine Kerzen mehr an.« Er sagte: »Frag dich mal, warum.« Tut sie offenbar nicht.

Jens macht Renovierungen, Sanierungen, da bin ich auch manchmal auf die Baustelle gefahren. Einmal ging es los am Nachmittag mit prickelnden SMSen hin und her. Er sieht selbst in seinem Arbeitsanzug noch sexy aus. Ich komme zur Baustelle, er zeigt mir die die Wohnung, in der er arbeitet, und sagt dann: »Und hier ist noch ein Bad.« Macht die Tür auf – Wasser in der Wanne, Teelichter überall, Musik. Ich konnte es nicht fassen. »Wie hast du das gemacht?« –»Ich habe eben immer eine Notfalltasche mit«, und dabei schlenkerte er eine Schleckertüte mit Teelichtern drin. Ich habe gefragt: »Biste eigentlich immer so?« Das ist doch der Traum jeder Frau, so einen Mann zu haben.

Und seine Frau? Sie hat sich mal ein Wasserbett gewünscht, das hat er besorgt, alles farblich ins Schlafzimmer eingepaßt, eine Musikanlage mit installiert, eine ganze Palette Schmuse-CDs gekauft. Und er dachte, jetzt könnten sie wieder Spaß haben wie früher: »Zieh doch mal wieder Dessous für mich an.« Sie hat ein ganzes Regal davon, hat die früher auch getragen, aber jetzt sagt sie: »Ich bin doch keine Nutte.« Als er mal den Vorschlag gemacht hat, zu Beate Uhse zu gehen, kam auch nur: »Das ist was für Perverse.« Seit neuestem zuckt sie zusammen, wenn er sie nur berührt oder küssen will.

Am Anfang, als unsere Beziehung anfing, habe ich gedacht: Was tue ich dieser Frau nur an? Dann habe ich aber gedacht: Wir sind alle erwachsene Menschen, wir wissen schon, was wir tun. Neulich waren er und seine Frau, mein Mann und ich auf derselben Tanzparty. Das war keine Absicht, Jens und ich haben vorher zufällig drüber geredet, daß wir da hin wollen, aber wir konnten das auch nicht mehr absagen, ohne daß es auffiel. Warum auch, wir waren ja vorbereitet. Meinem Mann habe ich erzählt, daß Jens auch da sein würde, er war tierisch neugierig, hat zu mir gesagt: »Beruhige dich mal, was bist du so nervös?« Und dann hat er noch frech gesagt: »Wenn das nun mein Typ ist?« Ich muß ja zugeben, ich war auch neugierig auf seine Frau. Wir haben nicht miteinander gesprochen an diesem Abend, aber es war eine prickelnde Begegnung nur durch Augenkontakt. Ich hatte Jens vorher gefragt: »Was soll ich anziehen?« Ich habe dann schöne enge Hüfthosen ausgesucht, ein Top, das man am Bauch raffen kann, so daß man auch ein bißchen Bauch sieht, ich kann mir das durchaus leisten. Hinterher habe ich Jens gefragt: »Sah ich gut aus?« Und er: »Jo.« Und: »Hattest du Lust auf mich?« Er: »Jo.« Seine Frau suchte den ganzen Abend Körperkontakt zu ihm, das habe ich sehr wohl gesehen, und ich muß zugeben: So ein bißchen Eifersucht war da. Ich habe gedacht: Oh, ich würde ihn jetzt auch gerne anfassen. Mit meinem Mann war das komisch an diesem Abend, er ist ja sonst in der Öffentlichkeit eher distanziert, dahinter steckt sicher das ewige Aufhalten eines Hintertürchens, er könnte ja mit mir zusammen jemand Interessantem begegnen. Ich hatte jedenfalls zu ihm gesagt: »Ich muß heute einen klaren Kopf behalten, ich trinke nichts – heute kannst du was trinken.« Der hat mit mir getanzt ... Und wie ... ich habe gesagt: »Thomas, warum machst du das, Jens glaubt mir kein Wort, daß du schwul bist.« Jens hat mir tatsächlich später gesagt: »Ihr saht aus wie ein Pärchen, das Spaß hat.«

Mein Mann ist jetzt total entspannt mir gegenüber, er zieht sich auch wieder in meiner Gegenwart aus, aber es gibt bestimmte Körperpartien, die darf ich nicht mal anfassen. Im Moment läuft das bei mir und mit uns alles gut, aber mein Mann hat immer noch nichts gefunden. Neulich hatte ich das Gefühl, er ist verknallt: In den 18jährigen Freund von meinem Sohn. Er würde das nie zeigen ...

Mein Mann hat sich bis heute nicht rausgewagt. Er sagt. »Ich kann nicht einfach Leute ansprechen, so wie du.« Er hat immer eine Entschuldigung: »Ich muß erst abnehmen« oder«Ich bin beruflich viel zu sehr eingespannt«. Andererseits: Wenn er zufrieden wäre damit, wie er lebt, wär' das ja so auch in Ordnung. Mir war das aber zu wenig. Er hat immer noch seine Zeitschriften, mein Gott, da sind Jungs abgebildet, die sind gerade eben volljährig, müssen sie ja sein, damit sie fotografiert werden dürfen.

Neulich waren wir mit Freunden in 'ner lustigen Runde, da wurde er gefragt: »Und, auf welchen Typ stehst du?« – »Jung und blond.«

Wenn ich dran denke, wie begrenzt ich gedacht habe, dabei ist das Leben so bunt. Auch beim Sex gibt es keine Sauerei. Was gibt es Selbstverständlicheres, als daß man das, was man begehrt, auch mit den Lippen berührt, daß man den anderen überall zugleich in sich spüren möchte. Mir macht es Spaß, wenn ein Mann mir zeigt, daß ich ihm Lust bereite, und wenn er das auch für mich tun möchte. Und Wäsche: Ich könnte zur Fetischistin werden, dabei haben sich die Strapse beim ersten mal so blöd angefühlt. Jetzt macht es mir solchen Spaß, die Dinger anzuziehen, wenn ich zu einer Spießerparty gehe, ich denke dann die ganze Zeit: Wenn ihr wüßtet, was ich anhabe. Ich habe welche in den verschiedensten Farben.

Einmal habe ich bei *H & M* lange schwarze Handschuhe gefunden, dazu ein kleines schwarzes Samtband, Strümpfe, Strapse. Jens habe ich gesagt: »Ich habe heute eine Überraschung für dich.« Gut, daß der Mann schon lag, als ich ins Zimmer kann, er wäre sonst umgefallen. Er hat mir am nächsten Tag eine SMS in die Praxis geschickt: »Dein Outfit war geil.« Neulich habe ich mir Sachen in Weiß gekauft, stand damit vor dem Spiegel und dachte: Das finde ich richtig schön, ich finde mich richtig schön. Das ist bei Jens auch wieder total gut angekommen.

Neulich waren wir mit einem Kumpel von Jens zum Kaffee verabredet. Was soll ich anziehen? Pulli oder kein Pulli? Bluse oder keine Bluse? Slip oder kein Slip? Er hat zurückgeschrieben: »Komm so, wie Du Dich fühlst.« Ich schreibe: »Gut, dann komme ich ohne Slip.« Er:« Gut, ich werd' es kontrollieren.« Vor zwei Jahren wäre ich gestorben bei so etwas, ehrlich.

Ich genieße meine neue Freiheit. Ich bin kein Typ für 'ne schnelle Nummer, das weiß Jens auch. Bei meinem Mann war es eigentlich immer die schnelle Nummer, die Hasennummer, rauf, rein, runter. Anfangs habe ich mich bei Jens immer gefragt: Ist der noch nicht fertig? Daß er es extra lange macht, weil ihm das Spaß macht, weil er es schön findet, auf die Idee wäre ich gar nicht gekommen. Er fragt mich: »Sollen wir mal so was machen? Oder mal das und das probieren?« Er schafft es immer, eine Atmosphäre zu schaffen, wo ich mich sicher fühle. Ich tue auch Sachen, wo ich früher gesagt hätte: Das ist fies, zum Beispiel irgendwelche Fesselspiele. Heute finde ich das spannend. Ich kann aber immer sagen: »So lieber nicht.«

Seit einem halben Jahr geht das jetzt mit uns, und egal, was wir machen: Es war noch nie gleich, es gab noch keine Wiederholung. Und er denkt immer an mich. Manchmal sage ich schon: »Jetzt laß doch mal, jetzt mache ich mal, ich verwöhne dich jetzt.« Jens hat so viel in mir lebendig werden lassen. Dinge, von denen ich nie gedacht hätte, daß sie überhaupt in mir schlummern. Lust, Lust am Sex, Lust an ihm, Lust auf prickelnde Handy-Botschaften und auf einen Quickie zwischendurch. Manchmal spreche ich mit mir selbst: »Wo hast du nur den Mut her?«

Mein Mann hat schon recht: Die Intensität wie mit Jens kenne ich sonst nicht. Das beschäftigt mich richtig. Neulich habe ich in der Mittagspause einfach eine Banane gegessen, ich mache die auf und merke, wie ich so ganz langsam und genüßlich reinbeiße. Ich hatte richtig schweinische Gedanken dabei und habe gedacht: Nun aber schnell Schluß damit. Oder neulich übte ich Querflöte, ich stehe da so und spiele und denke: Das müßte geil aussehen, wenn du jetzt Strapse anhättest.

Meine eine Kollegin sagt, sie würde so etwas wie ich nie machen, sie sagt aber auch, sie würde lieber einen Mann dafür bezahlen, als sich noch einen zweiten zuzulegen. Es ist ja auch schwer, das besser zu wissen, wenn du nicht einen guten Mann erwischst. Und ich habe von der Sorte zwei. Thomas und ich haben uns immer blendend verstanden, das tun wir heute noch. Wenn dieser Punkt, der Sex, nicht wäre: Es wäre die perfekte Ehe. Und Jens: Ich habe mich noch nie so wohl gefühlt wie jetzt. Ich habe jetzt das Gefühl, ich lebe. Mein Mann sagt manchmal zu mir: »Dein Chef hat recht, du zickst rum. Das sind deine Hormone – triff dich mal wieder mit Jens.«

Dagmar, 36, Betriebswirtin und PR-Frau

Wieso liebt er sie und mich?

Oder: Er ist so appetitlich

Dagmar ist eine Intellektuelle, durch und durch vom Kopf gesteuert. Oder? Nicht, wenn es um Werner geht, um Neugier auf Lust, Romantik, Geheimnis. Das hatte sie nicht geplant und nicht erwartet, auch nicht, daß sie sich in Gedanken so sehr mit Werners Frau beschäftigen würde.

Meine Freundin Bärbel ist Psychologin. Sie sagt über meine Beziehung zu Werner: »Er macht Weltensurfen mit dir.« Was sie damit meint? Nun, unsere Lebenswelten sind grundverschieden. Kennen Sie den Roman *Salz auf unserer Haut*? Da geht es um eine Professorin und ihren Fischer – sie lieben sich, aber sie kommen nie wirklich zusammen, bis er stirbt. Bei uns bin ich die Intellektuelle aus der Stadt, er ist der Bursche vom Land. Sehr vereinfacht gesagt.

Werner ist nicht dumm, er ist gewiß der Intelligenteste in seinem ganzen Umfeld. Und er ist optisch ein absoluter Hinkucker, er ist jemand, den ich gerne anfasse, er ist ein so appetitlicher Mensch, ich kann ihn so gut riechen, ich fühle mich sehr zu ihm hingezogen ... Ich kann mir durchaus vorstellen, mit ihm zu leben, aber wir haben beide Familie, und er ist so ängstlich. Werner hat eine Ahnung, daß er es weiter hätte bringen können, das spürt er mit mir. Er hat mir mal geschrieben: »Du hast aus mir einen ganz anderen Menschen gemacht. Du hast mich verändert.« Meine Freundin, die Psychologin, warnt mich: »Er macht Weltensurfen mit dir, aber er sollte es hobbymäßig machen und nicht als Beruf.«

Werner war baff, als er mal Fotos von meinem Mann gesehen hat, die beiden sind sich optisch recht ähnlich. Vor vier Wochen hat er mir Fotos von seinem Geburtstag geschickt, da ist auch seine Frau mit drauf. Sie ist so was von komplett anders, als ich sie mir vorgestellt habe. Ich wußte, sie ist 28, viel jünger also als ich. Ich habe sie mir klein, drall und hübsch vorgestellt. Die Frau auf dem Foto war sehr gepflegt, künstlich und irgendwie verkniffen. Sie hat ganz schmale Lippen, ist also alles andere als hübsch. Ich wußte nun nicht: Ehrt mich das? Ehrt mich das nicht? Bin ich froh? Bin ich nicht froh? Ich habe den ganzen Urlaub über diese Bilder nachgedacht. Ich habe Bärbel die Fotos gezeigt, sie hat gesagt: »Er ist in die falsche Umgebung hineingeboren worden. Dieser markante Mann ... Und dann so eine Frau ... Diese blonde Dauerwelle ...« Wie kann er sie und gleichzeitig mich lieben?

Aber vielleicht erzähle ich besser erst mal, wie alles angefangen hat. Ich arbeite in einem großen Unternehmen in der Marketing-Abteilung, wir betreuen Pressearbeit, Events, Sonder-Aktionen und eben auch Preisausschreiben. Vor anderhalb Jahren stapelten sich in meinem Zimmer fünf Pakete, Gewinne, die zurückgekommen waren. Einem der Empfänger habe ich eine Mail geschrieben, daß sein Paket zurückkam. Er mailte postwendend, daß leider sein Freund die Adresse nicht ganz richtig angegeben habe. Also habe ich das Paket umadressiert. Es kam eine überschwengliche Dankesmail, daß ich das T-Shirt noch mal geschickt habe. Die Mail fiel mir auf. Ich kriege viele Mails, es muß also der Ton gewesen sein und auch der Absender, was mir gefiel, *mathouse* nannte er sich, Matthias im Haus. Ich dachte mir: Da muß jemand mit viel Fantasie dahinterstecken.

Ich habe ihm jedenfalls gemailt: »Keep cool, das Unternehmen hat die Kohle, das Paket zweimal zu schicken, keine Sorge.« Da kam schnell wieder eine freundliche Antwort, die war eine Spur persönlicher und auch länger.

Als ich vor zwei Jahren im *stern* den Artikel über Ihr erstes Buch gelesen habe, dachte ich: Was für eine schöne Lebensform. Du hast einen festen Partner, dazu einen Liebsten und der hat dich, und alle beide wissen: Bis hierher und nicht weiter, wir genießen, was wir haben, und bleiben bei unseren Partnern, weil wir sie lieben. Da war bei mir noch gar nicht absehbar, daß es für mich einen Liebhaber geben würde. Ich hatte während meiner Ehe nie so etwas wie eine Daueraffäre oder Nebenbeziehung.

Als ich jedenfalls diese *stern*-Geschichte las, da hatte ich schon vorher bemerkt, es fehlte bei meinem Mann und mir so ein bißchen der Kick, Langeweile hatte sich eingeschlichen, Unzufriedenheit. Ich bin sehr bauch- und triebgesteuert, ich spürte: Mir fehlt was. In dem Artikel und auch in dem Liebhaber-Buch, das ich mir dann gekauft habe, war viel von Leuten die Rede, die sich übers Internet kennengelernt haben. Artikel und Buch haben mir Anstöße, Anregungen gegeben, die in mir arbeiteten. Mit diesem *mathouse* bin ich dann dieser Anregung gefolgt.

Ich kann sagen: Wir haben uns nicht gesucht und trotzdem gefunden. Wir fingen also an, hin und her zu schreiben, immer längere Mails. Dann merkte ich plötzlich: Wenn morgens kein Lebenszeichen von ihm da war, fehlte mir was! Ich fand's unheimlich spannend, mit jemandem nur über Mail zu kommunizieren, Sprache ist für mich sehr wichtig. Ich war einfach neugierig und habe mich auf dieses Spiel eingelassen. Anfangs kam er nicht raus mit Details über sein Leben, dann packten wir beide aus: Wir haben relativ gleiche Eckdaten, sind beide Mitte dreißig, haben beide zwei Kinder, die fast gleich alt sind, unsere Töchter jeweils drei, die Söhne bald sieben, und wir sind gleich lange verheiratet, nämlich sechs Jahre, und er kennt seine Frau seit acht Jahren, ich meinen Mann seit sieben.

Nach 100 Mails von *mathouse* gefiel mir seine Art zu schreiben immer noch, und die Internet-Neugier auf einen Unbekannten war da. Als erstes hatte ich mehr über sein Äußeres erfahren: 1,90 groß, 83 Kilo, das fand ich schon mal gut. Irgendwann haben wir Fotos geschickt. Sein Bild war nicht so deutlich, aber ich dachte: Das paßt. Man hat ja bestimmte Vorstellungen. Er hatte geschrieben: »Für mich ist die Optik nicht so wichtig.« Ich habe ihm geschrieben: »Für mich auch nicht«, aber das stimmt überhaupt nicht. Ich muß Menschen gerne ankucken können. Ich hatte zum Beispiel nie einen Freund mit Bart oder Schnauzer, ich finde das einfach nicht erotisch.

Ich weiß, daß mein eigenes Äußeres polarisiert. Ich habe ein sehr rundes Gesicht mit sehr großen Augen, ein Freund hat immer gesagt: »Du bist mein schönes Mondgesicht.« Ich weiß, daß die Meinungen da auseinandergehen, so ähnlich wie bei Sommersprossen oder blonden Wimpern. Ich habe *mathouse* also ein günstiges Foto geschickt, das mein Gesicht halb von der Seite zeigt und ziemlich schmal macht. Komisch, er hat mir später mal gesagt, daß er fand, ich sah alt aus auf dem ersten Foto. War mir nicht aufgefallen, aber als ich später nachgesehen habe, dachte ich, er hat recht.

Irgendwann schrieb er mir: »Ich muß Dir was sagen, ich bin gar nicht Matthias, den Namen benutze ich nur im Web, ich heiße Werner.« Na gut, ich war erst ein bißchen pikiert, man stellt sich ja unter einem Matthias was anderes vor als unter einem Werner. Dann hat er mir noch erzählt, daß er oft an Preisausschreiben teilnimmt, das ist eine Art Hobby von ihm, da benutzt er dann bei Mails ganz viele unterschiedliche Namen und die Postadressen von Freunden. Das machen viele von diesen Preisausschreiben-Freaks, aber man weiß mit der Zeit dann doch bei einigen, wer hinter welchem Namen steckt, und versucht, die Trickser auszutricksen. Bei uns hatte Werner außer dem einen T-Shirt auch schon ein Badezimmer-Radio und komplette Badesets gewonnen, außerdem ein Sauna-Handtuch – das schlingt sich seine Frau jetzt wahrscheinlich um die Dauerwelle.

Jedenfalls: Als er die Sache mit dem Namen und den Preisausschreiben rausgelassen hat, kam ich mir irgendwie verarscht vor, als Firmenmitarbeiter und als Privatperson. Er hat dann versprochen, nie wieder an einem unserer Wettbewerbe teilzunehmen.

Werners Mails wurden immer begehrlicher, das sind sie bis heute. Nach sechs Wochen bin ich auf Dienstreise gefahren, und zum Abschied habe ich ihm meine Handy-Nummer gegeben. Da gingen dann die ersten SMS hin und her, und gleich darauf haben wir das erste Mal telefoniert – das war eher abschreckend. Ich habe ja einen ausgeprägten hessischen Dialekt, aber er spricht dieses breite Rheinländisch ... Immerhin hat das Telefonat mich nicht völlig ernüchtert. Nach ein paar Monaten hat er mir eine SMS geschickt, da hatten wir uns noch nicht mal gesehen: »Ich lieb' Dich.« Wie kann ich jemanden lieben, den ich noch nicht gesehen habe? So dachte ich. Aber ich habe es sehr ernst genommen. So gut kannte ich ihn inzwischen, daß ich wußte: Dieser Mann schreibt nichts, was er nicht wirklich so meint.

Wir haben uns dann für Mai verabredet, das war ein lange im voraus geplantes Treffen, ein halbes Jahr, nachdem wir uns kennengelernt hatten. Dieses Treffen ging gleich richtig voll ran: Wir wollten zwei Tage miteinander verbringen. Für mich war das offiziell eine Dienstreise: in ein Kurbad zu einem Schnupper-Wochenende, das eine befreundete PR-Firma für ein Reiseunternehmen organisiert hatte. Werner habe ich dafür einfach als Journalisten akkreditiert. Er hat zu Hause erzählt, er habe ein Wochenende Computerkurs, von der Firma aus.

Mir stand also dieses Abenteuer bevor, zwei Tage und Nächte mit jemandem zu verbringen, den ich gar nicht kannte. Plötzlich dachte ich: Es ist vielleicht doch besser, wenn wir uns vorher mal kurz treffen. Das haben wir dann verabredet, vier Wochen vor dem geplanten Treffen. 200 Kilometer liegen zwischen uns, wir haben die Mitte angepeilt, den Marktplatz von X.-Stadt. Das war eine Spontan-Aktion.

Nachts um zehn saß Werner auf der Kante des Brunnens am Markt, ich bin auf ihn zugegangen in meinem Lieblingsrock und einem engen weißen T-Shirt, und mir hat es fast die Knie weggezogen. Dann sind die Funken geflogen. Ich bin keine sehr romantische Person. Aber das war einer der aufregendsten Augenblicke in meinem ganzen Leben. Es war so ein Moment, an dem die Welt stillsteht.

Dabei war ich überaus schüchtern, was ich sonst nicht bin. Werner hat mich gleich umarmt und gedrückt – was er nun wieder für gewöhnlich nicht macht, er ist sonst immer der Vorsichtige. Aber da war er ganz zutraulich und offen. Ein wunderschöner Mensch hielt mich im Arm, in meinen Augen ist er jedenfalls wunderschön, ich muß es noch mal sagen. Wir haben nach einer Stunde miteinander geschlafen, irgendwo draußen. Wir wollten das beide, auf der Stelle und unbedingt. Ja, so war das. Das war wirklich ein Erlebnis, das ich niemals missen möchte. Ich hatte vorher durchaus damit gerechnet, daß er auch jemand sein könnte, den ich nicht riechen kann. Das Riechen-Können ist ja sehr wichtig.

Unser lang geplantes, gemeinsames Wochenende kam dann doch nicht zustande. Unter anderem, weil mein Mann etwas von der Geschichte mitbekommen hat. Joachim hatte einige von Werners ersten Mails gelesen, die unvorsichtigerweise an meine Familien-Mail-Adresse gingen. Joachim ist ein sehr neugieriger Mensch. Die Mails von *mathouse* waren ja nicht wirklich schlimm, ich habe Joachim gesagt: »Du, das ist einfach jemand, der einsam ist, der Kontakt sucht«, aber ich habe von da an nur noch über die Firmen-Adresse und eine Web-Adresse mit Werner gemailt.

Manchmal sage ich bei meinem Mann ganz vorsichtig, daß ich Lust hätte, diesen Typ mal kennenzulernen, einfach so, aber da kuckt mein Mann immer sehr unglücklich. »Ich habe Angst, daß es *Zoom* macht bei euch«, sagt er dann.

Die Aufregung bis zum nächsten Treffen mit Werner war brutal. Noch vier Wochen. Noch eine Woche, noch ein Tag, noch eine Stunde ... Da schießt das Adrenalin nur so durch die Adern. Das ist besser als jeder Joint. Es war dann noch schöner als gedacht. Da fließt einfach was, wenn wir uns nur ansehen oder berühren. Werner wußte, daß ein Freund von ihm am Tag unseres Treffens, an genau dem Abend in genau dieser Stadt in ein Konzert wollte. Warum sollten wir ausgerechnet dem in die Arme laufen? Sind wir aber dann fast, wir konnten gerade noch die Straßenseite wechseln.

Witzigerweise kenne auch ich den Freund persönlich, er ist auch einer von denen, die ganz oft bei unseren Gewinnspielen mitmachen, seit vielen Jahren schon. Werner wurde durch diese Fast-Begegnung ganz schön nervös, er klagt auch heute noch: »Nie kann ich mich mit dir offen bewegen.«

Ich habe Werner übrigens erst nach unserem zweiten Treffen gesagt, daß mein Mann was mitgekriegt hatte. Ich hatte Angst, er würde sonst vielleicht absagen. Für Werner ist das schlechte Gewissen ein richtiges Problem, eigentlich das größte überhaupt. Er redet ganz oft von Schuld, schlechtem Gewissen, Betrug und Lüge. Als wir uns das dritte Mal getroffen haben, rief seine Frau an, als wir gerade aus dem Hotel raus waren. Es hatte ein furchtbares Gewitter gegeben, und sie wohnen dicht am Wald. Da hatte sie einfach Angst gehabt. Für sich, ums Haus, um die Kinder, auch um Werner, weil er ja mit dem Auto unterwegs war.

Gleich am nächsten Tag hat er mir gemailt: »Ich kann nicht mehr.« Das ist ja etwas anderes als: »Ich will nicht mehr.« Oder? Doch, gewiß. Komischerweise hatten wir nach diesem »Ich-kann-nicht-mehr« gleich viel Kontakt wie vorher, nur unter der Option: Da läuft nichts mehr. Also erotisch.

Dann fuhr aber mein Mann zur Fortbildung nach England ... Das war eine hundert Prozent sichere Gelegenheit, weil Joachim weit weg war. Fand Werner auch. Er wollte zu mir nach Hause kommen. Das war unser erstes Treffen, nachdem eigentlich Schluß war. Werner war sehr beeindruckt, das habe ich gesehen. Wir haben ein Architektenhaus, sehr schlicht, sehr stilvoll eingerichtet. Ich bin auf Kriegsfuß mit Kitsch, bei mir steht nichts Überflüssiges herum. Wir haben die Räume mit großen Farbflächen an den Wänden gestaltet, es gibt Durchblicke, viel Luft und einen wunderbaren Fernblick durch riesige Fenster. Werner sagte: »Bei uns sind überall Gardinen.« Ich war durchaus stolz, als ich ihm mein Haus zeigte, ich denke, es ist schon so: »Sag mir, wie du wohnst, und ich sage dir, wer du bist.« An diesem Abend haben wir zusammen gegessen, getrunken, geredet und miteinander geschlafen. Es war wunderschön. Ein paar Tage später hat Werner mir gemailt: »Mir gefällt mein Zuhause nicht mehr so wie vorher.«

Bisher haben wir uns neunmal getroffen. Jedes Treffen muß ich generalstabsmäßig planen, wir sehen uns so alle vier, sechs Wochen. Das liegt an der Entfernung, den 200 Kilometern. Und ich muß eben sehr vorsichtig sein, weil mein Mann mißtrauisch ist.

Ich halte mich für ziemlich treu, aber ich bin ein Bauchmensch. Bei mir ist es so: Entweder, ich steh auf jemanden, oder nicht, aber wenn ich auf jemanden stehe, dann will ich den. Das war schon bei meinem ersten längeren Freund, Micha, so. Ihn hatte ich mit 18 Jahren kennengelernt, und ich war drei Jahre lang mit ihm zusammen – davon hatte ich heimlich ein Jahr ein Verhältnis mit seinem ältesten Bruder. Die beiden waren sehr gegensätzlich, Micha sehr romantisch und versponnen, sein Bruder groß und kräftig. Den Bruder habe ich erst kürzlich mal wiedergetroffen, da hat er mir erzählt, daß Micha mittlerweile sein Coming-out hatte. Er ist schwul. Da war mir auch klar, warum damals bei uns nicht so viel lief, insofern war das ja auch o.k. mit dem Bruder. Irgendwann war's mit beiden rum. Dann kam Torsten, mit dem war ich sieben Jahre zusammen – als er ein Aufbaustudium in Berlin anfing und wir uns nur noch selten sahen, habe ich Schluß gemacht. Dann habe ich bald meinen Mann kennengelernt.

Es ist das erste Mal überhaupt, daß ich fremdgehe. Entweder bin ich verliebt, dann will ich die Männer wirklich, oder eben nicht. Ich war auch in Joachim sehr verliebt gewesen. Ich wollte ihn unbedingt haben. Und nach fünf Monaten bin schon schwanger geworden. Das war schön, wir wollten das beide, eine Familie. Miteinander. Ich glaube, wir haben eine sehr gute Ehe. Wir reden sehr viel miteinander, und ich fühle mich von ihm angenommen. Es ist auch nicht so, daß im Bett nichts mehr zwischen uns laufen würde. Wir schlafen noch regelmäßig miteinander. Nur ist das halt nach sieben Jahren ein anderes Poppen als am Anfang. Es ist nicht mehr so leidenschaftlich und so inspiriert, das ist doch klar. Ich finde, jeder, der da was anderes erzählt, der lügt.

Das ist ja auch das Schöne an so einer heimlichen Liebschaft, daß man da Sachen tut, die man in der Ehe nicht mehr macht, ja, gerade auch im erotischen Bereich. Das hat natürlich auch damit zu tun, daß man sich nur so selten hat. Man lernt sich selbst dabei auch von einer ganz anderen Seite kennen. Einmal hat mir Werner eine SMS geschickt: »Zieh dich aus, sofort, und fotografiere dich. Nackt. Ich möchte die Bilder haben.« Das hat mich total angemacht, und ich habe das auch getan. Mit einer Digital-Kamera und Internet ist das ja überhaupt kein Problem mehr.

Werner sagt, daß er mit seiner Frau glücklich ist. Er sagt aber auch: »Auf der einen Seite ...« Ich weiß, was die andere Seite ist: Das ist der Sex. Anfangs haben sie auch viel miteinander geschlafen, aber nach den Kindern will sie nicht mehr richtig. Man, dabei ist sie noch so jung. Jetzt erzählt sie immer was von PMS, prämenstruellem Syndrom, das dauert bei ihr aber offenbar drei Wochen. Sie begehrt ihn nicht mehr körperlich, das ist doch offensichtlich, aber das sagt sie ihm nicht ehrlich. Und es ist klar, wenn sie ihm einmal im Monat signalisiert hat: »Jetzt«, dann stürzte er sich auf sie. Das tut er seit einiger Zeit nicht mehr so, und sie vermutet, daß das Gründe hat. Vielleicht ahnt oder spürt sie etwas ...

Solche Sexualitäts-Geschichten sind ja auch Zügel, um jemanden zu packen, ich denke, das weiß sie. Genau wie ich. Im Hinblick auf Erotik habe ich Werner Neues aufgezeigt: Man kann sich selber befriedigen vor den Augen des anderen. Oder man kann an außergewöhnlichen Orten ficken, zum Beispiel in der Umkleidekabine im Hallenbad – es gibt tausend Möglichkeiten. Ich lasse mir da immer etwas Besonderes einfallen. Ich denke mir auch oft erotische Geschichten aus, die ich ihm dann schreibe – das erregt ihn sehr. Werner ist ein sehr liebeslustiger Mann, er genießt das in vollen Zügen. Er ist einer, der nicht lange rumfackelt. Da geht's gleich ziemlich zur Sache. Ich mag das. Kuschelsex ist das nicht, was wir da machen, besonders zärtlich ist er wirklich nicht. Mein Mann ist dagegen sehr zärtlich, und das genieße ich ebenso.

Echt, Werners Frau erzählt ihm so viel Mist. Wenn ich sage: »Hör mal, das ist aber so und so, PMS kurz nach der Regel ist Blödsinn«, dann nimmt Werner sie in Schutz. Ich frage mich manchmal, ob sie eigentlich eine Heilige ist. Ich verkrampfe mich richtig bei dem Thema. Und schon fallen mir wieder diese absurden Fotos von ihr ein ... Ich bin intellektuell genug, darüber nachzudenken, ob er eigentlich noch 40 Jahre lang mit einer Frau zusammenleben will, die kein Interesse mehr an körperlicher Liebe hat. Ich mache mir da sehr viele Gedanken drüber. Ich denke mir: So eine verdammte Verschwendung.

Nach den ersten Begegnungen war das schon irgendwann mal ein Thema zwischen uns: Wie wäre das, wenn wir uns von unseren Partnern trennen würden? Beim Mail-Schreiben ist das schwierig: Der eine packt aus, der andere nicht. Der andere hat Zeit, sich Antworten auf Fragen zu überlegen. Werner hat mir gemailt: »Ich würde es schon machen, mich trennen, aber ich kann nicht. Wenn ich frei wäre, würde ich bei meiner Frau und den Kindern nur Trümmer hinterlassen. Das könnte ich mir nie verzeihen. Und du?« Ich habe geschrieben: »Bei mir ist es genauso.« Er war konsterniert. Ich glaube, er hatte erwartet, daß ich mit wehenden Fahnen zu ihm überlaufen würde. So eine Liebschaft ist eben auch Bauchpinseln. Wir haben uns gesagt, wenn wir uns trennen, wären wir ja beide arm wie Kirchenmäuse.

Und ich habe auch nachgedacht, wie sähe das Leben mit Werner aus? Bei uns beiden bin ich die Macherin, ich regele die Treffen, der Großteil der Initiative geht von mir aus, das bin ich ja gewohnt. Wenn man weiterdenkt, wie es wäre, wenn wir zusammen wären: Ich bin nicht naiv: Wenn ich mit Werner verheiratet wäre, würde unsere Leidenschaft und Liebeslust mit der Zeit ganz sicher auch nachlassen. Er ist so anders als ich, er schläft acht, neun Stunden, er jammert über seine Arbeit, den Streß, den Zeitdruck, ist oft müde. Er hat immer so wenig Kraft. Manchmal sagt er mir, wenn ihn etwas beschäftigt oder bedrückt: »Ich habe die halbe Nacht wachgelegen und drüber nachgedacht.« Aber dabei kommt dann eben überhaupt nichts raus. Da bin ich anders. Ich bin im ganzen viel reflektierter als Werner, das macht auch die Psychoanalyse, die ich schon als Studentin gemacht habe, vier Jahre lang.

Mein Mann Joachim hat das gleiche Bildungsniveau wie ich, das finde ich schön. Werner arbeitet in einer Kurierfirma, hat dort erst den Fahrzeugpark betreut und kümmert sich jetzt um die Logistik, er ist gelernter Speditionskaufmann. Das intellektuelle Gefälle zwischen Werner und mir ist schon groß, ich bin bei allem Wesentlichen gebildeter als er: Wenn ich mal ein Fremdwort benutze, sagt er: »Erkläre mir das, das kenne ich nicht.« Und Literatur: Da hat er nur Peter Pan gelesen. Es mag arrogant klingen, was ich über ihn sage, aber das ist es nicht. Er ist durchaus auf der Höhe, was das Aktuelle betrifft. Aber alles, was Sprachen, Literatur, Geschichte anbelangt: Fehlanzeige. Das ist aber alles kein Problem – ich bin ja nicht mit ihm verheiratet.

Das einzige, was mir oft zu schaffen macht: Seine Frau, dieses Mausi. Sie ist eine richtige Schnecki, sie putzt und macht, er sagt, wo's langgeht. Sie arbeitet beim Discounter an der Wursttheke ... Ich meine, was sagen schon Fotos ... Aber diese Bilder von ihr haben mich wahnsinnig beschäftigt, tun sie noch. Und was mich auch anpiept: Werner hat diese Frau mir gegenüber immer verteidigt, also ihren Job zum Beispiel, er sagt, das sei rein zum Geldverdienen. Das Verrückte ist: Sie verdient fast soviel wie ich mit meinem BWL-Studium, meinem Marketing-Job, den viele so schick finden. Ehrlich, mir bleiben am Monatsende 100 Euro mehr als ihr. Aber ich könnte nie so einen Job machen, der mich intellektuell nicht fordert.

Er sagt, er ist sehr gerne mit ihr zusammen, sie gefällt ihm. Sie unternehmen auch viel. Das tut manchmal ordentlich weh. Da komme ich mir dann ab und zu schon vor wie die Frau zum Vögeln, während zu Hause das kuschelige Nest wartet. Das ist sicher ungerecht, weil es so nicht stimmt, aber irgendwie ist es in der Praxis doch so. Wir sehen uns ja auch wirklich selten.

Weltensurfen halt ... Kürzlich hat er wieder mit mir Schluß gemacht. Er nennt das »Endlich vernünftig werden«. Aber es ging nicht. Wir können nicht ohne einander sein – jedenfalls nicht im Moment.

Für Außenstehende mag sich vielleicht die Frage stellen: Was findet diese Frau an diesem Mann? Das möchte ich ruhig noch einmal ganz deutlich sagen: Ich liebe meinen Freund, er berührt mich – im übertragenen Sinne. Er ist so feinfühlig und spürt immer recht rasch, wenn was ist mit mir, wenn es mir nicht so gut geht. Es ist schon dieses Salz-auf-unserer-Haut-Prinzip. Er ist fantasievoll und wahnsinnig begeisterungsfähig. Er kann unheimlich schöne Mails und SMS schreiben. Er hat auch eine so schöne Schrift, so eine Grafiker-Schrift. Das mag zwar nebensächlich klingen, aber ich fahre auf so etwas voll ab. Wir haben auch viele gleiche Interessen: Vor allem Musik und Konzerte. Und wir hassen beide Sport, sind faul. Unsere Ehepartner dagegen: Sie macht Aerobic und joggt, mein Mann fährt Rennrad, klettert und macht Leichtathletik. Ein richtiger Sportfreak.

In unseren Ehen sind unsere Partner jeweils diejenigen mit dem dickeren Fell. Werner und ich sind die sensibleren, empfindlicheren und empfindsameren. Und beide sind wir sehr nachtragend. Mit uns, das wäre vielleicht wirklich möglich ... Aber es würde ganz schön knallen, das wissen wir beide. Unsere Beziehung ist sehr emotional definiert, auch über Sex.

Ich finde ihn sehr attraktiv. Ich sage ihm, daß er schön und begehrenswert ist, daß ich ihn haben will. Das kannte er bislang gar nicht, daß ihm das eine Frau so offen sagt. Wirklich, ich sehe ihn so gerne an. Auch wenn er schläft: Er ist so ein ruhiger Schläfer, er schläft so ruhig und gelassen. Mein Mann dagegen ist ein lauter Schläfer, was ich eigentlich überhaupt nicht brauchen kann.

Von meinem Mann kann ich sagen: Ja, ich liebe ihn auch. Ich glaube, er merkt, daß da gerade irgendwas abgeht, er leidet schon darunter. Wenn ich ihm bislang noch nichts von Werner gesagt habe, dann eigentlich nur, weil ich ihn nicht verletzten will. Denn so ein Ehebruch, der tut weh, das weiß ich. Das verletzt. Da leidet das Selbstwertgefühl und das Selbstbewußtsein, der ganze Mensch leidet.

Auch ich habe ein schlechtes Gewissen, aber nicht so stark wie Werner. Ich glaube, meine Gewissensbisse sind auch deshalb nicht so groß, weil ich fest daran glaube, daß ich Joachim früher oder später die Wahrheit sagen werde – es wird nicht anders gehen. Ich hoffe sehr, daß unsere Ehe das aushält.

In dem Buch *Fünf Lügen, die Liebe betreffend* gibt es so einen Hinweis über Lebensgemeinschaften und Liebesgemeinschaften, der ist mir sehr logisch. In der Liebesgemeinschaft sei es eben so, daß es Menschen gibt, mit denen man total gut und gerne Liebe mache. Und in der Lebensgemeinschaft lebe man wunderbar und friedlich mit dem anderen zusammen. Aber Liebesgemeinschaft und Lebensgemeinschaft, das sei halt selten derselbe Mensch. Nur zu Anfang, wenn noch die Leidenschaft da ist und sie noch nicht dem Alltag Platz gemacht hat. Der Knackpunkt: Eben das gibt keiner zu, weil Gesellschaft, Politik und Kirche das verteufeln: Daß man eigentlich zwei braucht – einen zum Leben, einen anderen zum Lieben. Eben daran zerbrechen so viele Partnerschaften und Ehen: an diesem Anspruch, daß einem ein einziger Mensch alles sein muß: guter Freund, leidenschaftlicher Liebhaber, Familienvater, Ernährer, Unterhalter.

Ich glaube, daß ich mit Joachim alt werde, mit meiner Lebensgemeinschaft. Er ist ein zärtlicher Mann und ein wundervoller Vater. Wir haben zwei wohlgeratene Kinder. Wir kochen viel zusammen und verreisen gerne miteinander – wir verstehen uns einfach. Wir haben denselben Geschmack. Ich achte und respektiere ihn.

Zusammenleben kann ich mir aber auch mit Werner vorstellen. Dann würde aus meiner neuen Liebesgemeinschaft mit der Zeit wahrscheinlich auch eine Lebensgemeinschaft. Keine Frage, Werner und ich sind uns völlig einig, daß wir ohne jeden Zweifel zusammengekommen wären, wenn wir keine Partner hätten.

Ich denke, ohne Partner wäre aus uns eine Familie geworden, auch mit Kindern. Aber so ist die Realität halt nicht. Wir haben jeder bereits eine Lebensgemeinschaft.

Meistens denke ich: »Es ist gut so, wie es ist, also laß es.« Aber es kommt auch auf die Stimmung an. Ich beschäftige mich schon sehr mit der Zukunft, mit der Frage, wie alles werden wird. Oder wie es enden wird? Da macht sich Werner viel weniger Gedanken. Er sagt immer: »Wir werden uns nicht trennen wollen, aber wir werden es irgendwann müssen.« Er fühlt sich seiner Frau gegenüber sehr verpflichtet, er glaubt, sie käme nicht ohne ihn zurecht. Und dazu das gesamte dörfliche Umfeld, seine Familie, ihre Familie – da ist so ein Verhältnis doch das allergrößte Verbrechen. Er hat eine Wahnsinns-Angst vor dem Gerede der Leute.

Ich frage mich immer: Mag er dieses Leben wirklich so haben? Mit dieser Frau? Seine Frau geht nicht gerne weg, sie bleibt im Urlaub am liebsten in Deutschland, weil sie hier die Sprache versteht, und ins Flugzeug steigt sie seit dem 11. September sowieso nicht mehr. Weltensurfen, ja, das ist es wohl mit mir.

Ich habe schon zu ihm gesagt: »In zehn Jahren sind deine Kinder groß – was ist dann, wie sieht dein Leben dann aus?« Einmal habe ich ihn gefragt: »Wie willst du es denn ohne mich aushalten?« Da hat er jede Antwort verweigert.

Im Januar hat er mir gemailt: »Bist Du bereit, Deinen Mann für mich zu verlassen?« Er hat von mir keine Antwort bekommen. Das ist das Doofe an den Mails, du kannst Antworten ausweichen, die Antwort auf sich warten lassen, das ist beim direkten Gespräch nicht so. Nach einer Woche hat er die Frage zurückgenommen.

Jetzt haben sich gerade die Kusine seiner Frau und deren Mann getrennt, da reden die zu Hause ganz viel drüber, die Kusine kommt auch zu ihnen nach Hause, um dort ihr Herz auszuschütten. Ihr Ehemann hat eine andere. Da ist dann bei meinem Freund zu Hause von Betrug die Rede, von Hintergehen, das ganze Programm. Seine Frau reagiert da ganz extrem. Sie droht ihm offen: »Wenn du eine andere hättest, dann wäre es sofort aus.« Ihr Vertrauen wäre dahin, da wäre nichts mehr zu kitten.

Werner hat seine Ansichten durch mich schon sehr geändert, er hat früher immer gedacht: Wenn meine Frau einmal mit einem anderen schläft, dann ist es vorbei. Das würde er heute anders sehen.

Dennoch: Er hat ein wahnsinnig schlechtes Gewissen, das ist ätzend, er kann die Zeit mit mir gar nicht richtig genießen. Es ist gut, daß er wenigstens unbedenklich seinen Computer benutzen kann, seine Frau weiß noch nicht mal, wo der Schalter ist. Da ist es wieder, dieses Gefühl: Ich verstehe nicht, wie er uns beide lieben kann, wo sie doch so anders ist als ich. Vielleicht will ich das ja auch bewußt so wahrnehmen, den Kontrast zwischen ihr und mir. Ich denke wirklich, er ist in der falschen Umgebung. Ich habe ihm das sogar schon einmal ganz direkt gesagt. Seine Antwort: »Ich weiß, was du meinst, aber bei dir, in deiner Welt, da wäre ich doch auch falsch.« Stimmt wahrscheinlich. Jetzt kennt ihn ja niemand aus meinem Freundeskreis, aber wenn ich mir vorstelle, er müßte da plötzlich reinpassen? Ach was, das würde schon hinhauen. Aber was soll's: Das steht nicht, besser: nicht mehr, zur Debatte.

Wir haben uns mal überlegt, wie das wäre, zusammen ein Kind zu haben. Ich habe ihn gefragt: »Würdest du ein Kind mit mir haben wollen?« Er hat gesagt: »Wenn es andere Verhältnisse wären: Ja. Sofort. Nicht eines, sondern drei.« Aber so, wie es ist, kommt es für ihn nicht in Frage. »Wenn es passieren würde, wäre es eine Katastrophe für alle anderen«, ist seine Meinung.

Für ihn wäre es das Schlimmste, wenn ich meinen Mann verlasse, das würde ihn unter Druck setzen, denke ich. Ich will aber auch nicht, daß seine Frau irgendwas erfährt. Was wäre, wenn er plötzlich vor die Tür gesetzt würde? Meine Freundin, die Psychologin, sagt zu mir: »Ich respektiere, was du machst, aber paß auf dich auf. Nicht daß du am Ende vor einem Scherbenhaufen stehst und dich auch noch darüber wunderst.« Ja, da hat sie recht.

Im ersten Liebhaber-Buch habe ich den Satz gelesen: »Man bereut am Ende des Lebens nur das, was man nicht getan hat.« Dieser Spruch hat mir sehr imponiert. Werner ist eine ganz große Bereicherung in meinem Leben. So sehe ich das. Das kommt wohl auch daher, weil ich keine Familie mehr habe, also keine Eltern oder Geschwister. Es gibt in meinem Leben nicht so viele Menschen, die mir wirklich etwas bedeuten und mich emotional berühren. Aber an der Handvoll, die ich habe, hänge ich sehr. Und für die kämpfe ich, auch für Werner. Ich liebe beide Männer, Joachim und Werner. Jeden auf seine Art. Der eine ist ein wunderbarer Lebenspartner, der andere ein wundervoller Liebespartner. Und eines ist nicht besser oder schlechter als das andere.

Frieda, 73, Rentnerin

Die Liebe blieb ein Leben

Oder: Ich nehme die Krümel

Frieda rief mich unmittelbar nach Erscheinen des Buches über Frauen mit Liebhaber an, sie war ganz aufgeregt: »Ich dachte immer, ich wäre mit meiner Situation ganz alleine.« Die kleine, runde Frau wirkt ernst mit ihrem glatten, grauen Pagenkopf – ein Strahlen geht über ihr Gesicht, wenn sie von ihren Kindern erzählt – oder von Ernst, der wiedergefundenen Jugendliebe

Wenn ich gewußt hätte, was dabei rauskommt, daß ich zur Goldenen Konfirmation in meine Heimatstadt gehe – ich wäre zu Hause geblieben. Oder nein, ich will ehrlich sein: Ich glaube, ich wäre trotzdem gefahren. Schließlich ist es mein großes Glück, daß ich Ernst wiedergetroffen habe. Die Ehe mit meinem Mann war immer in Ordnung, ich meine, ich habe nichts vermißt, er war verläßlich und ein guter Vater, aber ich glaube, richtig geliebt habe ich nur einmal im Leben: den Ernst. Als ich ein Mädchen war. Und diese Gefühle habe ich heute wieder.

Ich habe ihn gleich gesehen, als wir uns vor der Goldenen Konfirmation im Gemeindehaus versammelt haben. Sie kennen das doch? 50 Jahre nach der Konfirmation versucht der Pastor, alle Schäfchen noch einmal zu versammeln. Natürlich sind schon viele tot oder auch richtig unbekannt weggezogen, aber es kamen aus zwei Jahrgängen immerhin knapp 20 Menschen zusammen. Ernst habe ich gleich erkannt: Diese wachen Augen, diese sonnengegerbte Haut, das, was von seinen blonden Haaren noch übrig war, hatte der liebe Gott weiß werden lassen.

Er war ein Jahr früher konfirmiert als ich, damals hatten wir auch noch nicht unser Liebesverhältnis. Das war erst, als ich 18 war und er schon 19. Ich fuhr jeden Tag in die Stadt und lernte in einer Anwaltskanzlei im Sekretariat. Er war bei uns im Dorf geblieben und schaffte auf dem Hof von seinem Vater. Auf dem Höflein, muß man sagen, denn die Bauersstelle war nur klein, eigentlich war es gar kein richtiger Hof. Als rauskam, daß wir ein Liebespaar sind, haben meine Eltern mir den Kopf gewaschen, und wie: »Der Ernst, der kann doch nie eine Familie ernähren. Ständig sitzt er im Gasthaus. Du hast einen ordentlichen Mann verdient.«

So einen wie Heinrich, den hatten meine Eltern schon ins Auge gefaßt. Mit Heinrich war ich auch gut Freund, mehr nicht, ich achtete ihn und respektierte ihn, und ich genoß auch die Aufmerksamkeiten, die er mir zukommen ließ. Er war ein Kavalier alter Schule: Nie hat er vergessen, mir Pralinen mitzubringen, Blumen für meine Mutter, wenn er auf Kaffeebesuch kam. Das kam er nämlich – im Gegensatz zu Ernst, der war bei uns nicht willkommen. Aber Heinrichs Aufmerksamkeiten waren der Höflichkeit geschuldet, das war anerzogen – bei Ernst war das anders: Wenn wir uns im Wald trafen, hatte er mir oft einen Kranz aus Margeriten geflochten, Margarete, das ist nämlich mein zweiter Name. Er hat mir kleine Gedichte geschrieben, ganz einfache, das Versmaß stimmte eigentlich nie, aber: Gedichte. Die waren voller Gefühl, so wie der ganze Mann voller Gefühl war. Wir haben im Gras gelegen, den Wolken beim Ziehen zugesehen, und er hat uns in Gedanken mit auf die Reise geschickt: »Stell dir vor, jetzt ziehen wir bis nach Gibraltar ... Siehst du die Affen, wie sie sich jagen und necken? Wir beide gehen jetzt erst mal baden. Im Mittelmeer. Oder ist das schon der Atlantik?«

So war er. Und unglaublich zärtlich und verschmust, er hat stundenlang mein Gesicht gestreichelt. Seine Küsse haben mich schwindelig gemacht, wir haben uns stundenlang nur geküßt. Wirklich nur das, damit war er auch zufrieden, obwohl er den Ruf hatte, schon viele Mädchen im Dorf gehabt zu haben ... Wahrscheinlich stimmte das auch. Die haben ihm alles gegeben, das ist ja auch kein Wunder, er sah sehr gut aus, sehr männlich und markant, und er war immer vergnügt.

An einem heißen Sommertag hatten wir uns mal wieder für den Wald verabredet, er holte mich hinten am Bahnhofsgebäude ab, als ich von der Arbeit aus der Stadt kam. Er hatte einen großen Picknick-Korb dabei, eine Decke, eine Flasche Wein. Die hat er, als wir auf unsere Lichtung kamen, ganz feierlich geöffnet, und dann hat er es gesagt: »Frieda, ich liebe dich. Willst du meine Frau werden?« Ich war sprachlos. Ich wußte, das ist nicht nur ein Trick, um mich rumzukriegen. Er respektierte, daß ich *damit* warten wollte, bis ich verheiratet bin. Aber was habe ich dumme Liese gemacht? Es war fast wie im Film. Ich habe angefangen zu heulen und gestammelt: »Ich liebe dich ja auch, aber ich kann nicht, ich kann doch nicht ...« Da hat er mich angesehen, ganz traurig, hat den Korb eingepackt und ist gegangen.

Ich bin auch nach Hause gegangen, habe mich in mein Zimmer eingeschlossen und geheult. Meine Mutter hat geklopft und wollte wissen, was ist. Ich habe nicht aufgemacht. Meine Eltern hatten mir am Wochenende vorher gesagt, daß Heinrich mit meinem Vater gesprochen hätte, von wegen, er hätte ernste Absichten. Das habe ich ja auch gemerkt, daß er etwas für mich empfand. Er war immer sehr respektvoll mit mir, er hatte sich nur einmal ein Küßchen auf die Wange erlaubt. Und meine Eltern fanden natürlich, daß Heinrich eine gute Partie war. Seine Familie war sozusagen Landadel, sie hatten einen Fuhrbetrieb, den Heinrich übernehmen sollte. Hat er auch. Und ich habe später in diesem Fuhrbetrieb, unserer Spedition, die Buchhaltung und das Sekretariat und alles gemacht.

Da sehen Sie schon, was passiert ist: Ich habe ihn geheiratet. Das war ja auch nicht falsch, wir haben drei Kinder bekommen, wir haben viele Enkel. Wir haben die Welt gesehen, schöne Reisen gemacht ... Aber als ich vor acht Jahren den ersten Kuß mit Ernst getauscht habe, als er mich angefaßt hat und ich wie elektrisch war von dieser Berührung, da wußte ich, daß ich in meinem Leben mit Heinrich nie Zärtlichkeit, nie Romantik, nie wirkliche Gefühle gehabt habe. Es war alles mehr vernunftgesteuert. Das ist nicht falsch – aber eben auch nicht das richtige Leben.

Es ist komisch, daß Ernst und ich uns damals aus den Augen verloren haben, aber eigentlich auch nicht. Ich dachte, er will nichts mehr von mir wissen, und allmählich entwickelte sich das mit der Hochzeit mit Heinrich. Ernst ging zum Arbeiten in die Großstadt, heiratete irgendwann und zog mit seiner Frau in eine Kleinstadt, 25 Kilometer weit weg. Er hat eine nette Frau gefunden, sie haben zwei Kinder. Das hatte ich zwar mal läuten hören, aber es interessierte mich nicht, es war vorbei.

Drei Wochen nach der Goldenen Konfirmation rief Ernst mich an, ob er mich zum Kaffee treffen könnte. Ich habe Zucker und bin regelmäßig beim Arzt. Die Strecke fahre ich alleine mit dem Auto. Wir konnten uns im Café treffen. Das war ein neues Café und eher für junge Leute. Was soll ich sagen. Bei der Konfirmationsfeier hatte Ernst mich auf dem Gang in den Arm genommen, mich gedrückt und mir ein Küßchen gegeben. Und jetzt flatterten am Kaffeetisch Schmetterlinge durch meinen Bauch. Ich dachte nur: Das kann nicht sein. Das darf nicht sein.

Ernst hat einen Freund, der eine Angelhütte besitzt. Da treffen wir uns, einmal im Monat. Ich weiß, daß das leichtsinnig ist, ich stelle das Auto immer auf einem kleinen Parkplatz weit weg ab. Aber warum soll etwas passieren, ich fahre immer, wenn mein Mann zur Versammlung ist, die dauert von spät nachmittags bis nachts.

Ich habe nicht gedacht, daß mir das passieren kann, es ist mir auch peinlich, daß ich jetzt noch sexuelle Gefühle erlebe, die ich nicht kannte. Ja, ich versuche mal, es zu sagen: Ich habe das erste Mal in meinem Leben mit einem anderen Mann geschlafen. Danach habe ich gedacht: So, jetzt kannst du sterben. Es war wunderschön. So ist es seit acht Jahren. So hätte es fünfzig Jahre sein können. Da bin ich ganz sicher, wir sind füreinander bestimmt gewesen.

Aber unsere Ehen werden wir nicht auflösen, daß wissen wir beide, Ernst und ich. Meine größte Sorge ist: Was machen wir, wenn wir nicht mehr in die Hütte von seinem Freund können, vielleicht, weil der stirbt? Wir haben niemanden, der uns helfen könnte, außer diesem Freund von Ernst weiß doch keiner von uns. Ich werde jedenfalls von Ernst nicht lassen. Ich möchte meinen Mann nicht verletzen, Ernsts Frau auch nicht, sie dürfen das alles nie erfahren, aber auf meine Liebe werde ich nicht mehr verzichten, wo ich sie doch so unverhofft wiedergefunden habe.

Verena, Reisekauffrau, 31

Ich will ein Kind von dir

Oder: Bist du das jetzt?

Der Freundin vom Liebhaber erzählen? Das machen viele. Aber was, wenn dein Kind von ihm ist und nicht vom Ehemann? Im Gespräch streicht sich Verena immer wieder das schulterlange Haar aus dem Gesicht, wählt die Worte sorgfältig, legt die Hand auf den Bauch – sie möchte, daß andere ihre Entscheidung nachvollziehen können. Was sie bewußt entschied, könnte andere Frauen überraschend ereilen ...

Es ist jetzt drei Jahre her, daß ich es Carsten das erste Mal gesagt habe: »Ich will ein Kind von dir.« Er hat es nicht rundheraus abgelehnt... Vor einem Jahr habe ich die Pille abgesetzt. In fünf Monaten kommt mein Baby. Nächsten Monat werden Jörg und ich heiraten – er freut sich aufs Kind, es wird sein Kind sein. Aber der richtige Vater ist Carsten, mein Liebhaber, und ich wollte das so. Jörg wird nicht erfahren, daß das Kind von Carsten ist. Manchmal finde ich das ein bißchen gemein, aber wie soll ich es sonst machen?

Bis ich diese Entscheidung getroffen hatte, kam ich mir vor wie das Mädchen in dem Märchen aus dem Buch, das Carsten mir geschenkt hat: Das Mädchen kommt an eine Weggabelung und kann sich nicht entscheiden, welchen Weg es gehen soll – da sitzt es jahrelang und wird älter und kann sich nicht entscheiden – und weiß irgendwann gar nicht mehr, warum es dort sitzt. Ich bin jetzt aufgestanden und habe mich für einen Weg entschieden.

Jörg und ich sind zusammen, seit ich 15 war, seit zehn Jahren wohnen wir auch zusammen. Ich habe mein halbes Leben mit ihm verbracht, immer in einem Dorf, in einer Stadt. Seit sechs Jahren arbeiten wir sogar im selben Reise-Unternehmen, immerhin ist er in einem anderen Büro als ich. Carsten habe ich vor sechs Jahren kennengelernt – da waren wir alle drei zu einer Schulung, zusammen mit ganz vielen anderen, drei Tage in einem abgeschiedenen Hotel. Da war noch nichts zwischen Carsten und mir. Aber er hat es danach so eingerichtet, daß er öfter bei uns zu tun hat, er hatte die Koordination für die Büros in unserer Region.

Ich weiß noch, wie Carsten zwei Wochen nach dem Seminar bei mir im Reisebüro auftauchte: orange Hose und oranges Shirt, total lässig und cool, ein ganz anderer Typ als die Kollegen und als die Leute, die ich sonst aus der Kleinstadt gewohnt war. Er hat mich in bestimmte Sachen eingearbeitet, wir hatten Kontakt, ja, aber daß sich da was entwickeln würde? Man ist schließlich nicht mit dem Gedanken unterwegs, daß man sich etwas suchen will. Trotzdem war da irgendwann bei mir ein Anflug von: Was wäre wenn? Jedenfalls mußte er irgendwann wieder zurück an seinen Heimatort, vierhundert Kilometer weit weg Richtung Norden. Bevor er fuhr, fragte er, ob ich nicht Lust hätte, im März mit ihm zur Tourismus-Messe nach Berlin zu kommen. Ich habe Ja gesagt, und er hat alles eingefädelt.

Als der März ran war, bin ich mit dem Auto zu Carsten und seiner Frau nach Hause gefahren. Sie sind verheiratet und haben drei Kinder, eins aus ihrer ersten Ehe. Sie hat uns mit dem Wagen zum Bahnhof gebracht, und wir sind mit dem ICE nach Berlin. Für mich war alles spannend, besonders, weil ich noch relativ neu in meinem Beruf war: Ich bin Reisekauffrau, gab dafür sogar das Studium auf – ich wollte eigentlich Grundschullehrerin werden, habe dann aber bald gemerkt, daß mir das gar nicht so liegt, der Schulstreß mit den vielen Kindern. Und andere Länder haben mich immer interessiert, also: Reisekauffrau.

Die ICE-Fahrt, die Reise nach Berlin, ins Hotel ... Mit diesem Mann ... Wir waren am Stand, auf der Messe unterwegs, am ersten Abend zusammen mit den Kollegen essen im Hotelrestaurant. Dann mit allen im Schwimmbad, in der Sauna. Dort haben wir uns das erste Mal nackt gesehen und auch angesehen. Da passierte aber nichts.

Am zweiten Abend saßen Carsten und ich irgendwann alleine da, die Kollegen waren schon hochgegangen. Wir haben geredet, geredet, geredet. Er hat kleine Papierkügelchen aus den Servietten gedreht und nach mir geschnippst. Irgendwann schlug er vor: »Ich kucke nach, ob das Schwimmbad noch aufhat, ja?« Eine Viertelstunde später waren wir beide ganz alleine im Pool und lagen dann in den Liegestühlen. Nach der zweiten Runde Schwimmen hat er beim Duschen die Badehose ausgelassen. Ich dachte: Sei nicht prüde, und habe meinen Badeanzug auch ausgezogen. Nackt, wie wir waren, saßen wir in den Liegestühlen und haben gequatscht. Als wir dann wieder im Wasser waren, ist er durch meine Beine durchgetaucht. Und dann lagen wir wieder … Bis ich gesagt habe: »Ich glaube, ich muß jetzt ins Bett.« Es war halb vier! Er hat mir später gestanden, daß er sich die ganze Zeit nicht getraut hat anzufangen. Er hatte zwar die ganze Zeit sehr Lust, aber er war doch hin- und hergerissen von Gedanken wie: Was ist, wenn es rauskommt? Immerhin hat er eine gehobene Stelle in unserem Unternehmen. Er dachte auch: Was ist, wenn sie nein sagt? Na ja, ich habe mich ja auch nicht getraut, dabei hat es auch bei mir den ganzen Abend gekribbelt: allein mit einem fremden, nackten Mann im Schwimmbad … Jedenfalls sagte er dann doch, als ich schlafen gehen wollte: »Sollen wir uns nicht vorher noch woanders hinlegen?« Wir sind rübergegangen in die Fitneßecke, wo sich dicke Gummimatten auf dem Boden stapelten, ich habe mich auf den Bauch gelegt, und er fing an, mich sanft am Rücken anzufassen, es war seine erste Berührung, und ich dachte, es brennt ein Feuer, da, wo seine Finger sind. Kurz darauf fingen wir an, uns heftig zu küssen, unsere Körper drängten sich richtig aneinander. Nach ungefähr einer halben Stunde haben wir uns angekuckt, und es war klar: Wir gehen nach oben. Als wir im Fahrstuhl standen, dachte ich: Bist du das jetzt?

Ich war zwar schon lange nicht mehr so schüchtern und zurückhaltend wie mit 20, als ich an die Uni gegangen bin – während der Ausbildung habe ich durchaus Selbstbewußtsein gewonnen, und heute macht mir keiner mehr was vor: Wenn etwas nicht stimmt, gehe ich zum Chef und sage meine Meinung. Aber in dieser Situation, mit einem eigentlich noch fremden Mann, kam ich mir absolut verwegen vor. Daß mir das passierte, erschien mir unglaublich, fast unwirklich.

Wir fuhren also im Fahrstuhl hoch. Ich habe mir in meinem Zimmer schöne Unterwäsche angezogen, ich weiß noch: ein grüner BH mit Spitze und String. Das hatte ich eingepackt, als wenn ich was geahnt hätte. Er hat sich sehr gefreut, als ich so angezogen in sein Zimmer kam. Er hatte Kondome dabei, das fand ich komisch. Er sagte, er hat seine Frau noch nie mit einer Frau betrogen ... Noch nie mit einer Frau, na ja. Es wurde eine tolle Nacht, wie man sie jedem wünscht, der das erstemal fremdgeht. Er machte mich verrückt, alles: seine Küsse, seine Worte, wie er mich anfaßte. Carsten weckte Gefühle in mir, die ich so lange nicht gespürt hatte. Er schrieb mir später, daß er diese Gefühle in seiner Ehe auch vermißt hatte. Du denkst, die Gefühle gehen mit dir durch ... Und doch habe ich schon in dieser ersten Nacht gedacht: Was wird das werden? Er ist doch glücklich verheiratet.

Morgens bin ich zurück in mein Zimmer gehuscht. Beim Frühstück haben wir so getan, als ob nichts wäre. An diesem Vormittag war die Messe für mich und einen Kollegen vorbei, wir fuhren ab, das war so geplant – und Carsten gab mir zum Abschied vor den Augen der Kollegen ein Küßchen auf die Wange – das fand ich süß, und es machte mir Mut, daß es weitergehen könnte. Mein Kollege hat mich mitgenommen, rauf an die Ostsee, wo ich mit Jörg eine Woche ausspannen wollte. Einen ganzen Tag war ich Gott sei Dank da oben noch alleine. Stundenlang bin ich bei Eiseskälte durch den Wald getigert und habe mir alles durch den Kopf gehen lassen. Ich kam mir so einsam vor, habe mich immer wieder gefragt: Was wird das werden? Wie geht das weiter? Wir, Jörg und ich, hatten dann eine sehr ruhige und schöne Woche am Meer.

Carsten hat es hingekriegt, daß er bald wieder bei uns in der Stadt arbeiten mußte – und wir haben uns getroffen. Meine Eltern besitzen eine Ferienwohnung, für die hatte ich den Schlüssel. Und dann gab es neue Schulungen, noch eine kleine Messe hier, eine Messe da – wenn wir diese Kontaktmöglichkeiten nicht hätten... Für Alibis zu sorgen war nicht schwer: Ich habe zwei alte Freundinnen ausgegraben, eine noch aus Schulzeiten, die wohnt 50 Kilometer von Carsten entfernt, und dann noch eine ehemalige Kollegin, die wohnt ganz woanders. Wenn ich fahre, lasse ich mich von Jörg einfach am Bahnhof absetzen, es gibt wenig Parkmöglichkeiten, und ich konnte diese Abschiedsszenen am Zug noch nie leiden, so fällt es gar nicht auf, daß ich lieber allein in den Bahnhof gehe. Ich kann also am Schalter in Ruhe das Ticket kaufen mit dem Fahrtziel, das ich will, und Jörg sieht das nicht. Hinterher wird das Beweisstück – zack – weggeworfen. Das ist reine Vorsicht. Ich weiß jetzt auch schon, wo ich aufpassen muß, wenn ich mit ec-Karte bezahle, was dann hinterher ausgedruckt auf dem Kontoauszug erscheint. Da steht dann von der Bahn der Kauf-Ort des Tickets drauf – die Rückfahrkarte muß ich also in Carstens Stadt bar zahlen. Die gleiche Vorsicht gilt für viele Einkäufe in Geschäften. Wenn doch mal eine Panne passiert und was Falsches auf dem Kontoauszug erscheint, verschwindet der eben. Jörg und ich haben ein gemeinsames Konto, er könnte schon was merken, aber ihn interessiert das nicht – den ganzen Geldkram übernehme ich, das mache ich meist allein.

Jörg ist, wenn ich wegfahre, allein. Er geht dann nicht etwa selbst aus, er ist sehr wenig spontan. Ich habe mich verändert, seit ich Carsten kenne, ich bin offener geworden, auch selbstbewußter. Und wenn ich nach Tagen mit Carsten nach Hause komme, bin ich immer fröhlich. Ich merke schon, daß ich Jörg dann auch gefalle und daß er vielleicht auch manchmal Liebe möchte, aber ich kann das meist nicht. Ich denke darüber nach, was sich zwischen ihm und mir geändert hat, warum er mir unattraktiver vorkommt, aber ich kann es nicht sagen. Vielleicht hätte ich das mit Jörg alles nie gemacht, also das Haus, das Kind die Heirat, wenn Carsten nicht da wäre. Ich bin aber in der glücklichen Lage, daß er da ist.

Letztes Jahr im Mai habe ich die Pille abgesetzt. Ich wollte schon lange ein Kind, und ich wollte es von Carsten. Das hatte ich ihm schon vor drei Jahren angekündigt. Er hat es nie abgelehnt. Mit mir zusammenzuleben ist eine ganz andere Frage – er liebt seine Kinder und auch seine Frau zu sehr, sagt er. Seine Kinder sind jetzt zwölf, neun und sieben, als alles anfing, waren sie klein. Er sagt: Wenn ich und seine Frau jeweils allein in einem Raum stehen würden, dann würde er auf mich zugehen. Stünden aber die Kinder bei ihr, ginge er zu ihr.

Einmal habe ich im Haus von Carsten und seiner Frau übernachtet. Warum auch nicht, ich war eben eine Kollegin auf der Durchreise. Ich lag wach im Gästezimmer und dachte: Irgendwie ist das nicht wahr, er liegt jetzt zwei Zimmer weiter mit seiner Frau im Bett. Beim gemeinsamen Frühstück haben wir unter dem Tisch gefußelt. Im Keller konnten wir einen schnellen Kuß tauschen. Als Carsten mich in die Stadt zur Bank begleiten wollte, kam sein Sohn und sagte: »Ich will mit.« Mit mal anfassen, berühren war dann eben nichts.

Anfangs habe ich Carsten ellenlange Mails geschrieben. Er hatte gesagt, das sei in Ordnung, seine Frau komme da nicht ran. Aber eine ausgedruckte Mail hat er unvorsichtigerweise ins Handschuhfach gestopft – da hat Heike, so heißt seine Frau, die Mail gefunden, als sie mit dem Wagen unterwegs war. Es war die Hölle los. Sie war kurz davor auszuziehen. Ich wäre dann zu Carsten hingezogen, ja, unter diesen Umständen: ja. Ich wäre mir aber nicht sicher gewesen, ob es auf Dauer geht … Ich könnte mir zum Beispiel überhaupt nicht vorstellen, in die Hausfrauenrolle reinzurutschen so wie seine Frau. Für Heike war sofort bei dem ersten Kind klar, daß sie ihre Arbeit im Amt aufgibt. Hat man denn im Haus so viel zu tun? Gut, drei Kinder, aber trotzdem, für mich wäre das nichts. Ich will unbedingt bald weiterarbeiten, wenn mein Baby da ist, wenigstens halbtags.

Jedenfalls hat es lange gedauert, bis sich bei Heike und Carsten wieder alles beruhigt hat und sie ihm wieder vertraut hat. Gott sei Dank war die Mail schon ein bißchen älter, als Heike sie fand. Es stand auch was von Liebe drin, aber Carsten konnte das abtun mit Schwärmerei von mir – das war mir zwar unangenehm, aber immerhin konnte er seine Frau so beruhigen. Daß er bi ist, weiß sie, und daß er sich ab und zu mit Männern trifft. Das war immer o.k. Da hat er wahrscheinlich geglaubt, daß sie ihm auch eine Freundin genehmigen würde. Was für ein Fehlschluß. Wenn sie außerdem gemerkt hätte, daß es wirklich was mit Liebe ist ... Nicht auszudenken. Davon kann sie nämlich bei den Männern immer ausgehen: daß also keine Liebe im Spiel ist.

Bei mir war es sehr schnell Liebe, und trotzdem war ich sehr vernünftig. Carsten hat mir am Anfang, vor sechs Jahren, nahegelegt: »Trenn dich, zieh her zu mir.« Natürlich nicht mit ihm zusammen, ich hätte mir eine eigene kleine Wohnung nehmen sollen. Ich habe das nicht gemacht, vielleicht sind wir deswegen noch zusammen.

Natürlich hatten wir auch schon Krisen, die große vor zwei Jahren: Die Verliebtheit ist nach dieser Zeit weg, das große Gefühl ist vorbei oder zumindest weniger. Einmal habe ich deswegen geheult, als wir zusammen waren, weil die Gefühle weg waren. Wir haben uns richtig doll gestritten, und ich dachte, er würde mich gern raussetzen. Wir haben überlegt, was wir machen. Er hat gesagt: »Ach was, ja, gut, wir können auch weitermachen.« Gott sei Dank hielt der Zustand nicht an, wir haben wieder nah zueinander gefunden. Manchmal wundern wir uns beide, daß nach so vielen Jahren noch so große Lust aufeinander da ist.

Im Oktober ist es soweit. Als es passiert war, als ich wußte, daß ich schwanger bin, mußte ich schnellstmöglich mit Jörg schlafen. Das habe ich gedeichselt. Irgendwann später ging es um den Geburtstermin. Gott sei Dank sagte Jörg: »Na ja, wenn wir im Januar miteinander geschlafen haben, muß es ja Mitte Oktober sein.« Tscha. Eigentlich hätte er wissen müssen, daß wir am Tag vor Silvester miteinander im Bett waren. So selten, wie wir miteinander schlafen, müßte er das doch wissen, oder? Eigentlich ist es fies von mir und ein ziemlich großer Betrug. Aber ich wollte ein Kind der Liebe.

Meine Mutter wußte, was ich vorhabe. Sie hat gesagt: »Tu es nicht.« Und noch: »Der Jörg macht auch schöne Kinder, er hat so schöne blaue Augen.«

Als ich Carsten am Telefon angedeutet habe, daß ich schwanger bin, hat er gefragt: »Hat es geklappt?« Er hat nicht gefragt: »Ist was passiert?« Das hat mich sehr gefreut. Carsten freut sich wirklich auf das Kind. »Das ist schön«, hat er neulich wieder am Telefon gesagt. Mir war und ist klar, daß ich Carsten mit dem Kind nicht zu mir rüberziehe, aber das will ich ja auch gar nicht. Carsten und ich denken über Sachen nach wie: Wie wird es sein, wenn ich ins Krankenhaus komme? Ob er mich da besuchen kann?

Carsten und ich wollten eigentlich was schriftlich machen: daß ich das so wollte und daß ich ihn nie belangen will, mit Geldforderungen oder so. Das haben wir bisher nicht getan. Bis das Kind geboren wird, werde ich ja verheiratet sein. Das Kind wird also ehelich und Jörg der offizielle Vater.

Carsten hat gerade vor ein paar Tagen am Telefon gesagt: »Was, wenn das Kind aussieht wie ich? Oder wenn es mal 'ne Bluttransfusion braucht?« Meine Mutter weiß Bescheid, sie findet das alles zwar nicht gut, aber sie steht zu mir. Sie sagt: »Man darf gar nicht drüber nachdenken, sonst dreht man durch.« Immerhin sieht Carsten so ähnlich aus wie ich, wir sind beide groß, haben beide graugrüne Augen. Und das Baby wird schon nicht plötzlich Plattdeutsch sprechen …

Manchmal denke ich: Es gibt jetzt schon so viele Möglichkeiten für Vaterschafts-Tests: Speichelprobe, Haare untersuchen. Was, wenn Jörg einen Verdacht hat? 15 Prozent der Kinder sind ja angeblich Kuckuckskinder. Ich frage mich, wo die Forscher diese Zahl herhaben. Wie kriegt man so was raus? Da redet doch keiner drüber.

Meine beste Freundin weiß, daß es Carsten gibt. Aber das mit dem Kind würde ich ihr nie erzählen, nie im Leben. Als ich ihr gesagt habe, daß ich schwanger bin, hat sie sich gefreut und gefragt: »Und, was sagt denn Jörg?« Sie ist gar nicht auf die Idee gekommen, daß ... Und ich habe es mit keiner Silbe erwähnt, das werde ich nie tun.

Natürlich, es wäre viel schöner, wenn man alles offen zeigen könnte, unsere Beziehung, das Wunschkind. Was würden die Kollegen sagen? Darüber reden Carsten und ich öfter. Die würden vom Stuhl fallen. Eigentlich könnten sie neidisch sein, daß man einen Menschen finden kann, mit dem man all seine Wünsche und geheimen Gefühle ausleben kann. Wie viele Menschen gibt es wohl, die so – neben dem Partner – glücklich sind? Aber die Kollegen werden es nicht erfahren, die wußten ja lange noch nicht mal, daß ich mit Jörg zusammen bin, das wollten wir beide nicht, es wird so schon so viel geredet auf der Arbeit ...

Jörg hat mich mal gefragt, ob irgendwas sei, ihm war durchaus aufgefallen, daß wir immer weniger miteinander schlafen. Ich konnte dieses Gespräch irgendwie abbiegen. Ich kann Jörg nicht mehr sagen »ich liebe dich«, höchstens »ich hab' dich lieb«. Mein Körper ist nur bei ihm, bei Carsten. Wenn ich bei ihm liege und ihn rieche, werde ich halb wahnsinnig. Jörg dagegen ist für mich körperlich nicht mehr anziehend. Bei Jörg und mir ist die Luft raus, die Verliebtheit ist lange weg. Ich kann mir vorstellen, wenn ich Carsten öfter als zwei, drei Nächte im Monat hätte, würde auch bei uns das Prickeln weggehen. So wie bei Jörg und mir. Oder? Ich kann die Gefühle mit Jörg nicht zurückrufen. Wenn ich ihn heute kennenlernen würde? Ich vermute, er würde mich gar nicht interessieren. Ich erinnere mich allerdings schon noch, wie das war damals. Weiß nicht. Als ich ganz jung war, so 13, 14, da hatte ich eine große Liebe und eine große Enttäuschung. Der Junge war zwei Jahre älter und wollte immer nur

Sex, auch mit mir schlafen. Das habe ich lange nicht gewollt. Er wollte Sex, ich wollte Liebe. Das ging anderthalb Jahre, dann ist er weggezogen. Als Jörg und ich uns kennenlernten, war ich froh, einen neuen Freund zu haben. Das war mit 15. Als ich so 19, 20 war, hatte ich ein paar Disko-Bekanntschaften. Das war nichts mit starken Gefühlen. Daß ich diese Bekanntschaften neben Jörg hatte, kam hauptsächlich, weil man sich in diesem Alter, wenn man so jung ist, doch nicht an einem festbeißen will. Mir hat außerdem immer irgendwie der Kick gefehlt, die Gefühle, die Jörg nicht so zeigen kann.

Jörg und ich, wir haben die Normalität des Alltags miteinander, ich weiß, ich habe einen Partner, auf den kann ich mich verlassen, der ist mir immer eine Hilfe. Abends erzählen wir uns von unserer Arbeit. Normal denkt man schon, daß es mit Jörg weitergeht, bis wir 70 sind. Es ist für mich illusorisch, es mir mit Carsten vorzustellen. Ganz am Anfang unserer Zeit, da habe ich mich für eine Regionalleitung im Norden beworben. Die Hoffnung, den Job zu kriegen, hat sich nicht erfüllt. Und ich bin ja auch glücklich hier mit der Arbeit, mit den Kollegen. Wenn das aber geklappt hätte mit dem Jobwechsel: Ich weiß nicht, was ich mit Jörg gemacht hätte. Jetzt haben wir beide Tätigkeiten hier, die uns sehr zufrieden machen.

Wenn Jörg mein Verhältnis, die Wahrheit über die Schwangerschaft rauskriegen würde – ich weiß nicht, ob er dann bleiben würde. Ich war seine erste Frau, ich gehe davon aus, daß ich immer noch seine einzige bin, aber weiß man's? So ein Mann ist ja auch kein Mönch. Bis auf den Sex paßt bei Jörg und bei mir alles, wir harmonieren, er ist intelligent, er mag Tiere… Wir haben einen Golden Retriver, das wollte er erst gar nicht, er dachte, ein Hund würde ihn nervös machen, und jetzt sind wir wie eine Familie mit Herrn Schnoor, so heißt er. Jörg geht auch immer mit Schnoor spazieren, dabei bräuchte er ihn nur in den Garten zu lassen – seit Weihnachten, seit einem halben Jahr, wohnen wir nämlich in einem Haus mit Riesengarten. Am Haus ist noch viel zu machen, aber wir lassen das meiste renovieren und machen nur wenig selbst. Vergangene Woche sind die letzten Fliesen und Tapeten drangekommen … Nein, unser Zusammenleben ist o.k., ich brauche nicht mehr Freiheit.

Mensch, ich habe immer wieder versucht, mich zu erinnern, ob ich eigentlich richtig dolle verliebt war in Jörg. Ich erinnere mich nicht. Ich weiß auch nicht, ob ich mir wirklich vorgestellt habe, daß es so lange gehen würde. Ich kann mich über Jörg nicht beklagen, er sich über mich auch nicht. Was mir fehlt bei ihm, ist der Zuspruch, er kann Gefühle nicht richtig zeigen, ich fühle mich oft alleingelassen. Letztes Jahr zum Beispiel wurde bei meiner Mutter Hautkrebs festgestellt. Das waren schlimme Tage, als unklar war, was vielleicht noch alles ist. Da hatte ich mehr Mitgefühl und Verständnis von Carsten als von Jörg, alles übers Telefon. Natürlich weiß ich, woher das bei Jörg kommt, daß er so verschlossen ist, seine Eltern sind auch so. Ihre Besuche sind für mich jedesmal eine Qual, sie sind so kühl, ich glaube, die haben ihren Sohn noch nie vor meinen Augen in den Arm genommen, wahrscheinlich haben sie ihn auch als Kind nicht umarmt. Bei den Eltern selbst kann ich mir auch nicht vorstellen, daß sie sich mal ein Küßchen geben.

Jörg liest nicht in den Namensbüchern, die ich aus der Bücherei ausgeliehen habe. Er sagt, die Namen, die er aussuchen würde, würden mir ja doch nicht gefallen. Er hat Roger vorgeschlagen für einen Jungen, gesprochen mit G nicht mit dsch. Und Marina für ein Mädchen. Die Namen gefallen mir wirklich nicht, ich denke eher an Hanna oder Lukas, Als wir unseren Golden Retriver bekommen haben, haben wir den auch erst mal eine Weile beobachtet: Wie ist der so? Und dann hieß er Herr Schnoor. Wenn mein Kind geboren ist, werde ich wissen, welcher Name zu ihm paßt. Carsten hat gesagt: Emil oder Amelie. Naja.

Ich finde es richtig, was ich mache, auch, daß mein Kind nicht wissen wird, wer sein richtiger Vater ist. Ich habe höchstens Jörg gegenüber ein schlechtes Gewissen, wobei: Das mega-schlechte Gewissen habe ich nicht, sonst ginge das alles gar nicht. Ich wünsche mir, daß mit meinem Geliebten alles so bleibt, auch wenn das Kind da ist. Ich möchte ihn nicht missen.

Zu meinen schönsten Tagen mit ihm gehören die in Österreich, da waren wir schon dreimal zusammen, das konnten wir immer mit Messen in Süddeutschland und Österreich verbinden. Wir haben da ein Ferienhäuschen in einem Dörfchen auf der Alm, das ist unser Dorf. Da können wir Hand in Hand gehen, ohne Angst zu haben, jemanden zu treffen, den wir kennen. Die Leute denken da, wir sind ein offizielles Paar. Ja, die Tage da sind herrlich, Carsten kocht für mich, richtig aufwendig, er deckt den Tisch mit Kerzen, es gibt schönen Wein, er gibt sich richtig Mühe.

Mit Carsten kann ich stundenlang im Bett liegen und quatschen. Wenn wir uns treffen, haben wir ja höchstens zwei drei Nächte. Da liegst du dann und denkst, du kuschelst nur ... Und dann doch. Carsten ist ein spannender Mann, auch in erotischer Hinsicht. Er hat mir erzählt, daß er bi ist. Es ist nun nicht so, daß er ständig eine Beziehung mit einem Mann hatte, seit einem Jahr sowieso nicht mehr. Aber er traf diese Männer eben, und seine Frau wußte das. Sie hat ihm sogar die Sachen gepackt, wenn er zu einem erotischen Wochenende nach Köln gefahren ist.

Carsten probiert gerne alles aus, das ist mein großes Glück. Ich hatte zum Beispiel vorher noch nie Sex *live* am Telefon. Und was man beim Sex so alles reden kann ... Es gibt immer wieder neue Sachen und Vorschläge von ihm: fesseln, filmen, raus in die Natur ... Es sind so viele Dinge, und manchmal denkt man: Ob man so etwas vermißt hätte im Leben, wenn man es nicht kennengelernt hätte?

Vor zwei Jahren hatten wir einen dritten Partner dabei, einen Freund von Carsten. Ich hatte da früher schon mal dran gedacht: Wie wäre es mit einem zweiten Mann? Der Freund von Carsten war sehr nett, sehr offen. Wir sind zusammen aufs Land gefahren. Optisch ist er nicht mein Typ. Ich habe mich gefragt: Wird's schön? Er sollte Carsten und mich fotografieren und filmen, wenn wir uns lieben. Und dann waren da halt plötzlich vier Hände … Wir haben Kondome benutzt, klar, also der Freund. Damals wollte ich ja noch nicht schwanger werden. Das hätten wir beide nicht so gut gefunden, wenn ich nun bei der Aktion mit dem Freund schwanger geworden wäre. Das war ein gefährlicher Tag, und der Freund hat, als Carsten und ich gerade nur so ein bißchen rumgespielt haben, plötzlich nachgeschoben – da war Carstens Schwanz drin, und dann war's eben auch schnell passiert. Aber es hatte ja keine Folgen.

Von der Sache her war's mit dem zweiten Mann sehr spannend, aber wie gesagt: Optisch war er nicht mein Typ. Wenn Carsten mit mir und einer anderen Frau im Bett wäre, das wäre auch o.k. Wir wollten das schon mal ausprobieren, mit einer Freundin von mir, sie hat sich dann aber nicht getraut. Wir haben auch vor, mal in einen Swingerclub zu gehen, das heißt: Das haben wir jetzt natürlich verschoben. Mit Jörg könnte ich mir so etwas überhaupt nicht vorstellen. Mit Jörg hätte ich auch nicht mal versuchen können, einen Dildo einzusetzen.

Auch oder gerade wenn Carsten und ich Sex mit anderen haben, spüre ich, daß Carsten mich liebt. Letztes Jahr hatten wir ein wirklich schönes Wochenende mit einem Franzosen – den hatten wir über das Internet gefunden. Der Franzose war locker drauf, hat für uns gekocht, sein Haus hatte Schwimmbad und Sauna, wir haben es uns alle drei richtig gutgehen lassen. Und Carsten hat mich so angehimmelt und immer wieder »meine Geliebte« gesagt. Anfangs, als wir uns kennengelernt hatten, hat er mir oft gesagt: »Ich liebe dich.« Das sagt er jetzt nicht mehr, aber dafür oft: »Ich hab' dich lieb.« Aber zum Valentinstag hat er mir eine Silberkette mit Herzanhänger geschenkt …

Bei Carsten weiß bis heute niemand, daß es mich gibt. Ich rechne es ihm hoch an, daß es immer weitergeht, jetzt und auch damals, als das mit der Mail passiert ist. Für mich ist die ganze Situation in Ordnung. Ich möchte gar nicht so genau wissen, was Carsten mit seiner Frau macht – oder auch mit einer anderen. Ich wäre eifersüchtig, wenn er sagen würde: Da ist eine.

Carsten schläft noch mit Heike, das hat er immer getan, er hat Spaß daran, ja. Ich weiß nicht, was der Unterschied von ihr zu mir ist. Ich will auch nicht danach fragen.

Das einzige, was wirklich schwer auszuhalten ist, ist, wenn es nicht klappt mit dem Treffen. Es kommt selten vor, aber es ist dann schlimm. Es sind ja ohnehin nur diese zwei, drei Nächte im Monat, aber darauf verzichten zu müssen? Klar, wir telefonieren viel, abends ganz oft, eine halbe, dreiviertel Stunde. Jörg denkt dann, ich habe eine Freundin dran oder meine Mutter. Neulich hatte ich auch gerade mal wieder offiziell mit meiner Mutter telefoniert. Sie kam dann zufällig am nächsten Tag vorbei, und Jörg hat sich sehr gewundert: »Ich dachte, ihr habt das mit der Feier am Wochenende gestern alles schon genau besprochen?« Meine Mutter hat aber schnell geschaltet, sie weiß ja Bescheid.

Früher, ganz am Anfang, hatte ich manchmal das Gefühl, mein Tag besteht nur aus Warten, aufs Telefonieren, auf SMSe, aufs Wiedersehen. Das ist jetzt schon lange nicht mehr so, ich bin ruhig und ausgeglichen und zufrieden. Und ich hoffe, daß das so bleibt, wenn Hanna oder Lukas da ist, mein Kind.

Ich weiß nicht, was mit meinen Gefühlen passieren wird, wenn ich mein Baby im Arm halten werde. Ich weiß ja auch nicht, was das für Carsten bedeuten wird. Ja, wie wird es sein, wenn das Kind da ist? Ich möchte auf jeden Fall, daß Carsten es sieht, regelmäßig. Bis es ein Jahr da ist, kann ich Carsten ja weiter heimlich treffen und das Kind mitnehmen, da kann es noch nichts erzählen.

Carsten sagt manchmal so Sachen wie: »Wenn ich mir vorstelle, Jörg ist dann mit unserem Kind zu Hause.« Ich denke da: Es wäre nicht *unser* Kind, jedenfalls nicht in dem Sinne. Es wäre das Kind von Jörg und mir, denn offiziell ist es so. Immer war bei Carsten und mir er die treibende Kraft – nur dieses eine Mal, bei dem Kind, war ich es, bin ich es.

Annemarie, 50, Museumsmitarbeiterin

Ist ein Kuß erlaubt?

Oder: Er ist nicht ihr Knecht

Ihr Liebster Arno, 73, sagt über sie: »Ich empfinde die Einstellung von Annemarie fast wie ein Wunder.« Früher wäre eine Frau in Annemaries Situation vielleicht die typische hingehaltene Geliebte gewesen, schwankend zwischen himmelhoch jauchzend und zu Tode betrübt ... Das ist sie nicht.

Als ich seine Frau das erste Mal gesehen habe, vor elf Jahren, da war noch nichts zwischen Arno und mir. Er war neuer Referatsleiter bei uns in der Verwaltung in W.-Stadt, und ich kam in sein Zimmer. Er hat auf mich eingeredet, geredet, geredet, geredet, bei mir drehte sich alles. Seine Frau blieb sitzen, sie war ausgerechnet an dem Tag zu Besuch, sie wohnte in Berlin. Sie sprachen noch ein paar Sätze, bevor er das Zimmer verließ, dann haben wir beide, sie und ich, sogar noch eine Weile geschwatzt. Mir erschien alles normal, für mich stimmte es durchaus zwischen den beiden – aber es interessierte mich auch nicht, ich kannte ihn ja gar nicht. Heute ist das anders.

Arno kam in der Folgezeit oft zu mir ins Museum, er hat meinen Kolleginnen und mir bei vielen Problemen sehr geholfen. Wir haben viel miteinander gesprochen, das war schrecklich interessant. Ich wußte ja schon, daß er verheiratet ist, er wußte bald, daß ich geschieden bin. Meine eine Kollegin sagte bald: »Wenn Herr G. kommt, kuckst du immer wie ein Karpfen.« Arno war so offen, er hat alle immerzu in die Arme genommen und gedrückt. Morgens kamen wir meist zur gleichen Zeit bei der Arbeit an, das habe ich nicht mit Absicht gemacht, er auch nicht. Da hat er dann erst mal »Ach, Guten Morgen, Frau D.« gesagt und mich in den Arm genommen. Das gefiel mir, weil es mir ein Gefühl von Geborgenheit gab.

Ich dachte damals durchaus: Ach, du würdest gerne mal wieder mit einem Mann oder Freund ... Ich sah mich nämlich durchaus nach einem neuen Partner um, aber meine Wahl wäre bewußt nie auf Arno gefallen, der war ja gebunden. Meine Scheidung lag damals vier Jahre zurück, die Ehe war aber schon viel länger kaputt – mein Mann war viel älter als ich, aber das war nicht das Problem. Ich sage immer: Ich hatte drei Söhne: Nikolas und Jakob – und Werner, meinen Mann. Er war immerzu krank, mürrisch, er hatte einen Putzfimmel, und ich hatte mich schon lange Jahre vor der Scheidung von ihm abgewandt.

Arno kam immer öfter zu mir ins Museum, in das Café, das dazugehört, es fiel schon richtig auf. Er hatte Ärger mit seinem Vorgesetzten, und er heulte sich durchaus auch bei mir aus. Vor Weihnachten kam er an einem Tag dreimal und hat mich in den Arm genommen. Einmal sind wir zusammen ins Depot gegangen. Ich habe ja viel übrig für Folianten, Karten, Waffen ... Wir standen uns in dem Raum gegenüber, und es piekte in meinem Bauch, das war Wahnsinn. Aber man zeigt es nicht. Arno hat mir später gesagt, daß es ihm auch so ging.

Die Wochen vergingen, er fuhr in den Weihnachtsferien nach Hause zu seiner Frau und seiner Familie, die Kinder sind schon lange aus dem Haus, kein Wunder, Arno war ja damals eigentlich schon Rentner. Das hat mich sehr erstaunt, als er das mal nebenbei erwähnte: »Eigentlich könnte ich ja schon schön meine Pension genießen.« Wieso? dachte ich, er ist doch höchstens Mitte 50. Dabei war er tatsächlich 62.

Na ja, Anfang des Jahres war er wieder da, kam und sagte: »Wir müssen wohl mal essen gehen.« Ich dachte noch: Wie toll, da lädt dich mal jemand zum Essen ein, ohne was zu wollen. Ich wußte ja: Er ist verheiratet. Wir waren also aus, es war ein richtig netter Abend. Er berührte öfter meine Hand und behauptete, er fühle sich wie 17. Das gefiel mir durchaus gut. Ich habe meine Hand vorsichtig zurückgezogen – aber nicht energisch.

Ich wußte mit der Situation einfach nichts anzufangen. Ich Doofe. Er hat mich dann zu Hause abgeliefert. Ich habe nicht gefragt, ob er mit rauf kommt oder so. Er sagte: »Ist denn ein Kuß erlaubt?« Ich sagte ja. Er küßte mich kurz, aber mit der Zunge, und durchaus fordernd, auf den Mund. Ich war ein bißchen erschrocken und ging schnell in meine Wohnung. Erst als er am nächsten Morgen anrief, weil er vor einer schweren Besprechung meine liebe Stimme hören wollte, habe ich kapiert, was los ist.

Eine Woche später waren wir wieder verabredet. Ich saß mit meinem älteren Sohn in der Küche, die Zeit verging, Arno kam nicht. Endlich klingelte er: Er hatte sich die Adresse nicht gemerkt – und ich wohne in einer Großsiedlung. Da ist er von Aufgang zu Aufgang gegangen, um mich zu finden – anrufen konnte er nicht, denn ich stehe nicht im Telefonbuch, und er hatte meine Nummer nicht. Wir fuhren also wieder zur selben Gaststätte zum Essen. Dann hat sich unser erstes Zusammensein ergeben. Zum Glück ergriff er die Initiative und fragte, ob er mit hochkommen kann. Es kam zu den ersten Zärtlichkeiten an diesem Abend. Ich ließ mich streicheln und küssen, er kam allerdings etwas zu kurz dabei, denn meine Erfahrungen mit Männern waren begrenzt. Sie waren auf sexuellem Gebiet auch einfach nicht so schön. Bisher meinten die Männer nämlich immer, daß ich zu viel von ihnen wollte, also war ich zurückhaltend und vorsichtig.

Weil meine Wohnung klein ist und die Kinder noch zu Hause wohnten, sind wir abends oft in die nähere und weitere Umgebung gefahren. Wir haben die Natur genossen, gebadet, uns geliebt. Wenn Arno gleich nach Dienstschluß kam, sind wir manches Mal auch mit meinem kleinen Sohn zum Baden gefahren. Arno hat mit ihm gespielt und getobt, daß es eine Freude war. Für den großen Sohn hat Arno Löwenzahn für das Kaninchen gesammelt. Es war einfach eine wunderbare Zeit, in der ich wie auf Wolken schwebte und kein bißchen über die Zukunft nachdachte. Erst nach sechs Wochen schaltete sich das Gehirn wieder ein, und da war es zu spät für einen Rückzieher.

Die Kollegen im Museum haben das mit uns sehr wohl mitgekriegt, aber keiner hat was gesagt. Wir haben sogar alle zusammen einen Ausflug gemacht, wo sogar Arnos Frau mit war – allerdings, wenn ich es mir richtig überlege: Da waren keine Kollegen aus der Abteilung dabei. Eine Archivarin, die auch mit war, sagte später zu mir: »Mensch, daß ich damals von euch beiden nichts gemerkt habe.«

Seine Frau merkte auch nichts. Dabei ist sie sehr eifersüchtig und sehr auf der Hut. Das ist jahrelange Erfahrung. Arno hatte oft Freundinnen, meistens über mehrere Jahre, bis seine Frau dahinterkam. Er hat mir das erzählt. Er hat auch anfangs gesagt: »Wenn meine Frau was mitkriegt, ist Schluß mit uns.«

Es war so schön mit uns die erste Zeit ... Arno wechselte dann bald in ein anderes Amt, 50 Kilometer von uns entfernt. Wir sahen uns öfter als vorher ... Irgendwann mußte er dann wieder zurück nach Berlin. Ich dachte: Nun ist alles vorbei. Denn wie sollte es weitergehen? Zum Glück leitete er sporadisch Kurse bei uns, so daß wir uns zwar nicht mehr so oft, aber doch in gewissen Abständen treffen konnten. Besonders im Winter war es hart, wir haben uns wenig gesehen. Er sagte auch: »Im Winter muß ich mich sehr ums Haus kümmern.« Ich habe mir immer wieder klargemacht: Du wußtest, daß er verheiratet ist, irgendwann ist sowieso Schluß, genieße es einfach ...

Ja, und wenn man dann so glücklich aussieht, bemerken das auch andere Männer. Da war also plötzlich Ullrich. Ich dachte: Wieso eigentlich nicht? Zu diesem Zeitpunkt fühlte ich mich von Arno vernachlässigt – ich hatte mir doch etwas Hoffnung gemacht, daß er zu mir ziehen würde. Nun ließ ich mich auf Ullrich ein. Aber schon beim ersten Treffen fehlte viel, im Grunde fühlte ich Arno immer neben mir, und Ullrich war einfach nichts dagegen. Dann klammerte Ullrich auch noch so sehr, wollte sich immer mit mir treffen, rief dauernd an und redete mir in meine Freizeitplanung rein. Ich habe die Sache beendet.

Auch mit Arno habe ich Schluß gemacht damals. Dachte ich jedenfalls, daß ich mich deutlich genug ausgedrückt hätte. Arno hat nichts gemerkt. Vielleicht Gott sei Dank, denn ich glaube, da wäre er beleidigt, wenn eine Frau mit ihm Schluß macht, das Ende hatte bei seinen früheren Freundinnen immer er bestimmt – bis auf einmal, und mit dieser Frau war er sogar noch lange danach gut Freund.

Arno akzeptierte also meinen Schlußstrich nicht. Dabei habe ich ihm damals sehr zugesetzt, ihm einen wütenden Brief geschrieben, als er zu einem Treffen mit alten Kollegen bei uns in der Gegend fuhr, aber für mich keine Zeit haben wollte. Er kam dann extra noch zu mir rauf, um mit mir zur reden, die anderen saßen unten im Bus ... Ich wollte ja nur so ein Zeichen von ihm.

Das war die Zeit, als im Radio ständig dieser Abschiedshit *Time to say good bye* gespielt wurde, den habe ich immer wieder gehört. Für mich war das damals ein Prozeß. Ich mußte mich fragen: Was willst du eigentlich? Mit Bernd war es die Katastrophe, darum hatte ich das beendet. Und Arno? Ich dachte mir auch: So dicht willst du das ja gar nicht, eine Beziehung mit einem Mann. Oder? Jeden Tag, der Alltag ... In die Sache mit Arno war ich ja nur reingerutscht, weil ich gar nicht merkte, daß er in Betracht kam: Er war schließlich verheiratet und dann sein Alter. Aber nun gut. Ich wußte: Den kriegst du nicht wirklich zum Zusammenleben, wer weiß, ob es überhaupt gut wäre. Nimm's einfach, wie es ist. Eigentlich ist es ideal für dich. Auf dieser Basis habe ich für mich neu begonnen. Das war vor acht Jahren.

Wochenlang hatte ich im Kopf: Er muß es Linde doch mal sagen. Er hatte mir erzählt, daß seine Frau der Auffassung war, Sex sei im Alter nicht mehr wichtig, darauf könne man verzichten. Eigentlich war ihr Sex offenbar auch nicht wichtig, als sie jünger waren – bei meinem Mann war das auch immer so gewesen. Er konnte es schon nicht leiden, wenn ich mich nur ankuscheln wollte, wenn ich Geborgenheit suchte. Ich weiß nicht, ob er dann Angst vor weiteren Übergriffen hatte, die er ja partout nicht wollte. Mit seinen Söhnen konnte er sehr wohl toben, balgen, auch wenn er Kopfschmerzen hatte, durften die ihm auf dem Rücken rumkrabbeln. Ich durfte nichts.

Arno und ich haben beide viel Freude an Sex, und wir finden das sehr in Ordnung. Auf dieser Grundlage gestaltet sich noch heute unser Zusammensein. Noch nie habe ich mich mit jeder Faser meines Körpers so zu einem Menschen hingezogen gefühlt, noch nie habe ich einen Mann so besessen und er mich. Wir brauchen uns nur zu sprechen, zu sehen, zu fühlen, und unsere Körper werden wie Magnete voneinander angezogen. Das ist ein Gefühl, das für uns beide überraschend und neu war.

Ich dachte jedenfalls irgendwann, Arno muß doch mal ein offenes Wort mit seiner Frau reden, und ich habe das sicher auch immer wieder recht klar angedeutet: »Weißt du, Arno, du wirst immer mehr Sex haben wollen, als sie dir geben kann.« Eines Tages kam er und hatte offenbar von ganz alleine eine Idee: Er wollte mit seiner Frau über alles sprechen. Hat er gemacht.

Ich dachte nach: Er hatte immer Freundinnen, Geliebte gehabt, seine Frau kannte das doch. Wenn die eine weg war, kam früher oder später die nächste. Warum sollte ich weg sein, um Platz für die nächste zu machen? Das dachte ich mir.

Arno hatte seine Frau öfter in der Ehe ermuntert, es mal mit einem anderen Mann zu versuchen. Wenn er mitbekam, da bemüht sich einer um sie, redete er ihr zu, doch mal mit diesem Mann auszugehen, wohl in der Hoffnung, es könnte sich was ergeben, was sie ändert, was ihr vielleicht Gefallen an Erotik bringt oder wie auch immer. Es kam jedenfalls nie dazu.

Als Arno das Gespräch mit Linde suchte, wußte die nichts darüber, was da war zwischen ihrem Mann und mir. Dafür spielte sich alles zu weit entfernt von ihr ab, da funktionierte die Kontrolle nicht. Daß sie es nun wußte, hatte aber nicht zur Konsequenz, daß wir uns nicht mehr trafen, so wie er es ja eigentlich angekündigt hatte. Ich muß sagen, seine Frau trug es mit Fassung, sie fuhr ihn sogar zum Bahnhof, wenn er mit mir verabredet war. Und wir sahen uns auch manchmal, wir gingen durchaus zu dritt ins Theater, oder ich half, als sie sich einen

Steingarten anlegen wollten, denn ich habe immer einen grünen Daumen gehabt. Einmal, als ich mit ihr allein im Garten war, habe ich es endlich ausgesprochen: »Linde, du weißt, daß ich dir Arno nicht wegnehmen will. Ich möchte ihn ab und zu treffen können, und dann ist gut.« Linde erinnert Arno sogar manchmal an dieses Gespräch, immer dann, wenn es ihr unpassend oder zu oft erscheint, daß wir uns sehen, sie sagt dann immer: »Ab und zu, ab und zu, Arno.« Er erzählt mir das weiter. Ich glaube, Linde findet mich eigentlich ganz in Ordnung, ihr ist sogar mal rausgerutscht: »Eigentlich wäre es schön, wenn Annemarie unsere Nachbarin wäre, dann hätte ich hier eine Freundin.« Das hat sie aber so ganz in Gedanken gesagt und dann wieder zurückgenommen, als sie gemerkt hat, was ihr da rausgerutscht ist.

Arno sagt zu mir: »Bei dir kann ich alles sein, Kind, Geliebter, ich kann stark sein, ich darf schwach sein.« Ich glaube, das ist besonders wichtig, daß er schwach sein darf. Mir geht das aber komischerweise auch so. In meiner Ehe mußte ich immer die Starke sein und für vier denken. Wir, also Arno und ich, sind beide starke Menschen, aber immer stark sein ist so anstrengend. Ich finde es herrlich, was er alles macht, auch im Haushalt, das Einkaufen. Ich glaube, seine Frau weiß gar nicht, was für ein Glück sie da seit 50 Jahren hat. Bei den beiden geht vieles über den Kopf, das war immer so. Und von Jahr zu Jahr wiegen die gemeinsamen Jahre, die gemeinsame Vergangenheit natürlich schwerer, dazu die Familie, das Haus, der Garten.

Er ist jetzt so zwei-, dreimal im Monat bei mir, immer mittwochs, da stört es seine Frau am wenigsten, wahrscheinlich, weil es am weitesten von den Wochenenden weg ist, die sind ihr nämlich heilig, so wie alle Feiertage, Urlaube, na ja. Er kommt meistens mittags, ich nehme dann schon frei, wir essen zusammen, meistens was Fischiges oder etwas vom Chinesen. Wir schmusen, wir lieben uns, gehen zusammen einkaufen oder am Fluß spazieren. Wir machen gemeinsam Abendbrot, erzählen viel – und wir berühren uns dabei ständig. Nach dem Frühstück fahre ich ihn zur Bahn, und Linde holt ihn in Berlin wieder ab.

Wir hatten natürlich trotzdem schon gemeinsame längere Zeiten. Als er zur Kur war zum Beispiel, da war sie die ersten zwei Wochen mit, danach war ich eine Woche da. Sie wußte das durchaus, aber so richtig drüber geredet wurde nicht, das ist vielleicht auch gut so. Anfangs dachte ich, in dem Kurhotel kriegen das alle mit, aber keine hat mich drauf angesprochen, so unter dem Motto: »Wissen Sie eigentlich, daß da letzte Woche noch ...?« Ich glaube, die sind da eine Menge gewöhnt. Als Arno seine zweite Kur hatte, wieder wegen dem Rücken, hat Linde versucht, klare Grenzen zu setzen: »Ich möchte nicht, daß Annemarie wieder so lange da ist.« Arno hat sich aber durchgesetzt.

Diese Zeit bei der Kur war so schön, oder auch, als Arno mal spontan nach Rom wollte und Linde so vehement ablehnte, weil sie keine Lust hatte, sich in der Wärme durch die Touristenmassen zu schieben ... Da hat er nämlich gesagt: »Alleine fahr' ich nicht, da frage ich Annemarie.« So fuhr ich mit. Linde hatte ihn zum Flughafen gebracht, aber da haben wir uns nicht gesehen. Diese Übergangszeiten von ihr zu mir, wahrscheinlich auch umgekehrt, sind immer ein bißchen doof, er ist dann in Gedanken noch halb bei ihr und erst halb bei mir. Vielleicht auch, weil er doch ein bißchen ein schlechtes Gewissen hat. Aber das gibt sich immer schnell.

Rom – ich weiß noch, wie entsetzt ich war, als ich unser Hotelzimmer sah: ein Doppelstockbett! Ich konnte mir gar nicht vorstellen, daß es in Italien so was gibt. Aber vom Badezimmer ging noch ein Zimmer ab, und da war dann ein riesiges Doppelbett, die schönste Spielwiese, besser kann man es sich nicht vorstellen. Das ist schon was anderes, sich eine ganze Woche zu haben, als immer zu wissen: Morgen fährt er wieder ...

Als er noch bei uns in der Stadt gearbeitet hat, haben wir auch kaum Nächte gehabt: Meine Söhne waren ja noch zu Hause, da hatte Arno Hemmungen. Unsere erste Nacht überhaupt hatten wir dann auch nicht bei mir zu Hause, sondern an der Ostsee.

Ich hatte die Kinder bei einer Kollegin untergebracht, er sollte zwei Tage später ab Travemünde mit der Fähre nach Schweden fahren, wohin seine Frau schon mit Tochter und Schwiegersohn vorgefahren war. Arno mußte offiziell noch arbeiten.

Jetzt ist alles schwieriger, seit er pensioniert ist. Immerhin hat sie ihre Hobbys und ist zu festen Zeiten außer Haus, da weiß ich wenigstens: Dienstag ist Saunatag, da können wir ausgiebig telefonieren.

Ich war letztes Jahr recht oft dort, der Steingarten wuchs und wuchs. Komischerweise kann sie damit am besten umgehen, wenn ich offiziell da bin, um zu helfen. Ehrlich gesagt: Ich könnte das nicht an ihrer Stelle. Ich wäre eifersüchtig und würde eine klare Entscheidung fordern.

Wenn ich überlege, wie lange ich es in meiner Ehe ausgehalten habe. Wegen der Kinder, ich muß es so sagen. Mein Mann und ich haben sie völlig verschieden erzogen, ich eher vom Verstand gelenkt, aber konsequent, er eher weich und intrigant. Er hat von der Geburt an versucht, die Kinder für sich zu vereinnahmen. Ich war am Ende meiner Kraft am Ende dieser Ehe, ich mußte immer stark sein, wenn ich Geborgenheit wollte, kriegte ich solche Antworten wie: »Du und deine primitiven Bedürfnisse.« Am Ende gab es dann vorm Scheidungsrichter den Krieg um die Kinder, obwohl wir uns einig waren vorher, die kommen zu mir, stellte er plötzlich einen Antrag auf Sorgerecht. Jahrelang hat er versucht, sie gegen mich aufzubringen. Bei einem Sohn ist es ihm auch gelungen. Letztes Jahr ist mein Ex-Mann gestorben. Ich weiß noch, wie ich in diese Ehe gegangen bin, ich habe ihn so geliebt, ich habe mich völlig hingegeben. Als es vorbei war, habe ich mir gesagt: Nie wieder, das passiert dir nie wieder, nie wieder gibste dich so hin, so ganz. Dabei mußte ich neulich zu Arno sagen: »Nun ist es doch wieder so, und eigentlich schlimmer.« Ich liebe ihn nämlich und sage ihm das auch. Er mir auch, wir sagen es uns eigentlich ständig, und es nutzt sich nicht ab. Auch mein Bedürfnis, ihm treu sein zu wollen ... Das hätte ich nicht gedacht ... Er sagt das genauso.

Als ich noch verheiratet war, aber mit meinem Mann schon fertig, hatte ich ein Verhältnis mit dem Mann von einer Kollegin. Es war nur sexuell, aber wunderschön, er gab mir die Bestätigung, daß mein körperliches Verlangen in Ordnung war – wenn dir ständig gesagt wird, daß du falsch liegst mit deinen Gefühlen und Wünschen, glaubst du das am Ende selbst, wirklich! Jetzt, mit Arno, ist es wesentlich enger und schöner als mit dem Mann damals, aber er war sehr wichtig für meine weitere Entwicklung.

Die Kollegin war sehr eifersüchtig, auch nicht ohne Grund, sie hatte mit ihrem Mann ihre Erfahrungen. Ich habe damals immer gedacht: Ich würde nicht mit ihr tauschen wollen, einerseits zwar einen Mann haben, der dich verwöhnt, der aber fremdgeht.

Ich hätte nie gedacht, daß ich mal etwas mit einem verheirateten Mann haben würde wie mit Arno. Vielleicht sehe ich das auch im Moment so ein bißchen kritisch, weil es gerade eine Krise gibt. Arno war mit seinen Sportfreunden eine Woche in der Eifel und dann dort noch ein paar Tage allein. Als Linde ihn abholen kam, sah sie die Telefonrechnung vom Hotel mit dem Einzelverbindungsnachweis. Sie sah also auch, daß er mich ständig angerufen hat, sie hatte auch bei anderer Gelegenheit mitgekriegt, daß er zum Hörer greift, sobald sie aus dem Zimmer ist. Linde ist ja durchaus lieb, kooperativ, sie ist das alles, aber manchmal ... Na ja, als sie zu Hause ankamen, hat Linde gesagt: »Du packst am besten gar nicht aus, sondern lieber noch zwei Koffer und bleibst gleich ganz bei Annemarie.« Es war nämlich eigentlich vorgesehen, daß Arno mich in den nächsten Tagen besuchen kommt. Sie ist dann zu einer Freundin gegangen. Arno hat mich gleich angerufen: »Du, es ist was passiert, ich glaube, ich kann jetzt nicht kommen.« Ich habe gesagt: »Kläre das mal erst«, ich will es ihm doch in so einer Situation nicht noch komplizierter machen als es ist. Ich habe mich mit Freundinnen fürs Kino verabredet, um bloß nicht zu Hause zu hocken und auf seinen Anruf zu warten. Er hat alles geklärt und noch am selben Abend wieder angerufen. Er konnte dann drei Tage später doch kommen, und natürlich ohne Koffer.

Aber es war eben so, daß diese Auseinandersetzung sehr belastend war und auch ein Zeichen von Linde, da entwickelt sich was. Wir beide waren jedenfalls an jenem Mittwoch und auch letzte Woche so glücklich, so ausgelassen miteinader wie noch nie. Wir haben so eine schöne Zeit, das ist so eine Harmonie. Es ist eigentlich etwas, was es gar nicht geben kann. Und unser Abschied wird nicht lange hinausgezögert, weil jeder seinen nächsten Termin hat. Er seine Linde und ich meine Arbeit. Wir gehen immer sehr glücklich auseinander, ich habe die Gewißheit, daß er nicht zu viel Zeit bis zum nächsten Mal verstreichen läßt.

Seine Frau fragte ihn letzte Woche: »Und, hast du mit Annemarie Schluß gemacht?« Er hat gesagt: »Nee, natürlich nicht, das kann ich gar nicht.« Und er war verwundert, wie seine Frau überhaupt auf diese Frage kam. Sie muß es irgendwie so verstanden haben, daß er mich noch einmal trifft, um mit mir zu reden und mich dann nicht wiederzusehen. Ich hatte zwischendurch auch mal sie am Telefon, da war sie lieb und höflich und hat Small-talk gemacht, mir ist nichts aufgefallen.

Ich weiß nicht. Ich weiß ja, Arno ist feige, er sagt das auch selbst. Er hängt sehr an seiner Familie, an dem Haus und dem Garten und sicher auch an der gemeinsamen Vergangenheit insgesamt. Er betont auch immer, daß Linde und er sich große Mühe miteinander geben, und das glaube ich auch. Wir, Arno und ich, müssen uns keine Mühe miteinander geben, es ist einfach so schön und entspannt und harmonisch. Manchmal denke ich, er hat drei Möglichkeiten. Erstens: Er bleibt bei seiner Frau. Zweitens: Er kommt zu mir. Drittens: Er bringt sich um. Ja, wobei ich mir nicht vorstellen kann, daß er sich umbringt, aber weiß man's? Er ist hin- und hergerissen, das spürt man. Manchmal redet er darüber, wie es wäre, wenn er zu mir zöge. Ich weiß nur: Ich könnte dann nicht mehr so arbeiten, ich könnte nur noch halbtags weg sein. Wie würde er sich sonst den ganzen Tag allein beschäftigen? Und ich fänd' es unerträglich, ihn da zu haben und so wenig Zeit mit ihm zu verbringen. Er sagt mir so oft, daß er mich liebt, wir sagen es uns eigentlich ständig, wir brauchen das richtig.

Vorgestern habe ich ihm eine Mail geschrieben, daß ich nicht weiß, was wird, aber egal, wofür er sich entscheidet, werde ich damit leben können. Wir hatten so eine schöne Zeit, die uns niemand nehmen kann ...

Und gestern habe ich noch eine Mail nachgeschickt: »Ich kann nicht arbeiten, mich nicht konzentrieren, mein Herz flattert, du fehlst mir so.« So ist es ja auch, warum soll ich das nicht sagen.

Ja, es ist schon komisch. Einerseits tut es mir unendlich leid, daß ich seiner Frau so weh tue, denn das tue ich ja. Andererseits bin ich nicht dafür verantwortlich. Ich merke, wie Arno und ich uns bemühen, den alten Zustand wiederherzustellen, also so wie es war, als seine Frau noch nicht gesagt hatte: »Nimm die Koffer mit.« Es gelingt uns auch.

Ich merke, daß er gesundheitlich angeschlagen ist, sicher auch durch den Konflikt. Er sagt: »Ich kann nicht ohne dich«, und »wenn's wirklich nicht anders geht ... dich kann ich nicht lassen«, und er meint das auch so, ich bin sicher.

Einmal war er schon vor zwanzig Jahren so weit, seine Frau zu verlassen, da war er vor Weihnachten ausgezogen und aber zum Fest wieder zurück. Jetzt ist das alles anders, er arbeitet nicht mehr, da fehlt ihm richtig was im Leben. Die Gedanken, die er früher für den Beruf aufgewendet hat, die wendet er jetzt an mich. Wir sagen beide, wir hatten so was noch nicht. Aber wie soll das alles gehen? Angenommen, Linde zöge aus – könnte ich dann in dieses Haus einziehen? Die Nachbarn, die Bekannten, die kennen mich als die nette Freundin, die den Steingarten angelegt hat. Wie wäre es, wenn ich plötzlich die wäre, die Linde vertrieben hat? Gut, bei den beiden ist er die Betriebsnudel, er hat alle Bekanntenkreise und die Freundschaften aufgebaut ... Vielleicht würde das helfen.

Und wie ginge es uns hier, in meiner Wohnung? Ich glaube, es wäre am besten, ganz was Neues anzufangen, am besten in einer neuen Stadt. Wenn ich da Arbeit kriege mit 50. Das sind alles nur Gedankenspiele, die manchmal kommen, denn ich will gar nicht an ihm zerren. Das würde ich nie tun. Wenn er von sich aus weggeht, klar. Ich habe das Gefühl, Linde will allmählich eine Klärung, er muß es dann selbst wissen. Die beiden haben immer gesagt, ihre Ehefragen tragen sie nicht nach draußen, sie klären alles untereinander. Ich bekomme jetzt natürlich schon eine Menge mit, ich weiß aber nicht, ob Linde auch mit jemandem redet. Jedenfalls kommt etwas in Gang. Sie hat Arno vorgeworfen, daß natürlich nur wir an ihren zunehmenden Schlafstörungen schuld sind. Da ist ja wohl auch was dran. Ich würde ihr so gerne sagen: »Ich will dir nicht weh tun, ich tu dir aber weh, und das tut mir so leid.« Dann denke ich immer wieder: Es geht dich nichts an, was zwischen den beiden ist, Arno ist erwachsen. Ich will auch nichts wissen von den beiden, ob er mit ihr schläft, was sie miteinander machen. Er hat noch nie etwas Böses über seine Frau gesagt, das gefällt mir sehr, das ist mir sogar sehr wichtig.

Ich bin nach der Geburt der Kinder wieder zur Kirche gekommen, weil die Kinder getauft wurden, da fand ich es richtig, daß ich mich wieder mit Religion beschäftige. Zwischendurch war das manchmal intensiver. Der Satz: »Du sollst nicht begehren deines Nächsten Weib, Knecht, Magd, Rind, Esel und noch alles, was dein Nächster hat« hat für mich eine neue Bedeutung bekommen in den letzten Jahren. Ich habe mich mit diesen Fragen doll auseinandergesetzt. Das, was jetzt passiert, muß Gott doch so wollen, sonst würde es doch nicht passieren und so schön sein, und das über einen so langen Zeitraum. Es ist wohl so vorgesehen, und damit ist es richtig. Ich sage mir immer: Da steht *Knecht*, nicht *Ehemann*, und Arno ist nicht Lindes Knecht. Ja, so redet man sich das glatt. Mich hat das schon früher, vor meiner Scheidung sehr beschäftigt, das Ehesakrament – bis daß der Tod euch scheide. Gibt es in der Ehe vielleicht noch einen anderen Tod als den körperlichen? Ich habe jedenfalls für mich beschlossen: Ich mache nur mit Arno Schluß, wenn ich das Gefühl habe, es würde den beiden helfen. Aber das Gefühl habe ich nicht.

Karin, 39, Optikerin

Ich wollte mich nur rächen

Oder: Mein ewiger Summer of 69

Ihre trainierte Figur steckt in knappem Blumen-T-Shirt und Jeans – Karin erzählt von einem Abschied auf Raten, und das Erzählen stimmt sie abwechselnd nachdenklich und vergnügt. Nie käme ihr Mann auf die Idee, daß wir uns hier treffen und reden – extra für ihn hat sie am Computer ein Alibi gebastelt und ausgedruckt: ein täuschend echtes Programm für einen Tageskurs »Kreatives Schreiben« (»auch für den brieflichen Geschäftsverkehr!«) mit dem sinnigen Titel »Das Leben schreibt die besten Geschichten«

Ich war mit Freundinnen Freitag abend aus gewesen, tanzen. So wie früher hatten wir die Nacht zum Tag gemacht – das kam nur noch ganz selten vor, jetzt, wo wir alle Kinder hatten. Morgens früh um sechs, sieben Uhr setzt mich Tanja an der Gartentür ab. Ich gehe rein ins Haus, sehe Licht in der Küche. Mein Mann kommt mir entgegen, stellt noch die Kaffeetasse ab, und dann habe ich mir schon eine Ohrfeige gefangen, daß ich in die Knie gehe. Das alles ohne ein Wort von ihm. Ich dachte: Was machste jetzt? Ich hatte mir immer vorgenommen: Nie darf dich einer schlagen, dann biste weg. Ich wußte: Jetzt wird alles anders, aber wie?

Das Kind, das Haus ... Boris und ich hatten die Firma gerade aufgebaut, ein großes Optikergeschäf t... Ich habe die nächsten Tage mit meinem Mann nur das Nötigste gesprochen und im Geschäft einen Bogen um ihn gemacht, das hat er genau gemerkt. Er hat auch auf stur geschaltet. Eine Woche später kommt er Sonnabend spät nachmittag aus der Stadt und legt mir ein Päckchen hin. Ich wollte gerade die Pizza aus dem Ofen nehmen. Er hat sich entschuldigt. Das Parfüm habe ich bis heute nicht benutzt, es steht in der Originalverpackung im Badezimmerschrank bei den Putzmitteln. Ich fand das alles so unpassend. Seine Entschuldigung habe ich zwar offiziell angenommen, aber nur wegen Janna, unserer Tochter, die war damals acht. Wirklich verziehen habe ich ihm nicht. An dem Tag habe ich die Gravur aus meinem Ehering rausgeschliffen, im Betrieb haben wir das Werkzeug dafür – das hat richtig gutgetan.

Mein Mann ist ein sehr spezieller Typ. Mit ihm kann man schlecht reden, er hat eine Meinung, und nur die zählt für ihn. Er sagt Sachen wie: »Der Wein schmeckt nicht.« Ich sage: »Er schmeckt *dir* nicht.« Ich glaube, es ist für ihn eine furchtbare Enttäuschung, daß ich nicht mehr die Karin bin, die ihn anhimmelt, die zu ihm hochkuckt, so wie früher. Er sagt das auch: »Du bist nicht mehr die Frau, die ich geheiratet habe.«

Boris und ich haben uns jung kennengelernt, ich war 18. Vor ihm hatte ich drei, vier Freunde. Wir haben im selben Betrieb gearbeitet, ich hatte gerade als Optikerin ausgelernt. Boris war ein toller Mann, der bei allen Frauen gut ankam. Bevor wir zusammen waren, hat er mir im Vertrauen seine Affären gebeichtet, auch erzählt, als er seine Verlobung gelöst hat. Er hat nichts anbrennen lassen, er war ein Obermacho. »An mir beißt du dir die Zähne aus«, dachte ich. Aber irgendwann ist es doch passiert, es hat sich halt so ergeben, als wir zusammen Spätdienst hatten. Ich bin locker nach Hause gegangen, ohne Ansprüche. Er wollte es weiterlaufen lassen. Er hat damals mit seiner Freundin Schluß gemacht. Irgendwann hatte ich einen neuen Freund. Ich wollte Boris nicht mehr treffen, ich hatte ja den neuen.

Da fing Boris an, sich richtig für mich zu überschlagen. Er hat mich für die besten Dienste eingeteilt, mir im Frühstücksraum den Stuhl rangerückt, ist für mich nach Kaffeesahne gelaufen. Ich habe trotzdem alles beendet und dachte: »Pech für dich, mein Guter.« Mein neuer Freund war aber zu lieb und nett, der war zu brav. Er hat von Zukunft geredet und wollte Kinder und mich heiraten. Ich habe Schluß gemacht. Boris und ich fingen wieder an. Es dauerte noch sechs, sieben Jahre bis zu unserer Hochzeit, ich weiß nicht, ob er mich in dieser Zeit auch betrogen hat wie seine früheren Freundinnen, Boris war noch bei unserer Heirat überzeugt, daß er jede kriegen kann. Das ist er heute nicht mehr. Ich jedenfalls habe mich damals männermäßig sehr zurückgehalten. Boris war es, der gedrängelt hat: »Komm, laß uns heiraten und Kinder kriegen.«

Es hat sich etwas geändert, als Janna gekommen ist: Da hat Boris angefangen, noch mehr zu klammern und mich einzuengen, mich auf die Familie, aufs gemeinsame Altwerden festzulegen. Wenn einer an mir klammert, drück' ich ihn weg.

Nach der Geburt von Janna bin ich viel weniger unterwegs gewesen, schon mal mit den Kollegen zum Karneval oder im Sambazug tanzen. Mein Mann hat oft gefragt: »Wo warst du?«, wenn es spät war, aber da ist nie auch nur irgendwas gelaufen. Ich habe immer Spaß gehabt, aber selbst an der Theke mit Bierchen und Küßchen war nix – für mich kam keiner in Frage. Nur einmal war da einer, ich sah den und dachte: »Boa, klasse Typ.« Wir haben beim Tanzen geknutscht, die Kolleginnen haben's gesehen und bestimmt gedacht: Was ist da denn los? Der Mann war frisch getrennt. Wir haben uns zwei-, dreimal gesehen, er sah wirklich klasse aus, so wie Pierce Brosnan, der neue James Bond. Aber ich konnte mit dem nicht reden. Im Bett war er auch nicht so 'n Knaller. Er war eine Mogelpackung, sah nur schön aus. Ich hatte danach ein schlechtes Gewissen und habe beschlossen: Das war ein Ausrutscher, du weißt jetzt, wie es ist, und es ist doof, du bleibst deinem Mann treu. So war es, bis zu diesem Ereignis ein Jahr später, als mein Mann mir eine gelangt hat. Da dachte ich: Jetzt machst du wenigstens das, was er ohnehin denkt. Das ist jetzt fast sechs Jahre her.

Es hat mir von Anfang an Spaß gemacht mit Tom ... Es war, als wenn ein Knoten geplatzt wäre. Ich war in den letzten fünf Jahren mit mehr Männern im Bett als vor meiner Hochzeit. Zeitweise hatte ich vier Männer zu koordinieren – mit meinem eigenen, also Boris, Tom, Arndt und Peer. Die anderen Affären waren immer sehr schnell vorbei, manches war nur für eine Nacht, das waren dann Männer, die sich sozusagen ergeben haben, ich war einfach neugierig geworden.

Dann habe ich beschlossen: Jetzt nur noch Tom. Ich wußte, daß diese Beziehung mir überaus wichtig war. Das andere habe ich nicht bereut, nur so weiß ich heute, was ich an Tom habe.

Dabei sollte Tom doch nur ein Seitensprung aus Rache werden. Nach der Ohrfeige hatte ich nämlich das dringende Bedürfnis, das zu tun, wofür ich geschlagen worden war. An einem der nächsten Wochenenden war mein Mann weg, meine Tochter hab' ich zu meiner Schwester gebracht, mich fein zurechtgemacht, Kondome eingepackt und los in einen Tanzschuppen, wo es nur so wimmelt von willigen Opfern. Einige Kerle haben mich angebaggert. Keiner hat mir gefallen. Ich wollte schon nach Hause fahren, künftig immer lieb sein und meinem Mann wirklich verzeihen. Da steht plötzlich Tom, ein Traummann. Der ist es! dachte ich. Ich habe ihn einfach angequatscht: »Hey, von welchem Ende der Welt ist denn das T-Shirt?« Wir kamen ganz schnell ins Reden. Er war mit einigen Freunden in unserer Ecke zum Segelfliegen, davon hat er mir vorgeschwärmt. Wir haben uns richtig gut unterhalten, keine Anmache-Sprüche, kein direktes Fragen nach Mann-Freund-Kind. Der Mann hatte Klasse.

Später forderte er mich zum Tanzen auf, die Musik war schrecklich, nur Wolfgang Petry und so. Wir schieben uns auf die Tanzfläche, und just in dem Moment legt der DJ mein Lieblingslied auf, das ich schon auf dem Weg in die Disko ununterbrochen gehört hatte: *Summer of 69*. Wir tanzten weit auseinander, er schaute dabei ununterbrochen in meine Augen, hatte dieses freche Grinsen, das ich heute so liebe, es fing ordentlich zu kribbeln an. Das nächste Lied war ein sehr langsames, auch von Bryan Adams. Ich weiß bis heute nicht, wer mit der Knutscherei angefangen hat. Dieses Gefühl, daß mir dabei der Boden unter den Füßen weggeht, kannte ich noch nicht.

Bald stellte sich nur noch die Frage: Wohin? Tom war im Wohnmobil zum Segelfliegen gekommen. Wir fuhren in meinem Auto zu diesem stockdunklen Parkplatz, ich hatte wahnsinnig Angst, sah schon bewaffnete Männer, mir gingen tausend Horrorgedanken durch den Kopf, aber auch gleichzeitig: Na und, dann war's das eben. Tom nahm mich an der Hand mit ins Wohnmobil. Als wir auf dem Bett lagen, fühlte ich – einen Baseballschläger! Na ja, zur Not hatte ich nun was griffbereit zum Wehren. Brauchte ich nicht – es wurde eine traumhafte Nacht. Ich hab' gar nicht gewußt, daß ich so oft und auf so viele unterschiedliche Weisen Orgasmen erleben kann.

Beim Abschied wollte Tom meine Telefonnummer. Ich sagte, daß das nicht ginge, weil ich verheiratet bin und es nur bei dieser einzigen wunderschönen Nacht bleiben wird. Er hat mich fahren lassen.

Schon auf dem Nachhauseweg kam der Katzenjammer: Den Kerl wollte ich wirklich nicht wiedersehen? Alles, was ich wußte, war sein Name und daß er aus Niedersachsen kam – wie viele Toms würde es da wohl geben? Ein paar Tage später fing ich an, Segelflugplätze in der Nähe anzurufen, erzählte von einer Männertruppe und auch ganz unverblümt, worum's mir ging. Beim zweiten Anruf hatte ich Glück und bekam Toms Telefonnummer.

Weil ich nicht wußte, in was für Familienverhältnisse mein Anruf reinplatzen würde, bat ich den Freund meiner Schwester anzurufen. Tom hat sich total gefreut, er hatte mich auch gesucht, aber ich hatte außer einem falschen Namen auch den falschen Wohnort angegeben.

Wir haben uns bei ihm zu Hause verabredet: Seine Frau Monika sollte das Wochenende weg sein, die zwei Kinder wollte er bei Freunden unterbringen. Hat geklappt! Mein Alibi bekam ich von einer Freundin, mit der ich angeblich essen war. Tom wohnt immerhin 90 Kilometer weit weg. Er hatte alles vorbereitet: gut geheizt, schöne Musik, was zu trinken, nur Schummerlicht, damit die Nachbarn nichts sehen. Als ich ankam, nahm er mich an der Hand wie am ersten Abend. Die Art, wie er das tut, gibt mir auch heute noch ein Gefühl von Geborgenheit und Fürsorge, die ich zu Hause vermisse. Ich habe gerade neulich zu einer Freundin gesagt: »Dieses Gefühl von Sicherheit hatte ich noch bei keinem Mann. Mit Tom würde ich sogar ohne Fallschirm aus dem Flugzeug springen, und ich wüßte: Wir kommen heil unten an.«

Tom und ich sind an diesem Abend richtig übereinander hergefallen auf dem Wohnzimmerboden. Ohne Kondome, das wäre bei den anderen nie in Frage gekommen – ich wollte ihn ganz nah spüren. Es wurde eine lange Nacht, am Ende landeten wir doch im Ehebett.

Nach dem zweiten Treffen haben wir ein paar Wochen nur telefoniert, ich konnte schlecht weg von zu Hause – mir fehlte noch die Übung im Alibi-Aufbau. Es kam Weihnachten, Urlaubszeit. Ich fand den Mann klasse, wirklich anziehend, aber von Liebe konnte noch nicht die Rede sein. Und noch was anderes: Die Hemmschwelle war gebrochen. Ich hatte bemerkt: Ich war zwar nicht ganz unerfahren, als ich Boris geheiratet hatte, aber es gab noch so vieles zu entdecken!

Drei Monate nach Tom lernte ich Jürgen kennen, in einer Kneipe stand er am Tresen. Ich dachte: Den kriegst du nie. Er sprach mich dann aber an. Ich war mir meiner Wirkung auf Männer nicht bewußt gewesen. Jürgen war solo, wir haben uns viermal getroffen, ich habe Schluß gemacht, weil er mehr wollte, und das kam für mich nicht in Frage. Wegen Tom!

Tom existierte natürlich weiter, doch als wir uns am Telefon für unser zweites Date verabreden wollten, sagte er plötzlich: »Ich komme mit meinem Gewissen nicht klar.« Es sei unfair seiner Frau und den Kindern gegenüber. Er erzählte, daß seine Tochter krank gewesen sei und daß er da sein schlechtes Gewissen gespürt hätte. Ich war enttäuscht, klar, aber ich konnte ihn auch verstehen. Sein Verhalten sprach ja auch durchaus für ihn.

Aber ich konnte ihn nicht vergessen, ich wollte ihn wiederhaben. Ich dachte an den Spruch meiner Oma: »Aus den Augen, aus dem Sinn.« Und schickte ihm ein Foto ins Büro: »Danke für die schönen Stunden, Deine Karin.« Eine Woche später rief ich an, fragte, ob wir nicht noch einmal schön essen gehen wollten. Er wollte. Ich hatte ganz bewußt ein gutes Lokal mit angeschlossenem Hotel ausgewählt, ich wollte ihn unbedingt noch mal ins Bett bekommen. Beim Essen zierte er sich sehr, machte sehr ehrenhafte Sprüche ... Ich habe ihn regelrecht überredet. Natürlich haben wir uns ein Zimmer genommen. Ich denke, er wollte mich zappeln lassen, er wollte von mir verführt werden, warum auch nicht.

Unser nächstes Date war vier Monate später wieder in diesem Hotel. Viel wußte ich ja nicht von Tom: Er ist so alt wie ich, hat eine Frau, zwei Kinder. Ich wußte nicht, ob ich ihm vertrauen konnte. War ich wirklich die einzige? War er wirklich der liebe, nette Familienvater? Ein Mann mit so einer Ausstrahlung hat leichtes Spiel bei den Frauen. Er zog viel mit seinen Freunden um die Häuser, so nannte er das. Aber es stand mir nicht zu, nach seiner Treue zu fragen, das sind nun mal die Spielregeln in so einer Beziehung. Beschäftigt hat es mich schon, bescheuert, weil ich ja selber nicht treu war.

Diese Treffen mit Tom anfangs, mit den langen Abständen, reichten mir nicht. Da war eines Tages bei uns im Briefkasten so ein Prospekt von einer Beautyfarm, den Ort kannte ich nicht, aber von der Telefonnummer her mußte es ganz in Toms Nähe sein. Prima, dachte ich. Meinen Mann hatte ich schon darauf vorbereitet, daß ich mal wieder was für mich tun müßte, daß es nicht nur die Arbeit geben kann. Nach langen Diskussionen hatte er es eingesehen. Ich habe mich also angemeldet.

Tom hat mich jeden Tag mittags im Hotel besucht, das war nur ein paar Kilometer von seiner Arbeitsstelle. Und abends war er offiziell bei vielen Geschäftsterminen oder mit Kumpels unterwegs. Die Zeit allein habe ich auch sehr genossen: Wellness, lesen, bummeln, schwimmen. Ich kann Alleinsein sehr genießen.

Am Sonnabend während dieser Woche war ein Stadtfest, wo auch Toms Frau und seine Kinder dabeiwaren. Er meinte, ich sollte doch kommen. Ich war sehr neugierig auf seine Frau, er hatte mir gesagt, daß der Sex zu Hause eben nachläßt und daß das der Grund sei, warum er mit mir zusammen sei. Dieser Ausspruch hatte mich sehr verletzt, ich hab' aber nichts gesagt, nur darüber nachgedacht und es dann akzeptiert – er war ehrlich, und im Grunde hatte er ja auch recht. Heute sagt er aber selbst: »Wir wollen es doch nicht nur auf das eine beschränken.«

Ich sah ihn also damals mit seinen Kindern und seiner Frau. Monika ist nichts Besonderes, ich war etwas enttäuscht, auf der anderen Seite war ich froh: Ich sehe besser aus – und ich bin jünger. Aber ich sah auch, wie zufrieden Tom neben ihr und den Kindern stand, ganz der stolze Familienvater. Da war mir klar, daß ich ihn da nie rauszwingen würde, ich glaube, wenn er seine Familie nicht mehr hätte, wäre er auch nicht mehr der Mensch, den ich kenne. Er braucht diesen ruhigen, sicheren Hafen.

An meinem letzten Urlaubstag habe ich Tom in meinem kürzesten Mini ohne was drunter im Büro besucht, ich wollte ihn richtig heiß machen. Er war an diesem Tag dann früher bei mir im Hotel, der Auftritt hatte sich gelohnt. Für meinen Mann hatte meine Schönheitswoche übrigens den hübschen Effekt, daß er total gut dastand: »Der gönnt seiner Frau was«, hieß es im Bekanntenkreis.

Im nächsten Sommer habe ich meinen Motorradführerschein gemacht, offiziell, weil mein Bruder mir seine alte Maschine schenken wollte. Aber natürlich ging es darum, Tom spontaner treffen zu können – ich weiß genau, mein Mann würde nie mit mir mitfahren wollen. Tom und ich sind uns in dem Sommer oft entgegengefahren und haben uns im Wald geliebt oder auf unserer Poppwiese. Das war vorbei, als der Herbst kam: Motorradtouren sehen da doch sehr unglaubwürdig aus, und kalt ist es außerdem.

Wir fingen an, uns wieder in Hotels zu treffen. Eines hatte Tom aus dem Internet. Auf den Fotos sah es toll aus, aber in Wirklichkeit war es eine bessere Bruchbude. Mich hat's nicht so gestört, ich lach' da heut' noch drüber. Tom hatte sich mal wieder was einfallen lassen. Er brachte durchaus mal Sachen aus Sexshops mit oder eine Flasche Öl … Diesmal hatte er sich vorgenommen, mich ans Bett zu fesseln. Er hat mir die Hände und Beine festgebunden. Mich hat es ganz schön heiß gemacht, ihm so ausgeliefert zu sein. Damit ich nicht sehen konnte, was Tom machte, hatte er mir zusätzlich noch die Augen verbunden Er hat mich überall gestreichelt und geküßt, mit zwei Vibratoren hat er mich verwöhnt. Ganz breitbeinig hab' ich dagelegen, das hätt' ich bei meinem Mann nicht gemacht … Wenn man so daliegt, kann gar nichts machen und auch nichts sehen, wird jede Berührung intensiver. Plötzlich hörte er auf und holte etwas aus seiner Tasche. Ich wollte wissen, was jetzt passiert, natürlich bekam ich keine Antwort. Statt dessen klickte der Auslöser von einem Fotoapparat. O Mann, ich fing an zu schreien, ihn zu beschimpfen, mußte aber trotzdem dabei lachen. Danach hat er sich erst gar nicht getraut, mich richtig loszubinden, er dachte, ich würd' ihm den Apparat über den Kopf hauen. Ich fand es schon ganz schön frech, aber es hat mir auch Spaß gemacht. Der Abend, oder besser gesagt die Nacht, war mal was ganz anderes. Wir hatten soviel Zeit, sind zwischendurch essen gegangen, wieder ins Bett und morgens gemeinsam wach geworden. Davon hatte ich schon lange geträumt.

Meine Nebenbei-Seitensprünge haben erst aufgehört, als ich fast vier Jahre mit Tom zusammen war. Plötzlich hatte ich keinen Spaß mehr daran, kam mir selbst ausgenutzt vor, und Bestätigung hatte ich ja genug bekommen. Außerdem war's sehr stressig, weil man ja nie weiß, an wen man gerät. Einer ist sogar mal bei uns am Haus auf und ab gefahren, das reichte mir. Außerdem hatte sich die Beziehung zu Tom sehr intensiviert, wir sahen uns alle paar Wochen, und mein Vertrauen zu ihm wuchs.

Er hat sich immer so gefreut, wenn wir uns gesehen haben, ich bekam seine volle Aufmerksamkeit, zum Beispiel wenn wir zusammen essen sind, dann trinkt er nie, bevor wir nicht angestoßen haben, immer läßt er mich von seinem Teller kosten. Ich dagegen nehme achtlos mein Glas, verschlinge mein Essen geradezu und rede viel dabei. Ich fing an, mich ordentlich in den Mann zu verlieben, außerdem hatten wir jetzt durch Mail und SMS eigentlich täglich Kontakt, wir nehmen richtig Anteil am Leben des anderen. Er unterschreibt seine Mails mit »Dein heimlicher Mann« oder »Dein Dich ganz doll Liebhaber«.

Ich habe ihm nur zu gerne Dinge geschenkt, die ihn an mich erinnern, zum Beispiel ein Feuerzeug, mit dem Hintergedanken: Das hat er dann immer in der Hosentasche, spielt damit und denkt an mich. So ist es jetzt tatsächlich. Wenn ich ihm etwas geschenkt habe, hat mich der Preis nie interessiert. Eine gute Flasche Wein aus dem Jahr, in dem wir uns kennengelernt haben, oder ein Whisky aus seinem Geburtsjahr waren mir ihren Preis wert, weil ich wußte: Er genießt das wirklich.

Ich mag Geschenke, hinter denen wirklich eine Geschichte steckt. Ich habe mal von einem Fotografen Aktfotos von mir machen lassen, sehr schöne, erotische Bilder. Der Fotograf ist extra zu uns nach Hause gekommen, und ich habe unser Wohnzimmer in ein Fotoatelier verwandelt, wo er seine Scheinwerfer aufstellen konnte, ständig sind die Sicherungen durchgebrannt. Ein Foto zeigt eigentlich nur den Torso, der Kopf ist nur mit Haaren angedeutet, man sieht hauptsächlich Licht und Schatten auf den Brüsten und der Hüfte – na, das Foto habe ich sehr groß abziehen lassen und es zusammen mit einer dezenten Kalenderübersicht für die nächsten fünf Jahre in einen Rahmen montiert. Das Ganze habe ich Tom mit ins Büro geschleppt, da hängt es jetzt. Es ist offiziell ein Geschenk von einem guten Kunden – das muß er ja aufhängen. Und seine Frau staubt es manchmal mit ab.

Einmal habe ich Cigarillos besorgt, ich hatte mir seine Marke gemerkt. Jedem einzelnen Cigarillo habe ich zwischen meinen Beinen die besondere Duftnote verliehen, davon ein Foto mit der Digitalkamera gemacht und Tom das Ganze als Mail geschickt. Er sollte die Mail öffnen, wenn ich ihm das Päckchen gebe. Ich saß dabei auf seinem Schoß, sah, wie er das Paßwort für den Computer eingab. Er fand das Geschenk richtig geil und hat die Cigarillos genossen.

Für diesen Abend bei ihm zu Hause hatte er das Badezimmer mit Teelichtern erleuchtet, Sekt kaltgestellt. Nach dem Bad vergnügten wir uns noch weiter, und in dieser Nacht fragte er mich plötzlich: »Und nun sag mal, mit wem hast du mich alles betrogen?« Ich dachte, mich trifft eine Faust in den Magen. Was sollte diese Frage? Ich fühlte mich so erwischt, so mies. Ich dachte, wenn ich es ihm gestehe, dann ist alles aus. Ich fand das alles doch gar nicht mehr wichtig, war es ja auch nicht. Daß ich im Internet gerade mit einer Frau anbändelte, was leider im Sande verlaufen ist, das hätte Tom ja wahrscheinlich sehr gefallen, in der Hoffnung, daß er endlich seinen flotten Dreier kriegt ... Ich habe erst mal Zeit geschunden, ihm dann meine absolute Treue versichert, aber auch die Gegenfrage gestellt – schließlich transportierte seine Frage an mich ja auch eine Botschaft von ihm, oder? Wie sah es mit seiner Treue aus? Er reagierte komisch. Ich merke es, wenn Tom lügt. Er lenkt dann vom Thema ab und lacht so komisch. Jetzt mußte er erst mal raus, frische Luft schnappen. Danach sagte er mir dann aber, daß es natürlich nur mich gebe. Damit war das Thema erst mal durch. Eigentlich finde ich ja auch: Wir wollen eine schöne Zeit haben und uns das Leben nicht schwer machen. Wir hatten an dem Abend auch anderes zu tun, nämlich: unseren gemeinsamen Segelurlaub planen.

Mittlerweile hatte ich Übung mit Alibis und keine Hemmungen mehr. Mein Mann und ich waren schon lange nicht mehr im Segelurlaub gewesen, dabei hatte seine Familie mich erst zum Segeln gebracht. Mit unserer Hochzeitsreise. Wir kriegten zwei Wochen Miet-Yacht von seinen Eltern geschenkt, an sich sehr schön, ich lernte auch segeln – aber die Eltern, sein Bruder, seine Frau und deren Kinder waren auch mit. Super-Flitterwochen.

Tom hatte mich schon im Vorjahr gefragt, ob ich nicht mit auf eine Whiskytour nach Schottland wollte, mit seinen Kumpels. Alles nimmt mein Mann mir ab, aber Schottland, Irland? Nie und nimmer. Ich fuhr also nicht mit. Aber zum Segeln wollte ich mit. Boris und ich und Janna urlaubten schon lange nur noch zwei Wochen im Sommer, immer in den Bergen. Ich habe meinem Mann also klargemacht, daß ich total urlaubsreif bin, was ja bei unserem Arbeitseinsatz eigentlich permanent der Fall ist. Der Arzt riet auch dringend Luftveränderung an, also war es naheliegend, daß ich fahre. Und dann habe ich Prospekte herbeigeschafft, Informationen aus dem Internet runtergeladen und ausgedruckt. Ein Angebot habe ich maßgeschneidert für mich selbst am Computer zurechtgebastelt – angeblich eine Reise aus einem Frauen-Reiseprogramm: »Angeleitetes Segeln für Frauen, mit Meditation und Yoga und Beautybehandlungen, schnell anmelden, begrenzte Teilnehmerinnenzahl«. Klar, daß dieses Angebot unglaublich preisgünstig war, klar, daß zwei Termine überhaupt nicht in Frage kamen, weil an dem einen die Schwiegermutter Geburtstag hatte, beim anderen ein verkaufsoffener Sonnabend mit drin war – da müssen wir das Geschäft auf haben. Und der dritte war genau die Zeit, die Tom anpeilte. Mein Mann war schwer dafür, daß ich die Reise buche: »Das ist doch unschlagbar günstig!« Ich höre mich noch sagen: »Typisch Weiberwirtschaft, die achten nicht so auf den Gewinn.«

Der Segelurlaub, eine Woche mit Tom und seinen drei Kumpels, war klasse. Das mit den Kumpels war unproblematisch: Die kannten mich schon, und sie gönnen sich untereinander solche Freuden. Aber es hat in dieser Woche tierisch gekracht. Mir hatte die Frage nämlich keine Ruhe gelassen: Ist da noch eine Frau? Und als ich für die Vorbereitung der Reise im Internet war, kam mir plötzlich die Idee: Ich könnte mir Toms Mails ansehen! Ich hatte bei der Geschichte mit den Cigarillos sein Paßwort gesehen! O Mann. Ich saß da, brauchte nur noch ein paar Buchstaben einzutippen, dann nur noch »o.k.«, und ich dachte die ganze Zeit: Du tust es nicht, du tust es nicht. Ich tat es doch: »o.k.«, und dann war ich drin. 95 Prozent der Mails von mir. Fünf Prozent von Jule – und Fiona.

Jule – der Name war mir mal bei seinen Rundmails aufgefallen, eine Jule hatte mir mal als Mädchen den Freund ausgespannt. Aber Fiona? Den Namen hatte ich noch nie gehört. Ihre Mails waren auf Englisch. Der Schottland-Urlaub, die Whisky-Tour! Die Mails habe ich gleich meinem Freund André weitergemailt, damit er sie mir übersetzt, jedenfalls die zu schwierigen Stellen. Aus den Mails von Fiona und auch von Jule konnte man nicht so genau rauslesen, war da was, war da nichts ... Mit Jule schon! Mit ihr gab es eine Verabredung zum Weinfest. Ein Blick in meinen Kalender: An diesem Weinfest-Tag hat er mir abgesagt! Und lese ich doch in einer Mail von Jule: »Das mit Schottland geht nicht.« Es hat mir fast den Boden unter den Füßen weggerissen. Er hatte sie auch gefragt! Letztlich ist Tom alleine nach Schottland gefahren mit den Kumpels – aber da hat er offenbar Fiona kennengelernt.

Ich hatte das alles sechs Wochen vor der Segel-Tour rausgefunden, aber ich dachte: Das sagst du nicht am Telefon, das machst du Auge in Auge. Im Urlaub. Die Gelegenheit ergab sich von allein. Er fing an zu erzählen, daß er im nächsten Herbst mit unserem Segel-Kumpel Eberhard zu einer Hochzeit wollte. Nach Schottland. Mir schoß durch den Kopf: Fiona! Ich habe ihn den ganzen Abend absichtlich links liegen gelassen und mit den Freunden getanzt, ich glaube, er hat das gar nicht bemerkt. Am nächsten Abend wußte ich nicht, wie ich anfangen sollte. Ich lenkte das Thema auf Schottland und die Hochzeit und fragte: »Soll ich mitkommen?« Von ihm kam nur: »Ähm, ähm, ähm.« Da habe ich nachgeschoben: »Wieso haste mich eigentlich letztes Jahr gefragt, ob ich mit will, und Jule haste ja auch gefragt ...« Das saß. Er hat mich ungläubig angekuckt. »Woher weißt du das?« fragte er. »Dein Sicherheitssystem hat ein Loch.« Er war wie vom Donner gerührt: »Was weißt du alles?« – »Ich weiß alles.« Er fragte: »Ist das jetzt die Schlußabrechnung?«

Dann habe ich richtig losgelegt: »Deine Monika mußt du anlügen, aber mich nicht. Ich will, daß wir mit offenen Karten spielen, wenn du noch ein Verhältnis anfängst, mußt du die Sache mit mir bereden. Wieso machst du das überhaupt? Bin ich auch nur eine von vielen? Was bringt dir das? Aus dem Alter bist du doch raus. Du hast mich – wir können alles machen, auch im Bett, du kriegst von mir alles, was du willst. Warum mußt du alles aufs Spiel setzen mit irgendwelchen Mädelchen? Bei mir ist nichts mehr mit anderen. Du bist mein Einziger. Ich bin nicht sauer, nur maßlos enttäuscht. Du bist doch auch eifersüchtig auf andere Männer, das merke ich doch. Für dich beanspruchst du alles, und du hältst dich an nichts.« Der war fix und fertig. Draußen klopften die anderen Jungs schon, wir wollten essen gehen.

Hinterher, als wir wieder alleine waren, hat er gesagt: »Du hast ja recht. Aber es ist alles vorbei.« Ich habe ihm gesagt, daß ich ja durchaus Verständnis habe: »Du warst auch nicht mein Einziger.« Ich sagte: »Ich wußte ja nicht, wie ich mit dir dran bin, und: Ich war halt neugierig.« Und daß ich dann gemerkt habe: Das ist es nicht.

Tom hat mir an diesem Abend hoch und heilig geschworen, daß er alles einsieht und mir jetzt treu ist, ich hab's ihm geglaubt. Es hat sich seitdem was geändert: Bis dahin wollte *ich* immer *ihn* sehen, jetzt wollte er auch von sich aus Verabredungen machen, es kommt mehr Initiative von ihm. Er ist auch offener bei seinen sexuellen Wünschen, wir werden immer wagemutiger: Neulich war ich mit meinem Mann in der Therme und habe Tom von da eine SMS geschickt. Eine Stunde später kommt der doch in die Sauna reinspaziert und grinst sein freches Grinsen … Wir haben es dann geschafft, uns für einen Quickie in eine Umkleidekabine zu verdrücken, echt, wir werden immer dreister.

Ich liebe diesen Mann. Er hat mir in den ganzen Jahren erst dreimal gesagt, daß er mich liebt, und nur einmal war das ziemlich deutlich. Einmal davon zählt gar nicht, da hatte ich seinen Schwanz im Mund, und da sagt ein Mann schon mal schnell was. Aber einmal, das fing an: »Karen, ich muß dir was sagen. Ich lieb' dich.« So richtig betont und mit Sprechpausen. Ich war sprachlos. Dann kam noch: »Das habe ich dir schon lange nicht mehr gesagt.« Ich meinte nur: »*So* hast du es mir noch gar nicht gesagt.« Ich zehre von diesem Satz. Jetzt habe ich so viel von

Tom und mir erzählt, und es ist ja wirklich auch toll und wichtig und eine richtig gewachsene Beziehung.

Mit meinem Mann ist es in den letzten Jahren eigentlich immer schlimmer geworden. Ich wühle manchmal sein Portemonnaie durch – in der Hoffnung, da was zu finden! Eine Hotelrechnung oder eine Telefonnummer von irgendeiner Susanne oder so – ich würde ihm gratulieren, denn: Es würde mich so erleichtern! Er hat schon mal gesagt: »Du mußt dich nicht wundern, wenn ich mir 'ne Freundin suche.« Ich fänd' das prima! Nur: Er tut es nicht.

Es macht mir keinen Spaß mehr, mit meinem Mann zu schlafen. Vor Monaten hab' ich ihm gesagt, was ich will und was ich nicht mehr will, sehr deutlich. Es kann doch nicht sein, daß er ins Bad kommt, ich stehe vorm Spiegel, und er kommt und kneift mich in die Brustwarzen oder faßt mir zwischen die Beine. Ich hab' doch wirklich mehr zu bieten. Wenn er den Arm um mich legen würde, die Sache langsamer angehen würde ... Ich bin es leid, mich nur für Arbeit und Bett benutzt zu fühlen. Ich bin bei unserem Streit sehr drastisch geworden: »Ich bin nicht nur das Loch, in das du deinen Schwanz stecken kannst, wenn es dir paßt.«

Mein Mann sagt Sätze zu mir wie: »Was willst du denn, du hast doch alles.« Er meint damit unser Kind, das Haus, die Firma, er findet sich großzügig, weil er mir erlaubt hat, den Motorradführerschein zu machen, wegzufahren. Aber das ist alles Pipifax. Seit ich contra gebe, und das tue ich natürlich zunehmend seit ein paar Jahren, spitzt sich die Situation zu. Ich denke ja immer noch, ich muß ihn umerziehen, aber wofür? Auf Dauer bleibe ich sowieso nicht.

Mensch, Ich habe immer alles gemacht, im Betrieb, zu Hause, damit mir keiner nachsagt, daß was liegenbleibt. Ich habe zugegebenermaßen auch immer alles an mich gerissen. Aus unserem letzten Urlaub bin ich total krank wiedergekommen. Ich hatte da eine Grippe gekriegt, 40 Fieber, ich konnte mich nicht mehr rühren, totaler Erschöpfungszustand. Vielleicht kam mir diese

Krankheit als Denkzettel gelegen, mein Arzt hat mich drei Wochen krank geschrieben. Aber nach vier Tagen stand ich schon wieder am Herd. Da kam mein Mann und sagte: »Ach, dann kannst du doch auch wieder arbeiten!« Es ist unglaublich.

Seit dieser Krankheit trete ich kürzer, ganz bewußt. Ich habe mich jetzt endlich aufgerafft und eine zuverlässige Frau für den Haushalt gefunden. Ich schaffe es jetzt auch, der Praktikantin mehr von meinen Arbeiten zu überlassen. An die freie Zeit muß ich mich erst mal gewöhnen. Ich genieße seit meiner Krankheit die Freizeit mehr, die nehme ich mir ganz bewußt. Dazu gehört auch, alleine zu verreisen, das habe ich im Winter ja getan – also, mit Tom. Und diesen Sommer fahre ich wieder offiziell eine Woche alleine weg. *Alleine*, Sie wissen schon.

Schon meine Mutter hat immer gesagt: »Du bist nicht der Typ fürs Heiraten und fürs Zusammenleben, du mußt immer deine eigenen Sachen machen.« Für mich war es zum Beispiel, anders als für meine Schwester, nie eine Strafe, Stubenarrest zu haben, da konnte ich in Ruhe in meinem Zimmer machen, was ich will. Eine Weile oder auch tagelang Alleinsein ist für mich kein Problem, nur wenn ich wüßte: Das bleibt so, da kommt keiner, das wäre nicht gut.

Mein Traum im Moment wäre es, irgendwo alleine zu leben, mit oder ohne meine Tochter. Und Tom kommt, wann er will. Ich möchte keinem Mann mehr immer die Socken auseinander zusseln. Ich möchte mich mit keinem mehr absprechen müssen. Auch nicht mit Tom. Er hat eine Frau und Kinder, wo er hingehört. Mit den Kindern schmückt er sich zu gern. Er erzählt, wie ihm das gefällt, der Abschied am Morgen mit Tschüß-Küßchen und das Wiederkommen mit Tach-Küßchen. Mit Familie ist er der Biedermann, und er braucht dieses Leben. Er braucht aber auch ein anderes Leben, das mit mir. Zu unserem Leben gehören so verrückte Sachen wie ein Schäferstündchen im Möbelhaus. Oder mein Überraschungsbesuch bei ihm im Büro am Freitag dem 13. – da hatte Tom sich bei mir beschwert, daß er nur Mist auf dem Schreibtisch hätte. Ich wollte mich auf den Schreibtisch setzen und hören, ob es nun auch nur noch Mist ist. Er hat sich so gefreut – und mich im hintersten Lagerraum beglückt. Oder die Nacht in dem Hotel, in dem wir rausgeflogen sind, weil wir nur ein Einzelzimmer gebucht hatten ... Mir fällt so viel ein, zuletzt unser Spaß, den wir hatten, als er anfing, mich schon auf dem Weg von einem Restaurant ins Hotel auszuziehen – ich lief mit nacktem Hintern auf dem Gehweg, ein Taxi fuhr an uns vorbei und leuchtete mit seinen Scheinwerfern mein Hinterteil an.

Mit Tom ist alles so schön, nicht nur oberflächlich, ich weiß: Da ist einer, der begehrt dich, der akzeptiert dich, der findet dich schön. Wenn ich mich abends abgekämpft und unattraktiv finde, am nächsten Tag aber mit Tom verabredet bin, wache ich morgens beflügelt auf, kucke in den Spiegel, sehe glänzende Augen im Spiegel, und nach dem Duschen und Fönen finde ich mich richtig schön – das klappt immer. Er tut mir einfach gut. Und gibt mir die Kraft, zu Hause durchzuhalten.

Tom hat mir vor einiger Zeit das Buch *Ich habe einen Liebhaber* geschenkt mit den Worten: »Hier, lies mal.« – »Ich brauche doch kein Handbuch«, habe ich gesagt, es aber dann doch gelesen und sogar meiner Schwester geliehen, die nach vier Geschichten aufgehört hat und gesagt hat: »Das ist, als hätte ich dich am Telefon.« Meine Schwester weiß natürlich schon lange, daß es Tom gibt, ebenso wie eine Freundin, die mir immer Alibis liefert.

Meine Schwester hat mir erzählt, daß sie sich damals, als die Hochzeit mit Boris anstand, mit meiner Freundin getroffen hat, um Kriegsrat zu halten, wie sie diese Hochzeit verhindern können. Sie meinten nämlich, mein Mann paßt überhaupt nicht zu mir. Das haben sie mir damals nicht gesagt, das kam erst raus, als ich vor ein paar Jahren mal mit meiner Schwester redete und klagte: »Es stimmt nicht mehr.« Da sagte sie: »Nee, der war schon immer so, das hast du nur nicht gesehen.«

Ich ertappe mich in letzter Zeit immer häufiger bei dem Gedanken, doch wegzugehen. Nicht, um mit Tom zu leben, nein.

Wenn mein Mann und ich von anderen hören, daß sie sich getrennt haben, sagt Boris: »Ich würde in so einem Fall alles verkaufen – den Betrieb, das Haus, da würde nichts übrigbleiben.« Ich weiß nicht, ob er das wirklich machen würde.

Ich denke immer: Ich fühle mich halbwegs wohl in meinem Umfeld, meine Tochter fühlt sich wohl, und das soll für sie auch so bleiben, wenigstens die nächsten fünf Jahre noch. Wenn ihre Eltern sich trennen würden, würde sie in der Schule abfallen, krank werden, sie muß erst älter werden, um alles zu verstehen. Aber dann gehen wir, und ich habe mehr Zeit für Tom.

Die Beziehung mit ihm ist ja allmählich gewachsen, im ersten Jahr haben wir uns nur zweimal gesehen, jetzt sehen wir uns alle vier Wochen, aber wir leben ein Leben zusammen, auch wenn wir räumlich getrennt sind. Wir mailen, wir telefonieren. Es passiert so oft, daß wir uns zeitgleich an den Computer setzen, um uns bei dem anderen zu melden, das ist so was wie Bestimmung. Das war schon bei unserem ersten Abend so, als in der Disko plötzlich mein Lieblingslied lief.

Eigentlich schaffe ich es auch immer, in meine Geburtstage mit Tom hineinzufeiern. Wenn ich was will, dann will ich was und kriege das auch.

Zu Tom und meiner Beziehung gehört natürlich auch die Eifersucht, die ist lange nicht weg. Ich meine, Eifersucht gehört einfach dazu, wenn man sich liebt. Ich mache ihn manchmal absichtlich eifersüchtig. Wenn ich merke: Er ist unruhig, weil er weiß, ich bin abends alleine unterwegs, dann tut mir das irgendwie gut. So zeigt er mir, daß ihm an mir liegt.

Ich bin immer noch mißtrauisch ihm gegenüber, habe es genau mitgekriegt, als bei einer Dienstreise nach Dänemark vor ein paar Monaten doch wieder was gelaufen ist. Da hatte er ein nettes norddeutsches Ehepaar kennengelernt, erzählte er, er schlug auch vor, wir sollten die mal zusammen besuchen. Er erzählte so viel von dem Pärchen, wie lustig es war, und dann schickte die Frau ein Foto. »Willst du mal sehen?« fragte Tom. Ich bin ausgerastet. Das Foto hatte sie extra für Tom gemacht, ich bezweifle, ob ihr Mann davon wußte, es zeigte nur ihren nackten Körper. »Die will doch was von dir«, habe ich gesagt, »was will denn die?« – »Da kann ich doch nichts dafür, wenn sie so ein Bild schickt«, sagte Tom, und dann hat er wieder so komisch gelacht. Er log also. Das Pärchen hatte sich vorgenommen, es mal mit einem weiteren Mann zu machen, und da hatten sie sich meinen Tom ausgekuckt. Der Mann hat seine Frau bei Tom im Wortsinne auf den Schoß gesetzt, und sie hatte nichts unterm Rock. Tom sagt, er konnte sich nicht wehren. Ich kann das ja sogar irgendwie nachvollziehen, Tom ist eben ein sehr sinnenfreudiger Mann, was ich ja im Normalfall sehr genieße. Ich war ihm wegen der Sache an sich auch nicht böse, ich war nur enttäuscht, weil er mich wieder belogen hat. Ich hoffe, es war seine letzte Lüge mir gegenüber.

Als ich neulich mal wieder mit einem unserer Beziehungsgespräche anfing und er etwas abfällig über eine Verflossene redete, so: »Das war doch nur so ein dummes, junges Ding«, habe ich gesagt: »Wirst du über mich auch mal so reden, wenn es vorbei ist?« Das hat er empört zurückgewiesen und gesagt: »Du weißt, das ist bei uns so wie in dem Buch *Salz auf unserer Haut*, das geht bis zum Tod.

Ich liebe diesen Mann mittlerweile über alles, aber sollte er irgendwann wider Erwarten vor meiner Tür stehen, um mit mir ein gemeinsames Leben anzufangen, dann werde ich ihn eigenhändig zu seiner Familie zurückbringen, wo er hingehört.« Aber ich möchte niemals auf ihn verzichten.

Jutta, 52, Finanz-Sachbearbeiterin

Er ist mein bestes Medikament

Oder: Mein Mann ist nie da

Sie ist eine Frau, der die Nachbarn und Bekannten so etwas nicht zutrauen würden. Hätte sie sich selbst wohl auch nicht, und nie hätte sie einen Liebhaber per Anzeige gesucht. Aber als ihr Traummann vor ihr stand, griff Jutta beherzt zu.

Ich bin 52 und seit über 30 Jahren verheiratet, ich habe zwei erwachsene Kinder. Mein Mann René arbeitet seit zehn Jahren im Westen und kommt nur selten nach Hause – seit sieben Jahren habe ich einen Liebhaber, Hilmar. Er ist auch verheiratet und hat ein Kind. Als Hilmar und ich das erste Mal miteinander geschlafen hatten, in meiner Gartenlaube, hatte ich ein schlechtes Gewissen. Das ist aber bald verflogen, besonders, als meine Hausärztin sich über meine schnelle Besserung wunderte – ich litt nämlich, als ich Hilmar kennenlernte, unter einer schlimmen Depression. Die ist aber im Handumdrehen besser geworden.

Meine Depression, ja. Ich wußte erst gar nicht, wie mir geschah, ich kannte das nicht! Erst war mein Sohn zum Studium nach Freiburg gegangen, dann hat mein Mann einen Job in Köln bekommen, den er nicht ausschlagen konnte, in seinem Alter, er ist so alt wie ich.

Ich dachte, ich könnte mich hinterherversetzen lassen, das geht ja, wenn man Mitarbeiterin im Öffentlichen Dienst ist, Finanzämter gibt es überall. Der Versetzungsantrag hat aber im ersten Anlauf nicht geklappt. Das fand ich nicht schlimm, und kündigen wollte ich nicht, ein Beamtenjob ist ja heute Gold wert wegen der Versorgung. Selbst wenn ich auch nach Köln oder Bonn oder wenigstens in die Nähe gekommen wäre: Mein Mann wäre trotzdem regelmäßig gependelt, seine Eltern lebten ja noch hier, und er ist der einzige Sohn. Sie haben so viel für ihn getan.

Inzwischen haben wir dieses schöne Haus hier, da steckt schon Renés ganzes Erbe drin. Wir konnten uns alles so einrichten und aussuchen, wie wir wollten, hier, die großen Fenster nach Süden zum Beispiel, das Parkett in allen Räumen ... Das war ein Traum von mir.

Na ja, ich bin jedenfalls hiergeblieben, damals hatten wir dieses Haus noch nicht. Ich blieb mit meiner Tochter. Anfangs war alles prima, doch meine Tochter war 15, 16, und sie fing an auszugehen. Ich konnte doch nicht mitgehen ins Schwimmbad, in die Disko, was hätten da die jungen Leute gedacht? An einem Abend machte sie sich wieder fertig: »Tschüß, Mutti«, und schon war sie zur Tür raus. Ich stand auf einmal da und heulte ... Ich dachte: Jetzt bist du ganz allein. Ich war so traurig.

In unserer Nachbarschaft wohnte eine Frau, die war so alt wie ich, alleinerziehend, geschieden, arbeitslos. Mit der habe ich abends oft zusammengesessen, wir haben ferngesehen und erzählt. Sie hat immer gesagt: »Dein Mann hat Arbeit, er ist zwar nicht da, aber er kommt wieder, euch geht es gut – was soll ich denn sagen?« Sie meinte es ja gut, und sie hatte auch recht, das wußte ich ja, aber ich war so traurig.

Ich wurde depressiv. Das heißt: Ich wußte erst gar nicht, was das ist, was da mit mir passierte, ich war müde, abgeschlagen, fing bei jeder Kleinigkeit an zu weinen, und ich mußte immerzu grübeln. Ich bin zu meiner Hausärztin gegangen, habe gesagt: »Frau Doktor, ich weiß nicht weiter.« Sie hat sich alles angehört, auch nachgefragt. Dann hat sie gesagt: »Das ist Ihr Familienleben.« Sie meinte natürlich, daß mir mein Mann fehlt.

Dann kam dieser Tag, der 7. 3. vor sieben Jahren – er ist der schönste Tag in meinem Leben, weil ich den zärtlichsten Mann der Welt kennengelernt habe. Wir hatten eine Vorladung zur Kriminalpolizei bekommen. Unserer Tochter war nämlich in der Schule ein teurer Mantel gestohlen worden, mein Mann hatte

Anzeige erstattet. Dabei hatte er aber aus Versehen als Ort des Geschehens die alte Schule von Vanessa angegeben, sie hatte gerade gewechselt. Weil sich in letzter Zeit bei uns die Diebstähle aus Schulen und Kindergärten häuften, ermittelte die Polizei speziell. Und kam bei uns auf die Ungereimtheit, daß in der angegebenen Schule meine Tochter nicht als Schülerin verzeichnet war. Wir sollten jetzt zur Klärung eines Sachverhalts, genauer: wegen des *Anfangsverdachts der Vortäuschung einer Straftat,* wie es hieß, zur Kriminalpolizei. Ich war ziemlich aufgeregt. Ich kam hin, saß im Warteraum, und wurde dann von einem Beamten hereingebeten: »Frau Weber.«

Der Polizist war unheimlich nett und höflich, ließ mir den Vortritt, die Dame geht zuerst durch die Tür. Er hat mir den Stuhl rangerückt. Wir saßen in seinem Büro, und die Sache mit der verwechselten Schule war schnell aufgeklärt. Ich hätte also sofort wieder gehen können.

Aus irgendeinem Grund haben wir uns aber weiter unterhalten, wir fingen auch an, privat zu reden. Ich erzählte, daß mein Mann schon seit vier Jahren im Rheinland ist – und fing an zu weinen. Ich sagte, daß es so schön wäre, wenn mein Mann am Wochenende mal da sei oder mal ein paar Tage, und daß ich mir so wünschen würde, er käme wieder ganz zurück.

Der Polizist reagierte unheimlich toll, er sagte, ich müsse mir mehr eigene Erlebnisse schaffen, was ich denn so unternehmen würde? Als ich erzählte, daß ich keinen Führerschein habe, mich nicht traue, ihn zu machen, ermunterte er mich sehr: »Machen Sie doch, das schaffen Sie. Und dann kaufen Sie sich ein kleines Auto und unternehmen einfach ein bißchen mehr. Sie werden sehen, wie fix das dann alles geht.« Wir redeten noch eine ganze Weile. Und als wir uns verabschiedeten, sagte er: »Na ja, wenn Sie mal Probleme haben, können Sie mich ja anrufen zum Reden, meine Telefonnummer haben Sie ja noch, ich würde mich freuen.«

Als ich aus dem Polizeirevier rauskam, durch den Park direkt gegenüber lief, ging es mir gut. Ich war ganz beflügelt, meine

Füße berührten beim Gehen eigentlich nicht mehr den Boden, ich schwebte. Und: Ich mußte nicht mehr heulen.

In den nächsten Tagen saß ich an meinem Schreibtisch im Büro und schob seine Visitenkarte hin und her. Polizeiobermeister Schneider. Ich las es immer wieder, ich kannte die Telefonnummer bald auswendig. Aber ich rief nicht an, ich traute mich nicht.

Bis Freitag. Da saß ich wieder in meinem Büro und dachte: Du zählst bis zehn, dann rufst du an. Er meldete sich: »Schneider.« Die Stimme hörte sich ein bißchen barsch an. Als er hörte, daß ich dran war, hat er sich richtig doll gefreut. Er fragte, wie es mir geht, und sagte auch bald: »Na, Sie können doch mal vorbeikommen, ab 17 Uhr ist hier immer nichts los.« Ich sagte: »Na gut, ich komme Dienstag vorbei.« Er war einverstanden.

Am Dienstag dachte ich: Heute machst du dich richtig schick, daß du ihm gefällst und nicht so verheult aussiehst. Ich nahm mein bestes Parfüm. Als ich die Treppe zum Revier raufging, war ich total aufgeregt. Er begrüßte mich freundlich mit Handschlag und sagte: »Heute gefallen Sie mir aber viel besser.« Das war nicht nur äußerlich. Wir haben wieder viel geredet, ich erfuhr, daß er sieben Jahre jünger ist als ich, also damals war er 38, ich 45, daß er einen Sohn hat und seine Frau zwei Töchter aus erster Ehe. Am Ende dieses Besuchs sagte er: »Ich könnte ja auch mal bei Ihnen im Büro vorbeikommen.« Ich dachte: Er macht es sowieso nicht.

Am nächsten Tag rief er an und sagte: »Mein ganzes Büro duftet noch nach Ihrem Parfüm.« Da habe ich mich gefreut. Er wollte am nächsten Tag vorbeikommen. Hat er gemacht, in Zivil, ohne Uniform. Ich habe so ein Herzklopfen gehabt und mich riesig gefreut.

Bei der Unterhaltung merkte ich immer mehr, wie sympathisch mir dieser Mann war. Alles gefiel mir an ihm, seine ganze Ausstrahlung, und ich war es dann auch, die gefragt hat: »Wollen wir uns nicht mal treffen?« Er war einverstanden. Der Arbeitsschluß rückte näher, und als wir das Büro verließen, haben wir uns plötzlich umarmt. Ich habe dabei Lippenstift an sein Hemd, an den Kragen, geschmiert, habe ihm das aber gesagt, damit seine Frau es nicht zuerst merkt und es für ihn unangenehm wird. Er nahm mich dann mit dem Auto ein Stück mit. Während der Fahrt haben wir uns für den nächsten Freitag in meinem Garten verabredet.

Wir haben eine Gartenlaube. Dort haben Hilmar und ich das erste Mal miteinander geschlafen. Danach hatte ich ein richtig schlechtes Gewissen und fühlte mich nicht sonderlich gut. Am nächsten Tag hat Hilmar angerufen und danach gefragt. Er hat gesagt, daß er manchmal überhaupt kein Gewissen hat …

Am 17.5., das war ein Freitag, ich weiß es noch genau, trafen wir uns wieder im Garten. Es war schon sehr spät, und ich wartete in der Laube. Daß ich das gemacht habe, ich bin doch sonst eher ein ängstlicher Typ. Ich wollte die Variante mit dem Garten weiter durchziehen, aber wir haben so einen schwierigen Nachbarn. Er ist sehr aufdringlich und macht oft anzügliche Bemerkungen. Bin ich allein im Garten, ruft er gleich: »Hallo, Nachbarin, wie wäre es mal mit einem Glas Wein?« Ich habe das immer abgelehnt, denn der Mann ist wirklich unsympathisch.

Jedenfalls sagt dieser Nachbar irgendwann zu mir mit so einem Grinsen: »Ich hab' Sie mit Ihrem Freund gesehen – aber keine Angst, ich sage es nicht Ihrem Mann.« Er hat so eklig gegrinst. Ich habe aber gut reagiert: »Mit was für einem Freund? Wir haben viele Freunde – haben Sie keine?« Ich hatte keine Angst, daß er meinem Mann wirklich etwas erzählt.

Aber für die Treffen im Garten galt dann doch: Halt, stopp, das hat keinen Sinn. Wir fuhren statt dessen mit dem Auto in den Wald. Ich habe überlegt, daß wir uns gut bei mir zu Hause treffen können, wenn meine Tochter zur Schule ist, oder wenn sie im Urlaub ist bei Oma und Opa, warum denn nicht? Ich habe kein Problem damit, mit Hilmar in unser Schlafzimmer zu gehen. Ich mache einfach neue Bettwäsche drauf. Wir genießen diese Freiheit und unser Alleinsein so richtig. Hilmar ist immer sehr vorsichtig, wenn er zu mir kommt. Als Kriminalbeamter weiß man, wie man sich zu verhalten hat. Er parkt das Auto auf dem

Parkplatz vom Supermarkt, unser Hauseingang ist von den Nachbarn kaum einsehbar. Wir treffen uns eigentlich immer bei mir oder in der Natur, wir sind noch nie zusammen weggegangen, also ausgegangen, das wäre in unserer Stadt zu gefährlich.

Einmal war Vanessa zu Hause, als Hilmar unverhofft vorbeikam, das macht er sonst nie. Er hat geklingelt, sie hat geöffnet. Er hat gesagt: »Guten Tag, Firma Soundso, ich soll hier eine Computeranlage überprüfen?« Meine Tochter hat gesagt: »Da müssen Sie sich irren, so was haben wir nicht.« Sie hat mich dann gefragt, ob es richtig war, daß sie ihn nach nebenan zu Steinert geschickt hat, »da wollte er doch wohl hin, meinst du nicht?« Ihr ist bestimmt nichts aufgefallen.

Auch wenn ich mit Hilmar telefoniert habe, lief alles reibungslos. Einmal rief er an, als mein Mann da war – da habe ich sofort »falsch verbunden« gesagt. Ich hatte aber das Bedürfnis zurückzurufen, bin innerhalb kürzester Zeit unter dem Vorwand, die Waschmaschine zu befüllen, in den Keller runter – hatte da aber keinen Empfang. Alles Beton. Ich habe Hilmar dann von meiner Mutter aus angerufen, er sagte: »Hab' ich mir doch gedacht, daß du nicht sprechen konntest.«

Ich weiß noch, meine Hausärztin hat damals zu mir gesagt: »Sie könnten ja mal einen anderen Mann kennenlernen.« Sie dachte da, daß es mir immer noch schlecht ging weil ich so allein war und nicht absehbar, wann mein Mann wiederkommt. Ich habe gesagt: »Ich hab' schon einen kennengelernt«, und ihr dann ein bißchen erzählt, was passiert ist. Ich habe ihr auch gesagt, daß es mir viel besser geht, und: »Das liegt nicht an Ihren Tabletten.« Sie hat gesagt: »Find' ich gut, machen Sie weiter so.« Ich bin auch beim Neurologen in Behandlung, zu dem gehe ich immer noch alle drei Monate, aber der kümmert sich wirklich nur um den Körper, um die Nerven. Der wäre völlig überfordert, wenn ich ihm erzählen würde, was mich bewegt. Er weiß gar nichts über mich – was ist das eigentlich für ein Arzt?

Ich war wegen meiner Depressionen auch in einer Selbsthilfegruppe. Wir waren ganz unterschiedliche Fälle, von leichten

Depressionen bis zu Selbstmordgefährdeten. Als ich da erzählte, daß ich jemanden kennengelernt habe und ganz aufgeregt bin, gingen die Meinungen auseinander. Die einen sagten: »Wie toll, das hätte ich auch gerne mal wieder, nimm, was du kriegen kannst ...« Die anderen sagten: »O Gott, o Gott, laß da bloß die Finger weg.« Mir waren diese Reaktionen unangenehm, und ich habe dann bei passender Gelegenheit ganz beiläufig erzählt, daß wir uns mal getroffen haben, daß sich da aber nichts weiter entwickelt hat.

Diese Gruppe hatte eine Psychologin zur Betreuung, die habe ich manchmal allein besucht. Die hat das, was ich mache, auch nicht verurteilt. Außer ihr und meiner Ärztin weiß aber keiner von Hilmar, das würde keine meiner Freundinnen verstehen. Im Haus meiner Mutter wohnt eine ältere Frau, die für mich so etwas wie eine Ersatzmutter geworden ist. Meiner Mutter – die ist mittlerweile gestorben – hätte ich von meinem Liebhaber nie etwas erzählen können, sie war nicht sehr aufgeschlossen. Diese Nachbarin meiner Mutter jedenfalls – mit ihr kann ich mich wunderbar unterhalten. Aber auch ihr kann ich nichts von meinem Freund anvertrauen. Sie erzählte mir neulich, recht entsetzt, wie ich finde, daß ihre Schwester, die seit 50 Jahren verheiratet ist, seit 25 Jahren eine Beziehung neben der Ehe hat. Sie fand das unmöglich, gemein dem Mann gegenüber – der komischerweise aber meine alte Freundin sehr umsorgt, sich sehr kümmert ... Mir ist das aufgefallen. Ich kenne ihn auch, ich hatte sogar schon die Idee, ob er nicht in Helga verliebt wäre, aber darauf könnte ich sie nie ansprechen. Das ist nicht nur der Generationsunterschied, der das Reden darüber so schwer macht, das ist auch: Sie ist sehr kirchlich. Und außerdem lobt sie meinen Mann zu sehr, wenn ich mich manchmal bei ihr über ihn beschweren möchte, wenn ich mich über ihn geärgert habe.

Unsere Selbsthilfegruppe hat sich leider aufgelöst, als die Räume plötzlich nicht mehr zur Verfügung standen. Egal, ich habe da drei neue Freundinnen gefunden, und wir treffen uns immer noch zu viert, reden auch über unsere Probleme. Aber eben nicht über Hilmar.

Hilmar ist mir so sympathisch, es war von Anfang an so, als wenn ich ihn schon immer kenne. Wir erzählen uns viel, von der Arbeit, wir unterhalten uns auch politisch, über Probleme, die wir haben, über Arbeitslosigkeit, steigende Kriminalität. Er tut mir gut. Er hat gesagt: »Mir tut's auch gut.«

Natürlich mag ich meinen Mann noch, wir haben uns noch nie groß bekämpft, und 30 Jahre Ehe, die verbinden schon. Aber Hilmar ist für mich wie ein Wunder. Wenn ich Christ wäre, würde ich sagen: »Der liebe Gott hat ihn mir geschickt, damit es mir besser geht.«

Auch den Schmerz, den ich hatte, als vor zwei Jahren meine liebe Mutter gestorben ist, konnte ich durch Hilmar besser überwinden. Er hat ja als Polizist auch eine psychologische Ausbildung, das hilft in allen Lagen. Er wirkt stark, und in seinem Beruf muß er das auch sein. Er sagt zum Beispiel, wenn er mit Unfällen zu tun hat, in die junge Leute verwickelt sind, das belastet ihn nicht, weil er es verarbeiten kann. Er scheint auch mit unserer Situation gut klarzukommen. Ich merke zwar, daß er irgendwann auf die Uhr schaut, er hat so zwei, drei Stunden Ruhe, dann muß er los. Sieben Jahre geht das jetzt, das ist doch sehr lange für eine nebeneheliche Beziehung, oder? Ich mache mir jetzt oft Gedanken: Wie geht es weiter? Besonders, wenn mein Mann in zwei Jahren wieder fest zurückkommt …

Einmal, als Hilmar zu mir kam, sah ich gerade im Fernsehen eine Sendung übers Fremdgehen. Er setzte sich dazu, und es brach so aus ihm raus: »Wenn ich das sehe, mit dem Fremdgehen, diese vorgefertigten Meinungen, diese Doppelmoral.« Dann sagte er noch: »Ich führe eine Zweckehe.« Viel mehr kann ich ihm zu diesem Thema aber nicht entlocken. Wir reden über alles mögliche, das sind ganz interessante Gespräche, die ich sehr mag. Aber richtig Persönliches klammern wir aus. Auch dieser Mann hat eben den kleinen Fehler, daß er nicht über Gefühle reden kann.

Ich weiß aber, daß er vor mir schon mal ein Verhältnis hatte, mit einer jungen Frau aus dem Sportverein, aus der Langlaufgruppe. Er war da Gruppenleiter, und es hat sich was entwickelt, sie hat ihn, der ja viel älter war, wohl auch sehr bewundert. Seine Frau ist dahintergekommen, sie hat ein Telefongespräch mitgehört, das an sich ganz harmlos war. Aber da gab es Ärger. Die Schwiegereltern, ihre Brüder, die ganze Familie hat sich eingemischt, hat nach Scheidung gerufen. Aber er hat das abgebogen, und es hat auch viel Zeit gebraucht, bis seine Frau wieder halbwegs Vertrauen hatte, jetzt muß er doppelt vorsichtig sein. Aber sein Verhältnis zu seiner Frau hat sich seit diesem Vorkommnis offenbar verbessert, sie kommen jetzt also wieder besser klar.

Hilmar ist ein leidenschaftlicher Angler. Sie findet das nicht so toll, hat natürlich auch keine Lust, stundenlang mit ihm an irgendwelchen Gewässern rumzustehen, welche Frau mag das schon? Und er will das ja auch gar nicht, er genießt seine Ruhe, jeder braucht ja seinen Freiraum. Für mich wäre die Angelei ja auch nichts, auch daß er nicht gerne in den Urlaub fährt, wäre nichts für mich.

Da teile ich mit meinem Mann die Interessen viel besser, wir haben einen gewissen Gleichklang, wir reisen gerne zusammen, wir waren letztes Jahr auf Korfu, davor auf Rhodos, Mallorca, Bornholm und meiner Lieblingsinsel Gran Canaria. Wir sagen immer: »Wir sind Inselsammler.« Hilmar dagegen sitzt am liebsten daheim und hütet das Haus. Seine Frau geht gerne aus, mit ihren Kolleginnen geht sie auch tanzen, eben immer ohne ihn. Komisch, daß wir uns gefunden haben. Wäre er mein fester Partner, würde mich das nämlich schon stören, das Angeln, das Nicht-in-den-Urlaub-Fahren.

Wir haben uns noch nie gestritten, das heißt: doch. Einmal war ich traurig und enttäuscht. Da hatte er sich drei Monate einfach nicht gemeldet. Ich habe ihn so vermißt. Ich habe länger mit der Psychologin gesprochen. Sie hat mir einfach nur zugehört, und sie fragte dann: »Warum rufen Sie ihn nicht an?« Für mich war das lange Warten auf einen Anruf von ihm schrecklich. Ich dachte: Warum? Und: Das hast du nicht verdient. Und natürlich auch: Ist jetzt Schluß? Da ging's mir schlecht, seelisch.

Irgendwann rief er dann doch an: »Ich bin krankgeschrieben, schon acht Wochen.« Er erzählte mir, daß er einen Unfall hatte und eine schwierige Operation machen lassen muß. Am Tag der Operation mußte ich immer an ihn denken: Hoffentlich geht alles gut. Es war schon ein gefährlicher Eingriff. Seine Operation hat mich so belastet, als wenn es mein eigener Mann gewesen wäre, ich habe mir dolle Sorgen gemacht. Ich habe also in der Klinik angerufen, und die haben mich ohne weiteres durchgestellt. Schon als ich seine Stimme gehört habe, er die ersten Witzchen gemacht hat, wußte ich, daß alles gut gegangen ist. Als er mich das erste Mal danach wieder besuchte, kam er an Krücken. Ich habe ihm gesagt: »Das machste nicht noch mal mit mir, dich einfach nicht melden. Du bist es gar nicht wert, daß man dich so gerne hat.« Beim nächsten Mal brachte er mir als Entschuldigung eine tolle Rose mit, ich habe mich natürlich gefreut und konnte nicht mehr böse sein.

Es gab Jahre, wo wir uns ganz viel getroffen haben. Letztes Jahr ist er beruflich versetzt worden. Da dachte ich, es würde schwieriger, ist es aber nicht, wir haben es hingekriegt. Hilmar hat sich 40 Kilometer von hier entfernt ein Haus gebaut mit Frau und Kind. Einmal tauchte er nach seiner Spätschicht, also wirklich mitten in der Nacht, hier auf, er meinte nur: »Da kann nichts schiefgehen, meine Frau merkt nicht, daß ich nicht komme, die pennt schon.«

Was gut ist: Seine Frau arbeitet nicht mehr in der Stadt, wir werden uns also kaum über den Weg laufen. Würden wir wohl aber sowieso nicht, denn wir gehen nicht zusammen aus, dafür ist dann hier doch alles zu übersichtlich, kennen wir jeweils zu viele Leute und die uns. Wir treffen uns weiter hier bei mir. Das geht jetzt, wo meine Tochter ausgezogen ist, besser, aber in zwei Jahren, wenn mein Mann wieder zurück ist? Mal sehen, vielleicht gehen wir ins Hotel, das soll ja auch stundenweise gehen, oder? Wissen Sie da Genaueres? ...

Wenn ich zu Hilmar sagen würde: »Ich will dich. Unbedingt«, dann wäre Schluß, bin ich mir sicher. Wenn ich ganz dolle Gefühle zeige, sagt er: »Du bist verrückt – du weißt doch, daß das nicht geht, Liebe ...«

Ich sage ihm: »Daß ich dich kennengelernt habe, ist ein Geschenk, jemand hat dich geschickt ...« Ich weiß noch, wie er mich bei unserem ersten Gespräch damals in seinem Büro gefragt hat: »Was für eine Beziehung haben Sie denn zu Ihrem Mann?« Was sollte ich sagen außer: »Er ist immer nicht da.« Und schon rollten die Tränen.

Mein Mann würde mir so was nie zutrauen. Ich habe mittlerweile nicht mal ein schlechtes Gewissen. Ich mag meinen Mann auch, nach wie vor. Aber mit dem anderen ist es schöner ... Mit ihm habe ich Schmetterlinge im Bauch. Mich in meinem Alter noch mal verlieben ... Wenn wir uns verabschieden, wenn er nach Hause fährt, habe ich immer das Bedürfnis, ihm zu sagen: »Fahr vorsichtig.«

Manchmal denke ich: O Gott, wie lange wird's wohl noch dauern? Wann ist Schluß? Wenn ich ihn danach frage, sagt er: »Das sag' ich dir schon ...« Ich denke manchmal: Wenn Schluß wäre, dann würde ich ihn wenigstens zu seinem Geburtstag anrufen. Zwei-, dreimal habe ich ihn schon angerufen, einmal war seine Frau oder eine der Töchter am Telefon, das weiß ich nicht, da habe ich aufgelegt.

Mein Mann kommt mittlerweile unregelmäßig nach Hause, dann meist für länger, eine Woche, zehn Tage ... Ich leide nicht darunter, weil ich den anderen Partner habe. Es ist sogar so: Wenn mein Mann hier ist, setzt er mich unter Druck. Da muß noch das eingekauft werden und für das Eßzimmer was umgeplant werden, hier ein Antrag ausgefüllt werden oder irgendwelche Schreiben aufgesetzt werden. Ich bin gespannt, wie das wird, wenn er wieder immer hier ist.

Mir kommt nie der Gedanke, daß mein Mann in Köln eine Freundin haben könnte. Er hat da so eine kleine Wohnung ... Neulich habe ich gesehen, wie René hier im Wohnzimmer alte Fotos sortiert hat vom Studium, die hatten neulich auch ein Treffen. Er hat ein Stapelchen gemacht, da waren immer er und die hübsche Gabriele zusammen drauf, erst beim Studium, dann auch bei der Feier ... Sie sieht heute noch toll aus. Ich bin mir aber ganz sicher: Da ist nie was gelaufen.

Eins weiß ich auf jeden Fall: Auf meinen Freundeskreis, die Frauen, die ich immer treffe, werde ich bestimmt nicht verzichten, wenn René zurück ist. Und auf Hilmar auch nicht, der tut mir richtig gut, mit dem kann man sich so gut unterhalten, ganz oft hilft er mir richtig. Neulich war ich vier Wochen krankgeschrieben. An einem Abend war hier ein Vortrag von einem ehemaligen KZ-Insassen, das interessierte mich, da wollte ich hin. Das war auch wirklich sehr interessant und ist mir sehr nahegegangen, ich bin entsetzt, daß es so was gegeben hat. Ich habe einer Kollegin, die mich besuchen kam, davon erzählt, und sie sagt dann als erstes: »Du darfst doch gar nicht rausgehen, wenn du krankgeschrieben bist.« Da habe ich mir sofort Sorgen gemacht, daß der Chef das erfährt. Aber wie sollte er ... Dann fiel mir ein, daß jemand von der Zeitung da war und fotografiert hat. Wenn dein Chef dich in der Zeitung sieht ... So ging es mir durch den Kopf. Am nächsten Tag habe ich meiner Ärztin das erzählt, die meinte nur: »Kein Problem, Sie müssen nicht die ganze Zeit zu Hause hocken – und schließlich haben Sie etwas getan, was Ihre Genesung befördert.« Als ich Hilmar diese ganze Sache erzählt habe, meinte er: »Daß du an solche Sachen überhaupt Gedanken verschwendest, nimm doch nicht immer alles so schwer.« Er hat mich langsam wieder aufgebaut, vorher habe ich mich total zermartert.

Ich denke darüber nach, wie es wäre, wenn es vorbei wäre. Als Hilmar 40 wurde, waren wir, mein Mann und ich, auf Ischia. Da gab es so Keramiktassen mit Aufschriften, ich habe ihm eine gekauft: »Mit 40 ist die Tasse halb voll – nicht halb leer.« Die hat er jetzt im Büro, und die Kollegen trinken immer reihum Schnaps draus, wenn wieder einer 40 wird, das ist ein richtiges Ritual geworden – aber keiner weiß, was es mit der Tasse auf sich hat. ich will jedenfalls so leben, als wenn meine Tasse halbvoll ist.

Ich habe eine Kollegin, die ist gerade 60 geworden. Vor einem Jahr hat ihr Mann sie nach fast 40 Ehejahren verlassen – und da kam raus, daß er 20 Jahre heimlich eine Geliebte hatte. Man dachte als Außenstehender immer: Das ist ein Traumehepaar. Sie hat so abgenommen nach der Trennung, durch den Gram. Damals sah sie ganz dolle schlecht aus. Der ganze Bekanntenkreis war schockiert. Überhaupt, die Reaktionen der Menschen auf so was, aufs Fremdgehen: Als ich meiner jüngsten Schwester mal angedeutet habe, daß da jemand ist, hat sie so schroff reagiert, sie wollte gar nichts hören und hat nur Witzchen gemacht, von wegen Alter schützt vor Torheit nicht und so. Dann hat sie mir aber zum 50. Geburtstag einen Gutschein für ein Wäschegeschäft geschenkt, toll verpackt in Blumen mit Satin-Bändchen und so, ihr Mann und sie haben gegrinst, aber er wohl nur wegen des Geschenks. Sie hat dann noch gesagt: »Kauf dir was richtig Schickes, mit Strapsen und so, es ist uns egal, ob du die Sachen dann für René trägst oder auf Männerfang gehst.« Das war ja lustig und auch unverfänglich, ich habe trotzdem gedacht: Hoffentlich merkt keiner, daß ich rot werde. Aber was sollten die anderen schon denken? Das Gespräch habe ich mit meiner Schwester nicht wieder angefangen. Die Bodies, die ich mir gekauft habe, habe ich auch mit meinem Mann im Urlaub angezogen. Es ist ja nicht so, daß bei uns nichts mehr ist. Wir haben gemeinsame Interessen. Ich bin ganz fest davon überzeugt, daß ganz viele Frauen so leben wie ich: Die Ehe halbwegs in Ordnung, aber aus welchen Gründen auch immer noch ein Mann nebenher. Bei einer Kollegin ist aus so einer Nebenbeziehung sogar ein Kind entstanden, das sie in der Ehe gekriegt hat. Der Mann weiß genau, daß die Tochter nicht von ihm ist, aber sie haben sich ausgesprochen, und er akzeptiert die Kleine so wie seine anderen Kinder.

Ich habe mehrere Bücher zu diesem Thema gelesen, *Deiner auch?* oder *Seitensprungreport*. In dem einen Buch kommt vor, daß eine Frau sich denkt: Du wirst mal zu deinem Liebhaber sagen, du bekommst ein Kind. Sie will sehen, was dann passiert. Er hat sie furchtbar enttäuscht. Er hat gesagt, daß er kein Kind will. Daraufhin hat sie ihm gesagt, daß sie nur mal sehen wollte, wie er reagiert. Da hat er sie dann richtig beleidigt, und die Beziehung war nicht mehr zu retten. Er war einer von diesen Männern, wie Sie sie in ihrem Männer-Buch beschrieben haben, er war einer von denen, die eigentlich noch so sind wie die Männer früher, die verheiratet waren und eine Frau nebenbei hingehalten haben. Bloß keine Verantwortung übernehmen oder sich klar verantwortlich fühlen, nur mitnehmen, was sie kriegen können, und die Kurve kratzen, wenn es unbequem wird.

In der Selbsthilfegruppe waren Frauen dabei, die hätten das auch gerne gehabt, einen Liebhaber. Eine war so unzufrieden, die hat in der Gruppe nur über ihren Mann geschimpft. Der ist fremdgegangen. Sie hätte auch gerne jemanden gehabt, hat aber immer nur gefragt: »Wo soll ich den kennenlernen?« Mit ihrem Mann mag sie nicht mehr schlafen, seit sie weiß, daß er etwas mit einer anderen hatte.

Meine Bekannte, die ich so als Muttersatz empfinde, ist sehr kirchlich. Ihre Kinder wohnen überall, nur nicht hier, sie ist froh, daß sie mich treffen kann. Als sie über ihre Cousine erzählt hat, rutschte ihr raus, daß sie auch mal einen »kleinen Freund«, so hat sie es genannt, hatte. Sie denkt immer noch an ihn, obwohl er jetzt sehr gebrechlich ist und das Ganze 35 Jahre her ist ... Sie macht sich viele Gedanken, hat mir auch neulich erzählt, daß sie es so traurig findet, wie die alten Paare nebeneinander herlaufen oder in der Bahn nebeneinander sitzen, sich nicht ansehen, kaum ein Wort miteinander wechseln. Ich weiß gar nicht, wie wir auf solche Themen kommen, ich weiß nur: Sie ist ein Geschenk für mich, die Gespräche mit ihr tun mir unglaublich gut. Ich habe sie auch nach Gott ausgefragt, ich weiß da ja nichts. Und manchmal möchte man doch wissen: Wenn man sündigt, straft Gott einen da? Wobei ich ja nicht finde, daß ich sündige, und auch nicht an Gott glaube. Ich habe neulich in der Bibel gelesen: Was Gott zusammengefügt hat, soll der Mensch nicht scheiden. Irgendwie ist das bei meinem Mann und mir ja wirklich so. René und ich sind über drei Jahrzehnte verheiratet, ich weiß ja nicht, ob es in allen Ehen so ist wie bei uns, daß man sich versteht, so klarkommt, aber es ist eben nicht mehr so spannend. Meine Schwiegereltern waren immer ein Vorbild für mich, sie sind fast 70 Jahre verheiratet, und es ist klar: Wenn einer stirbt, dann geht der andere auch bald.

Ich habe in den letzten Jahren nicht bei jedem Besuch bei meiner Ärztin über Privates gesprochen, aber irgendwann fragte sie: »Haben Sie denn Ihren Freund noch?« Sie hat auch nachgefragt: »Wollen Sie sich nicht von Ihrem Mann trennen?« Ich habe ihr dann das gesagt, was ich Ihnen auch erzähle: Daß Hilmar ein Traummann ist, ich aber meinen Mann nicht verlassen will. Sie hat extra nachgefragt: »Sie wollen sich nicht trennen, auch wenn der andere ihr Traummann ist?« Da kann ich nur sagen: »Nein, weil in einer neuen Beziehung auch der Alltag einkehrt.« Es ist gut, wie es ist, wenn ich mit Hilmar zusammen bin, genieße ich es, so richtig Frau zu sein.

Mit meinem Mann im Urlaub vor zwei Monaten, das war so schön – und das ist richtig so. Manchmal veräppelt mein Mann mich, sagt: »Dein Freund hat angerufen.« Ich bleibe da ganz gelassen, ich weiß, daß das ein Scherz ist, ich frage dann: »Welcher?« Selbst wenn es doch mal rauskommt, weiß ich: Ich bereue nichts. Ich bin wieder ich durch die Liebe zu diesem Mann.

Annie, 41, Ingenieurin

Ich wollte meinen Marktwert testen

Oder: Mutter hatte mich gewarnt

Wenn Annie von ihren Abenteuern erzählt, ist es, als schlüge sie ein Märchenbuch auf: Fabeln aus dem Internet, die erst im richtigen Leben wahr werden. Weniger mutige Frauen lassen es beim bloßen Chatten. Sie nicht. Was nicht weiter verwunderlich ist, wenn man merkt, wie tatkräftig diese Frau in Beruf und Gesellschaft wirkt, wie energisch sie ihre Figur anging – und nun auch noch den Sex.

Der jetzt heißt Kai. Ja, das ist zum Lachen. Ich bin 19 Jahre verheiratet, 17 Jahre war nichts, und in den letzten zwei Jahren gab es mindestens vier ... Ich wollte Ihnen eigentlich was mitbringen, eine CD, mit einem Lied von Frank Schöbel, diesem Schlager-Star, *Heimliche Träume* heißt das Lied. Es handelt von einer Frau, die zu Hause am Frühstückstisch sitzt, gegenüber ihr Mann hinter der Zeitung, und sie hat das Gefühl, etwas zu verpassen im Leben. Nachts fragt sie sich: Warum liege ich noch neben diesem Mann? Der Text ist super, der ist echt super. Das ist was für alle Frauen, die gefrustet zu Hause rumsitzen. Ich jedenfalls bin keine von diesen Frauen ... Nicht mehr.

Vor zwei Jahren kam ich aufs Chatten, meine Schwester hatte mir so viel davon erzählt, auch, daß ihr Sohn Dani dabei eine Freundin kennengelernt hat, mit der er nun nächtelang Mails schreibt. Richtige Liebesbriefe. Früher hat der nie nur eine Zeile geschrieben, und Gefühle konnte er auch nicht zeigen. Ich habe an meine Tochter gedacht, die sich viel zu wenig zutraut, und wollte ihr eigentlich das Chatten zeigen. Darum habe ich mir das von Dani erklären lassen – und habe dann selbst losgelegt.

Ich war total begeistert. Man glaubt zu Anfang alles, was die Mail-Partner einem erzählen oder besser: schreiben. Ich habe sehr schnell einen Mann kennengelernt, den Karl, der war aus einer Kleinstadt, nur 100 Kilometer von uns entfernt. Er hat mir erzählt, daß er alleine lebt, seine beiden Kinder bei seiner Frau. Ich habe ihm dummerweise nicht geschrieben, daß ich verheiratet bin, das war ein Fehler.

Wir haben uns am Bahnhof verabredet und sind dann in der Stadt rumgebummelt. Mehr nicht. Er hat zum Schluß gesagt, daß er mich gerne wiedersehen will, daß er eine nähere Beziehung will! Da bin ich richtig erschrocken und habe gesagt: »Ich schreib' dir heute Abend 'ne Mail.« Ich wollte doch gar nichts von ihm! Das *eine* nicht – und eine Beziehung schon gar nicht. Das mußte ich ihm schonend beibiegen, ich wollte ihn nicht beleidigen.

Mir war es mit diesem Treffen um etwas ganz anderes gegangen: Ich wollte meinen Marktwert testen. Ich wollte einfach wissen: Bin ich als Frau attraktiv? Also: wieder attraktiv. Ich sehe nämlich noch nicht lange so aus, wie ich jetzt vor Ihnen sitze. Ich hatte damals 40 Kilo abgenommen, wog nur noch 80, und das ist bei einem Meter siebzig schon ein Unterschied.

Bei uns in der Familie sind alle korpulent, die Männer wie die Frauen, ich hatte auch im Laufe der Jahre ordentlich angesetzt. Und ich war so träge geworden. Es ging so weit, daß ich mit dem Auto ins Café fuhr, während mein Mann mit meiner Tochter und dem Kleinen mit dem Rad hinfuhr. Eine halbe Stunde Radfahren hätte mir auch damals nicht geschadet, aber ich war total lethargisch, das ist wie ein Teufelskreis: dicker werden, keine Lust auf Bewegung, dicker werden.

Und plötzlich nahm ich ganz von alleine ab, nur weil bei meinem Mann Diabetes festgestellt worden war und ich nun für die ganze Familie anders kochen mußte. Ich weiß noch, ich habe einen ganzen Nachmittag in der Buchhandlung verbracht, mir erst Diabetes-Bücher, dann Kochbücher dazu und schließlich auch Bücher über fettarmes Kochen angesehen. Fünf Stück habe ich gekauft und noch am selben Abend losgelegt, denn was ich mach', das mach' ich ganz.

Das neue Kochen hatte Super-Effekte: Mein Mann lebte gesund, bei meiner Tochter verschwanden die Pickel, denn plötzlich gab es statt Tiefkühlpizza Salat, statt Pommes Aufläufe mit Hirse und Bulgur. Meine Tochter war zwar nur ein bißchen pummelig, aber als sie die Pickel los war, auch ein paar Pfunde, fühlte sie sich viel besser und hat ein ganz anderes Selbstbewußtsein entwickelt, plötzlich wollte sie sogar einen Rock gekauft haben.

Ich wurde zu der Zeit immer leichter und aktiver. Ich habe Sport getrieben. Angefangen habe ich mit Radfahren, das war für mich die einfachste Art, mich zu bewegen, dazu kamen dann Schwimmen, Joggen ... Meine Familie hat mich immer gelassen, ich hatte alle Freiheiten, mit meiner Freizeit zu machen, was ich will. 20 Kilo waren in einem halben Jahr weg. Ich war immer ein lebenslustiger, selbständiger Mensch, aber früher habe ich eben am liebsten auf der Couch rumgelümmelt. Jetzt konnten mir Wege gar nicht weit genug sein und Ausflüge nicht oft genug.

Das Komische war: Je agiler ich wurde, desto mehr zog sich mein Mann Kurt körperlich, also sexuell, von mir zurück. Früher hatte ich seine zunehmende Zurückhaltung, die sich über die Jahre langsam aufgebaut hat, auch darauf geschoben, daß ich immer mehr zunahm. Kurt hat zwar nie direkt etwas gesagt, nur einmal, als wir im Urlaub waren. Da hatte ich Probleme, vom Liegen im Strandkorb wieder aufzustehen, da kuckte er so und sagte: »Na, dicker darfst du jetzt aber nicht mehr werden.« Na ja, ich hatte also gedacht, es lag an meiner Körperfülle, aber das war's nicht. Jetzt war ich nur noch angemollert, und er wollte trotzdem nicht. Ich denke, er hatte Angst, einfach nicht mehr so potent zu sein. Kurt ist 18 Jahre älter als ich, und da hast du als Mann wahrscheinlich Angst oder spürst es auch, daß die Potenz nachläßt. Das müßte ja an sich kein Problem sein, aber bei meinem Mann ist es so: Er benutzt die Hände nicht. Und schon gar nicht die Zunge. Ich habe mit 39 das erstemal Oralverkehr gehabt. Aber so weit sind wir noch nicht.

Als ich so abgenommnen hatte, haben mich Freunde, Bekannte, Kollegen auf der Straße nicht erkannt. Ich wollte aber wissen: Wie wirke ich auf Fremde? Auf Männer! Darum Karl. Vor dem ersten Treffen war es ja noch so: Wir hatten uns geschrieben, und ich fand ihn super. Als wir uns sahen, habe ich gemerkt: Er ist nicht mein Typ. Aber darum ging es nicht, ich hatte mein Ziel erreicht, das hieß: Herauskriegen, wie wirke ich als Frau? Nur als Frau. Und ich hatte Wirkung. Karl wußte ja nicht, was ich beruflich mache, er wußte nichts von meinen politischen Aktivitäten, alles Dinge, die, auch als ich noch dick war, die Männer immer beeindruckt haben. Als ich diesem Karl am Abend die versprochene Mail geschrieben habe: »Nichts wird«, da kam ich mir gemein vor, weil ich ihm ja nicht gesagt hatte, daß ich verheiratet bin.

Es hat nicht lange gedauert, und ich hatte den zweiten Mann an der Angel. Der kam aus Nürnberg. Ich habe in der Zeit nicht mehr wie früher abends Fernsehen geguckt. Nein, entweder ich machte Sport, oder ich saß am Computer. Schade fand ich nur, daß ich mit dem Computer, auch wenn's draußen warm war, nicht raus auf die Terrasse konnte. Da hat mir der Nürnberger angeboten: »Du kannst meinen Laptop haben, ich kaufe mir einen neuen.« Ich bin dann tatsächlich mit meiner Schwester hingefahren und habe das Teil abgeholt, ich glaube, er hat nicht damit gerechnet, daß ich wirklich komme. Wir sahen uns, ich war nicht sein Typ, er nicht meiner, aber wir waren schön essen, haben viel gelacht, und er hat mir Nürnberg gezeigt. Einen Liebhaber suchte ich ja nicht – noch nicht ...

Ja, was kam denn dann? Ich hatte also meinen Laptop. Parallel hatte ich bald mehrere Chat-Freunde, die wohnten alle weit weg von hier. Da waren Jan aus Thüringen und Bert aus Berlin, das war übrigens der einzige, der mich beschwindelt hat, er hatte behauptet, er sei 46, dabei war er 57. Beim Chatten haben sich richtige Freundschaften entwickelt, das sind richtige Kumpels für mich. Meinen Mädels auf der Arbeit habe ich viel vom Chatten erzählt, auch eigentlich immer die Wahrheit, so wie der Familie. Das ist das Einfachste: Die Wahrheit erzählen, und nur bestimmte Sachen einfach weglassen. Mit den verschiedenen Männern wurde das allmählich anstrengender, die nicht durcheinanderzubringen, zu wissen, wem man was erzählt beziehungsweise geschrieben hat, ich lösche doch meine Mails immer.

Jan. Jan hat es mir sexuell am meisten angetan. Wir hatten auch Telefonsex. Ich dachte früher immer: Was meinen die Leute damit? Ich dachte, die spinnen, wie soll das gehen? Jan hat mich gefragt, ob ich Lust dazu hätte, und ich habe ja gesagt. Aber ich hatte doch gar keine Ahnung! Ich habe mir ein Buch gekauft über Sex- und Liebesspiele, da stand was drin über erotische Massagen, an diese Stelle habe ich mir extra fürs Telefonieren einen Zettel reingelegt. Meine Tochter hat das Buch in die Hand genommen und gegrinst, ich habe ihr was von Vorbereiten von Beckenbodengymnastik für die Laufgruppe erzählt.

Jan hat irgendwann vorgeschlagen: »Komm, wir treffen uns, nur mal ein Wochenende.« Ich habe meine Schulfreundin Kerstin angerufen, die wohnt jetzt in E., und habe ihr gesagt: »Du, wir treffen uns nächstes Wochenende bei dir zum Bummeln.« Das sollte für meine Familie ein Frauenwochenende sein, Kerstin hat nicht nachgefragt, wofür ich das Alibi brauche. Ich bin dann nach E. gefahren und war ganz aufgeregt. Ich hatte noch Zeit, Jan kam erst abends. Ich saß im Biergarten unter den Sonnenschirmen und dachte jedesmal, wenn ich einen Mann kommen sah: Wenn der das jetzt ist? Da waren Typen dabei ... Jan kam dann: Ein Kleiner, Dicker, einen Kopf kleiner als ich. Was soll ich sagen: Wir sind das Wochenende aus dem Hotelzimmer nicht wieder rausgekommen. Wir haben uns da nicht rausbewegt, außer zum Essen. Nach dem Wochenende haben wir uns getrennt, uns alles Gute gewünscht, es war abgemacht: Wir sehen uns nie wieder.

Ich habe das aber nicht ausgehalten. Nach fünf Tagen habe ich ihm eine SMS geschickt. Es dauerte nicht lange, bis er antwortete ... Ich fuhr später einmal ein Wochenende offiziell mit Jan in die Lüneburger Heide. Formell war das diesmal ein Fastenwochenende, an dem wir beide teilnehmen wollten. Ja, ich hatte zu Hause durchaus von Jan erzählt, der in den letzten Monaten – genau wie ich – gerade abgenommen hatte ...

Inzwischen hatte ich aber auch Bert kennengelernt, mit ihm war ich am Freitag vor dem Wochenende mit Jan in Berlin verabredet – das ist ulkig, das Fastenwochenende mit Jan war Alibi für den anderen Mann, und Jan wußte nichts davon. Die beiden sind sich sogar fast begegnet, denn ich war mit Jan am Bahnhof verabredet, und Bert hatte es sich nicht nehmen lassen, mich dorthin zu fahren. Die beiden Männer sind zehn Meter aneinander vorbeigelaufen. Mit Bert war es nett gewesen, reden, essen, mehr nicht, kein Sex.

Aber was war mit meinem Jan los? Am zweiten Tag in der Heide wollte er plötzlich die ganze Zeit fernsehen. Ich dachte mir: Um ein Buch zu lesen, bin ich nicht mit einem fremden Mann hierher gefahren. Ich habe Bert angerufen und gesagt: »Hast du Zeit? Kann ich noch einen Tag kommen?« Ich war sauer auf Jan und nach Hause konnte ich ja nicht, ich war schließlich auf Fastenwochenende. Mit Bert war es dann wieder sehr nett, aber eben nur kumpelhaft ...

Das mit Jan hat sich natürlich wieder eingerenkt. Jan ist Biologielehrer und Heilpraktiker – nach krassen Kreislaufproblemen war er dazu gekommen, sich mehr mit Gesundheit zu beschäftigen, und darum hat er dann auch noch die Heilpraktiker-Ausbildung gemacht. Wir hatten also nicht nur den Sex gemeinsam: Er interessiert sich auch für Ernährung, er macht Fitneß, wie ich mittlerweile auch, er joggt und macht auch Langlauf. Es ist selten, daß man mit einem Mann über all diese Sachen reden kann, sie auch teilen kann, mit Jan geht das. Na, und dann eben noch der Sex, der einfach super war. Meiner Familie konnte ich ja von Jan erzählen, er war meine Gesundheitsschwester, da konnte ich sagen: »Jan hat dies gesagt, Jan hat das gesagt.« Jan hat uns auch zu Hause besucht, er hat bei uns geschlafen, als er bei einer Fortbildung war, warum auch nicht, alle wußten ja, daß wir chatten, daß wir gemeinsame Hobbys hatten. Zu Hause hat sich natürlich nichts abgespielt, es war einfach ein Freund, der zu Besuch war. Mein Mann und er haben sich gut unterhalten.

Klar, anfangs hat man so Vorstellungen: Der Liebhaber verrät einen, er erpreßt einen, aber das ist ja Unsinn. Oder daß der Mann einem auf die Schliche kommt ... Auch Unsinn, wenn man vorsichtig ist. Ich habe jetzt so oft gelesen, daß Männer froh sind, wenn sie vor ihrer Frau Ruhe haben. Ich tröste mich immer: Ich nehme meinem Mann ja nichts weg. Es ist eher so: Ich erlebe was, was mir gut tut, das spüren die dann auch zu Hause, an meiner guten Laune.

Ich kann gar nicht genau sagen, wie ich in diese Männer-Geschichten hineingeraten bin. Viele Frauen sind ja froh in ihrer Ehe, und alles kann für sie so bleiben, wie es ist. Wenn man so glücklich ist, warum nicht. Bei mir war es nur so: Die Kilos waren weg, ich war viel mobiler geworden, und mit dieser Aktivität, auch mit meiner Lust, mußte ich irgendwohin und konnte bei meinem Mann nicht landen.

Dieses erste Wochenende mit Jan hat mir gezeigt, was es alles gibt, was ich eigentlich wirklich verpaßt hatte mit meinen bald 40 Jahren; zum Beispiel Oralverkehr, das ist für mich das Größte. In der Generation von meinem Mann ist eher verbreitet: Das tut man nicht. Sex, das ist für die Älteren nur der Akt an sich. Das fehlende Begehren hatte bei meinem Mann nie etwas damit zu tun, daß meine Körperfülle störte, das weiß ich sicher. Wir haben versucht, darüber zu reden, aber es geht nicht. Ich weiß, daß er sich keine Pornos ansieht. Er läßt auch nie was kucken, wie er andere Frauen findet. Nur Iris Berben: Für die begeistert er sich. Wenn die wüßte, was sie mir damit für einen Gefallen tut, wenn sie im Fernsehen in einem Film mitspielt, mein Mann schwärmt dann richtig. Mein Mann ist komisch, wenn im Fernsehen welche knutschen, geht er raus. Er mag auch keinen Menschen nackt sehen, Frauen schon gar nicht. Ich mag mir auch Frauen ankucken, es ist doch etwas Schönes, ein toller Körper.

Ich traue mich heute ganz anders an die Dinge ran als früher – nie hätte ich mich als junges Mädchen hingelegt und einen

Mann sozusagen in mein Intimstes kucken lassen. Hätte ich mich nicht getraut. Ja, die Veränderungen an und in meinem Körper haben mich verwandelt, ich habe mehr Bewegungsdrang und mehr Lust. Wenn ich heute zehn Kilometer gelaufen bin, bin ich erst richtig heiß. Das Laufen habe ich mit einer Freundin im Urlaub auf Rhodos angefangen, erst immer eine Minute laufen, eine Minute gehen. Nach dem Urlaub haben wir schon 20 Minuten geschafft. Ich habe mich dann auch zu Hause aufgerafft, bin heimlich ins Fitneß-Studio gegangen und habe da die Pulsuhren entdeckt: Mit denen konnte ich immer genau so trainieren, wie es meinem Körper gut tut. Da konnte ich in kürzester Zeit zehn Kilometer am Stück laufen, einfach, weil ich immer das richtige Tempo hatte, im Zweifelsfalle ein langsames. Ich habe mich so sauwohl gefühlt in meinem Körper, ich habe gleich meine Schwester und auch einige Kolleginnen mitgerissen in unsere Laufgruppe. Heute kommt es vor, daß ich aufwache mit dem Gedanken: »Hach, du hast Zeit, gleich kannst du wieder rennen.«

Zwischen Jan und Bert habe ich Werner kennengelernt, den will ich nicht unterschlagen. Über so ein Flirttelefon, wo man SMSe schickt. Ich bin durch Zufall an den geraten. Erst kam die SMS, dann folgten Mails. Er hat mir geschrieben, daß er Berufssoldat ist und beruflich manchmal in unserer Gegend. Er kam dann bald, und wir haben uns am ersten Abend schon geküßt, mehr so romantikmäßig, nicht so wild wie mit Jan. Vergangenes Jahr war er sogar ein halbes Jahr während einer vorübergehenden Versetzung hier, da war mein Mann sechs Wochen zur Weiterbildung. Das war ein sehr schöner Sommer. Einmal, da hatten wir uns gerade vier Tage vorher heiß geliebt, ruft Werner mich an und sagt: »Übrigens, ich habe heute geheiratet.« Da hab' ich mich doch gewundert ... Er hatte ein paar Tage davor mit mir ... und auch danach wieder ... Also, wenn *das* in einer Ehe nach längerer Zeit nachläßt, aber gleich zu Anfang? Na ja, seine Sache. Mittlerweile gibt's Werner wieder in meinem Leben, allerdings nur selten, die Entfernung ist doch auf Dauer zu groß.

Irgendwann hat Werner mal Fotos von mir gesehen. Die Fotos waren ein paar Jahre alt, zeigten mich neben den Kamelen, und ich war wirklich so 'ne Maschine mit 40 Kilo mehr. Dazu hat er aber überhaupt nichts gesagt, es war ihm egal. Als ich ihm gestand, daß es mir peinlich war, daß er die Fotos kannte, meinte er nur: »Ich finde dich sehr sexy.« Ich glaube, daß viele Frauen das unterschätzen, wie egal den Männern Figur und Gewicht ist. Überhaupt das Äußere – die Kleidung zum Beispiel. Bei den ersten Treffen war ich noch total daneben: »Was ziehst du an?« Und ich gab mir richtig Mühe mit dem Aufbrezeln. Als ich dann später Kai zum ersten Mal traf, mit ganz normalen Klamotten, die ich täglich im Büro trage: Er stand an der Ecke mit dem Rücken in meine Richtung, ich tippte ihm auf die Schulter, er drehte sich um, und ich sah das Strahlen in seinen Augen – da wußte ich, dem ist es egal, was du anhast, der will es ausziehen!

Alle Männer, die ich bisher kennengelernt habe, sind total unterschiedlich. Aber ich weiß genau: Mit jedem einzelnen wäre es nach ein paar Monaten oder Jahren wieder so wie mit meinem Mann. Mit meinen Liebhabern kann ich ganz anders sein, viel gelassener als mit Kurt. Neulich war ich mit Kai auf dem Weg in ein Stundenhotel, er hatte das ausfindig gemacht, und wir wollten das erste Mal hin. Er hat den Weg aber nicht richtig gefunden und sich verfahren. Meinem Mann hätte ich die Hölle heiß gemacht. Bei Kai saß ich in aller Seelenruhe daneben und dachte: Ach, wart's ab, wir werden schon ankommen. Sind wir auch. Beim Liebhaber nimmt man vieles gelassen hin. Zu Hause muß ich alles organisieren, bei meinen Liebhabern genieße ich, daß ich das nicht tun muß. Kai denkt bestimmt von mir: Die ist blond und doof – der findet mich geil. Das ist doch prima, anders will ich's gar nicht ...

Auf Kai bin ich über Jan gekommen. Da war wieder Seminar angesagt. Jan hatte immer davon gesprochen, daß er es gerne mal mit zwei Frauen probieren möchte. Ich habe aber gesagt: »Nö, wenn, dann eine Frau und ein Mann.« Übers Internet hat Jan uns ein Pärchen gefunden, den Kontakt habe aber ich gehalten. Wir waren also für einen Nachmittag in der Innenstadt verabredet, in einem Hotelrestaurant, erst mal zum Beschnuppern. Da ruft Jan mich an und sagt: »Wir müssen absagen. Ich kann das nicht, mit einem anderen Mann dabei ...« Mein Gott, war ich sauer. Wollte er mich testen, oder was sollte das? Der andere Mann rief jedenfalls wie verabredet eine Stunde vorm Treffen an – ich habe das Handy klingeln lassen, was hätte ich sagen sollen? Den ganzen Abend über klingelte mein Handy, immer im Halbstunden-Abstand. Abends habe ich mich dann hingesetzt und ihm eine E-Mail geschrieben. Ich habe die Wahrheit geschrieben, habe mich entschuldigt. Jan hatte ja letztlich gekniffen, nicht ich. Kai und ich haben noch ein bißchen hin- und hergeschrieben, dann haben wir ausgemacht: Wir treffen uns alleine. Ich habe ihn zwei Tage später von der Arbeit abgeholt. Wir sind dann direkt eine Stunde ins Grüne ... Wir haben uns nur unterhalten. Er hat mir ganz deutlich zu verstehen gegeben, daß er mich will. Darauf war ich unwahrscheinlich stolz.

Beim nächsten Mal haben wir uns im Hotel getroffen. Da war schon nicht mehr die Rede von Partnertausch, also mit mehr Leuten. Ich weiß nicht, wie Kai sonst lebt, ich frage nicht viel. Mir fällt nur auf: Er muß immer pünktlich weg, muß abends zu Hause sein. Er wird eine Frau oder Freundin haben, das ist doch o.k. so. Er will auch nicht mehr als eine Sexbeziehung, genau wie ich.

Meine Liebhaber wissen nichts voneinander. Es ist spannend, wenn man so viele kennt. Da kann ich auch mal Jan, der ja offiziell Freund ist, als Alibi benutzen. Ich sage, wir sind beim Lauftreff oder Fasten in X., in Wirklichkeit fahre ich zu Werner. Mit meiner Familie ist das mit den Ausreden nicht kompliziert, im Gegenteil, die hören ja leider nicht zu.

Seit ich meine Liebhaber habe, ist das Leben insgesamt viel aufregender geworden, viel spannender. Vor 14 Tagen hat Kai sich drei Tage nicht gemeldet. Angst kann ich's nicht nennen, was ich da hatte, weil ich dachte: Vielleicht ist er nun weg, aber gut fand ich's auch nicht. Ich kann das nicht leiden, einfach so nichts zu wissen. Daß ich dann muffig bin und launisch, das macht sich auch zu Hause bemerkbar. Aber das ist ja eher die Seltenheit, normalerweise bringen mir die Liebhaber Schwung und Energie. Dadurch, daß es mehrere sind, kommt wenig Frust auf – weil – einer hat immer Zeit ... Ein Liebhaber frischt die Ehe auf. Wenn's der Mutter gut geht, geht's auch dem Rest der Familie gut. Wenn ich an die Frauen denke, die nur zu Hause sind, sich nur um die Kinder kümmern, nur den Haushalt haben. Ich habe so viel Abwechslung, durch den Beruf, den Sport, die Männer – und meine Familie, um die kümmere ich mich trotzdem.

Wissen von meinem Liebhaber tut nur meine große Schwester. Mit ihr hatte ich ein lustiges Erlebnis mit einer von meinen Chat-Bekanntschaften, das war ziemlich irre. Ich hatte da einen Sergej aus Moskau kennengelernt. Angeblich. Der schrieb, er sei Geschäftsmann. Angeblich. Und er hätte viel Geld als *Bisnisman* gemacht, und er müßte oft seine Filialen in der ganzen Welt besuchen, ob ich nicht mal mitfliegen wollte ... Und im Mai, da käme er nach Hamburg, um mit Geschäftsfreunden die Eröffnung von einem großen Lokal zu besprechen. Er schrieb immer so poetische Sachen, von der russischen Seele, den Birkenwäldchen, seiner Sauna mitten im Wald. Und wie wichtig es ihm sei, von seinem vielen Geld viel für die Kirche und mildtätige Einrichtungen zu spenden: »Wenn du siehst, wie die Augen der Straßenmädchen leuchten, wenn sie wieder ein Dach über dem Kopf haben, ein Bett haben, Waschgelegenheit. Und sie müssen nicht in der Gosse enden oder im Bordell ... Auch wenn wir es schaffen, Mädchen aus der Prostitution zu holen, da gibt es Vereine, die da helfen und ...«

Na ja, Sergej wollte also am 19. Mai in Hamburg sein und sich mit mir am Fischmarkt treffen. Das habe ich meiner Schwester erzählt, und die hat gesagt: »Siehst du? Da ist doch der Straßenstrich! Da kommt die Russen-Mafia und zerrt dich direkt in ein Auto, und dann wirst du nach Marokko ins Bordell verschifft.« Wir haben Tränen gelacht.

Ich wollte diesen Sergej aber schon gern kennenlernen, und so haben wir uns am Dammtorbahnhof verabredet. Meine Schwester stand unauffällig am Zeitungskiosk. Da sind wir vorbeigegangen und dann in den Park *Planten und Blomen* rein. Meine Schwester immer hinterher. Manchmal habe ich mich umgekuckt und gesehen, wie sie möglichst unauffällig tat, die Nase wie eine Touristin im Stadtplan. Sie war dann so frech, sich im Gartenlokal direkt an den Nebentisch zu setzen und rüberzugrinsen.

Ich wäre innerlich fast geplatzt vor Lachen, denn alles, was Sergej mir erzählt hat, war zu komisch. Er sprach eigentlich astreines Deutsch, was er so erklärt hat, daß er aus einer deutschstämmigen Familie kommt, und seine Großmutter hätte immer großen Wert auf seine Sprache gelegt. Außerdem: die internationalen Kontakte ... Dieser angebliche Russe kam ganz normal in Jeans und Sweatshirt, er sah aus wie ein aus den 70ern übriggebliebener Hippie. Aber er hatte so ein kleines Pelzkäppi dabei: »Brauche ich hier aber gar nicht, ist Mai bei euch ja schon sehr warm ...« Ich wußte wirklich nicht, ob ich ihm alles glauben sollte, vieles hatte Hand und Fuß, auch gerade sein soziales Engagement erschien mir plausibel. Er hat mir auch erzählt, daß seine Frau Olga leider sehr krank sei, sie habe Muskelschwund und sei ans Haus gefesselt: »Weißt du, ich muß sie sehr pflegen, und das ist eine andere Welt als die harte Geschäftswelt.« Von seinen Geschäftsreisen hatte er auch Fotos dabei: Er mit Sonnenbrille und einem Kollegen vor einem Hospital in Miami, er im Wintermantel vor einer Klinik in Hongkong ... Er beim Badeurlaub in der Karibik vor einer tollen Yacht auf dem Bootssteg. Er erzählte, daß er in einer reinen Männerwelt lebt, es gebe nur seine Frau, die Pflegerin und die Haushälterin in seinem Leben. »Du bist die erste, die ich wieder als Frau sehe.«

Er hatte auch gesagt, daß er im *Hotel Atlantic* wohnt, und ich hatte mir vorgenommen: Wenn er dich fragt, ob du mitkommst, gehst du mit. Aber er hat nicht gefragt. Wir haben uns dann am Dammtor wieder verabschiedet, und ich bin mit meiner Schwester in die S-Bahn gestiegen.

Was haben wir gelacht! Ich weiß nicht, was ich von ihm halten soll, aber es kommt ja noch besser: Einmal kriegte ich eine SMS von ihm, welche Blutgruppe ich hätte – für ein 19jähriges gefallenes Mädchen würde dringend eine Spenderniere gesucht ...

Wir haben uns dann noch mal in Hamburg getroffen. Er hatte gesagt, er wollte gerne diesmal etwas Kulturelles erleben, aber ich dachte: Was meint er nun? Oper und Ballett kann er in Moskau wohl besser haben, und Kunstausstellungen in aller Welt sehen. Also habe ich gedacht: Kino, einen alten Hans-Albers-Film. Das fand er auch schön, aber er machte keine Anstalten, sich irgendwie anzunähern. Da habe ich ihm die Hand aufs Knie gelegt, aber: nichts. Egal. Er ist jetzt sowieso tot. Jedenfalls vielleicht! Kriege ich doch eines Tages eine SMS von einem Freund von ihm! Der wollte alle Freunde aus Sergejs Telefonbuch informieren, daß Sergej gestorben sei und die Beerdigung sei dann und dann ... Da habe ich mich gewundert, denn eigentlich hatte Sergej gesagt, er wollte seinen Körper der Wissenschaft überlassen oder diesem Plastinator zur Verfügung stellen, wissen Sie, der mit diesen gehäuteten Figuren in der Körperwelten-Ausstellung. Ich habe dem angeblichen Freund eine lange Mail mit vielen Fragen zurückgeschrieben. Und es antwortete mir: Sergej! Na, wohl von den Toten wiederauferstanden, dachte ich. Er schrieb, das Ganze sei ein Irrtum, er habe nur im Koma gelegen ... Na ja ... Natürlich stimmt das alles hinten und vorne nicht – oder vielleicht doch in Teilen? Ich hatte eigentlich nicht das Gefühl, daß er sich einen Spaß macht. Ich weiß es nicht, es ist auf jeden Fall lustig, was einem so alles passieren kann.

Ich mag das neue Leben, das sich bei mir durch das Internet entwickelt hat, ich lebe intensiver als früher, genieße alles unheimlich. Das ist für mich sehr wichtig, ebenso wie meine Lust, wie Gefühle. Mein Mann kann so schwer Gefühle zeigen, ich meine, selbst ganz normale, alltägliche wie Freude oder Ärger. Das war schon immer so, schon als wir uns kennengelernt haben. Er hat mir damals sehr imponiert. Ich kam in seinen Betrieb als Azubi, er war schon Abteilungsleiter. In unserem technischen Beruf sind Frauen und Mädchen Mangelware. Ich habe es sehr darauf angelegt, dem erfahrenen Kollegen zu zeigen, was ich kann, unter allen Lehrlingen aufzufallen, auch als Frau. Ich mochte ihn in seiner zurückhaltenden, zuverlässigen Art und natürlich als kompetenten Kollegen. Alle privaten Kontakte zu ihm gingen von mir aus. Es liegen ja immerhin, wie gesagt, 18 Jahre zwischen uns, jedenfalls: Wir sind zusammengekommen. Er ist sehr intellektuell, sehr belesen, nur bei den Gefühlen, da hapert's. Meine Mutter hatte mich gewarnt: »Kind, mit so einem alten Mann, das geht nicht gut.« Alter Mann – er war zwei Jahre jünger als sie! Als ich überlegte, ob es geht oder nicht, war ich schon schwanger, da gab's dann für mich nichts mehr zu überlegen. Und ich habe es nicht bereut. Manchmal zanken wir und brüllen uns richtig an, aber dann vertragen wir uns auch schnell wieder, und keiner ist beleidigt. Mein Mann ist sehr tolerant, ich konnte immer alleine mit Freundinnen zum Tanzen ausgehen, ohne daß es ihn gestört hätte. Er wollte aber auch nie mit.

Ich habe eine Kollegin, die würde auch so gerne mal ausgehen ... Neulich: Da wäre sie so gerne mit uns von der Lauftruppe ein paar Tage auf Radtour gegangen. Aber sie kann nicht. Weil ihr Mann sie nicht läßt. Denkt sie, darum fragt sie erst gar nicht. Allein der Gedanke: seinen Mann fragen, wenn man ... Aber sie begründet das natürlich anders, sie sagt, sie kann nicht so ohne große Planung aus der Abteilung weg, sie tut so, als bräche ohne sie das Amt zusammen. Ich mach' das anders: Wenn ich spontan frei haben möchte, frage ich den Chef, ob es geht – wenn ja, ist es toll, wenn nein, kein Beinbruch. Ich hatte auch schon für sie gefragt: Wir hätten zusammen fahren können. Aber: Sie will einfach nicht wirklich, sie traut sich nicht. Ihr Mann weiß das genau. Letztes Jahr war sie auf Kur, da hat er sie tatsächlich jeden Abend um zehn angerufen. Einmal war sie nicht im Zimmer. Ihr Sohn hat erzählt, wie Papi abwechselnd weiß und rot wurde im Gesicht – ehrlich, so ein Erlebnis bräuchte dieser Mann jeden

Tag! Frauen wie diese Kollegin tun mir richtig leid. Sie sitzen wie in dem Lied von Frank Schöbel am Frühstückstisch und sehnen sich nach der Liebe. Die wissen nicht, was sie verpassen. Genau wie ich auch nicht gewußt habe, was ich verpaßt habe.

Klar, Sex ist nicht alles, mein Mann ist für mich sehr wichtig. Kann ja sein, er braucht es nicht. Oder er spinnt. Ich finde es herrlich, einfach als Frau begehrt zu werden, ohne Rücksicht auf meine berufliche Stellung, mein politisches Engagement. Bei Kai finde ich es gerade schön, daß er von all dem überhaupt nichts weiß, er sieht mich wirklich rein als Frau.

Ja, ich habe also meine festen Liebhaber, und immer, wenn einer sich mal eine Zeitlang nicht meldet oder sich dünner macht, denke ich: Es ist Zeit, du mußt mal wieder einen neuen aufreißen. Vor ein paar Wochen war ich mit meiner Internet-Bekanntschaft Helmut tanzen, er sagte, da sei eine Diskothek, da könne man auch mit 40 noch gut hingehen. So war es auch tatsächlich. Es war ein schöner Abend, aber daß mit dem Helmut nichts laufen würde, war von Anfang an klar. In der Diskothek lerne ich ausgerechnet jemanden kennen, der auch Bekannte in unserem Ort hat. Er wollte am nächsten Sonntag nach dem Kaffeetrinken bei diesen Bekannten bei uns vorbeikommen, aber das war mir nichts, die Leute müssen nicht unbedingt reden.

Überhaupt, das Problem mit unserem kleinen Vorort. Einen Mann habe ich im Chat kennengelernt, der wollte umgehend, sofort und auf der Stelle vorbeikommen. Er hat vorgeschlagen: »Du kannst dich ja hinter die Gardine stellen, ich fahre im offenen Auto vorbei, und dann kannst du entscheiden, ob ich dir gefalle oder nicht.« Ich habe gesagt: »Hör mal, ich wohne hier nicht im Mietshaus, wo das nicht auffällt, das ist hier 'ne Einfamilienhaussiedlung, da kannst du nicht einfach vor meinem Haus auf- und abfahren.« Er ließ aber nicht locker. Und da bin ich spontan zu einer Radtour aufgebrochen. Im Ernst, ich bin zum Bahnhof geradelt, da wartete er im Auto. Ich fand, der sieht gut aus, und bin mit ihm Kaffeetrinken gegangen. Und dann sind wir noch 'ne Runde in den Wald ...

Einmal habe ich in letzter Zeit wieder zugenommen, zwei Konfektionsgrößen. Und bei jeder Konfektionsgröße habe ich gedacht: Ach, du Scheiße, jetzt wirst du wieder dick. Ich hab's aber gepackt ... Ich war schon immer dick, ich war im Sport immer die letzte und hatte schlechte Noten. Als ich meine erste Medaille vom Laufen mit nach Hause brachte, war das für mich noch wichtiger als die sexuellen Erlebnisse. Das mit dem Sport hätte mir nämlich keiner zugetraut. Und wenn ich unsere Laufgruppe trainiert habe und die klatschen beim Abschluß des Trainings – das ist total super.

Ich beobachte Freunde, Bekannte, Pärchen, und ich sehe: Bei vielen liegt was im Argen. Ich bin dagegen jetzt sehr zufrieden mit meinem Leben. Der Kern ist der, daß ich jetzt auf dem Standpunkt stehe, daß Frauen sich das auch gönnen können, also ihre Lust. Wenn das mit einem Liebhaber vorbei ist, suche ich mir einen neuen. Mein Traummann ist groß, kräftig und blond. Aber im wirklichen Leben nehme ich es, wie es kommt, es ist egal, wie sie aussehen. Es ist ein wahnsinnig gutes Gefühl zu wissen: Da sind mehrere Männer, die dich geil finden und gern mit dir zusammensein wollen – nicht nur zum Reden ... Man muß nur eins ganz fest für sich wissen: Ich will das nur so an der Oberfläche, wenn man sich wirklich verliebt, ist man verloren.

Sophia, Hausfrau, 34

Bald lebe ich mit zwei Männern

Oder: Niemals – das Wort gibt es nicht mehr

Hört man nur ihre Stimme am Telefon, stellt man sie sich als Fee vor oder Elfe. Und tatsächlich: Sophias blondes Haar reicht fast an den Po, mit mädchenhaftem Lächeln erzählt sie ein Märchen ziemlich aus dieser Welt: die Geschichte von der Weisen, dem Fels in der Brandung und ihrem wiedergefundenen Schatz

Ich werde demnächst mit meinem Mann und meinem Freund zusammenziehen. Das hat sich so entwickelt, das hätte ich nie gedacht. Auf der anderen Seite: Ich bin anders als die anderen kleinen Mädchen, darum ist mein Leben auch anders.

Ich habe mir Namen für uns überlegt. Sophia, das ist die Weisheit. Erik, mein Mann, das ist der alleinige Führer, der Begleiter in allen Lebenslagen. Und Ben, das ist ein ganz klassischer hebräischer Name, das ist der Sohn, der Sohn des Glücks – Erik und ich wollten ja kein Kind, und nun haben wir doch Familienzuwachs … Genau, so müßten wir heißen in unserer Geschichte, diese Namen fühlen sich für mich richtig an.

Dieses Foto hier zeigt eine Pflanze – die Blätter sehen groß aus, sind aber in Wirklichkeit ganz klein. Siehst du die Tautropfen – ich bin morgens barfuß über diese Wiese gelaufen. Diese Pflanze, die hat was mit mir zu tun, darum habe ich sie fotografiert. Und hier, dieses Foto, ich mit Ben und Erik in der Toskana: Es ist das erste Mal, daß ich Ben großflächig berührt habe, da kannten wir uns schon 13 Jahre. Wie Ben den Arm um mich rum hat … Mir ist richtig schwarz vor Augen geworden in diesem Moment, und ich wußte: Das ist ein Neuanfang. Das war vor zwei Jahren.

Als ich Erik kennengelernt habe, war ich das erste Mal in meinem Leben alleine ausgegangen, nur auf Drängen meiner Mutter. Sie fand es nicht normal, daß ich mit 17einhalb immer zu Hause hockte. Da bin ich mit meinen Freundinnen halt in die Disko. Kurz vorm Gehen habe ich Erik gesehen, und das war's: Es war bei mir Liebe auf den ersten Blick. Er hat sich dann mit meiner Freundin unterhalten. Sie und ich fuhren nach Hause.

Er ging mir nicht aus dem Kopf. Am nächsten Wochenende bin ich wieder in die Disko. Am ersten Abend war er nicht da. Am zweiten ja. Ich war mit einer Freundin da, bin an ihm vorbeiflaniert: »Na, du erkennst ja auch keinen.« Wir haben uns unterhalten, und ich wußte: Der ist es einfach für mich. Es gab keinen einzigen Tag, wo ich ernsthaft in Erwägung gezogen hätte, er ist doch nicht der Richtige. Die Liebe auf den ersten Blick hat sich weiterentwickelt. Bis heute und bis hin zu unserem Leben mit Ben.

Erik hat mich an diesem dritten Diskoabend nach Hause gebracht. Obwohl meine Mama immer gesagt hat: »Steig nicht zu fremden Männern ins Auto.« Im Autoradio lief ausgerechnet *Jeanny* von Falco, das Lied von dem Mädchen, das mit 17 umgebracht wird ... Und Erik hatte so komische Radfahrerhandschuhe angezogen ... Ich dachte: Ich sehe meine Mama nie wieder. Das war schlimm für mich, ich war doch der Schatz der Familie.

Er hielt ganz brav vor unserem Haus, ich wollte aber nicht aussteigen und habe ihm gesagt: »Laß uns noch 'ne Runde fahren.« Ich schwankte zwischen schweißgebadet und eiskalt, mal hatte er die Hand auf meinem Knie, mal auf meiner Hand. Ganz früh an diesem Februarmorgen, im Morgengrauen, hat er mich zu Hause abgesetzt. Meine Eltern müssen Amok gelaufen sein die Nacht. So etwas hatten sie mit mir noch nie erlebt. Ich habe keine Pubertätsprobleme gehabt, ich war das netteste Kind der Welt.

Erik hatte mich zur Tür gebracht. Als er zum Auto ging, sah ich plötzlich – einen humpelnden Märchenprinzen! Das geht doch eigentlich gar nicht! Ich stand ein bißchen unter Schock.

Keine Prinzessin stellt sich ihren Prinzen mit einer Behinderung vor. Als ich meiner Mutter meine Bedenken klagte, hat sie gesagt: »Das mußt du eben wissen ...« Ich dachte: Es ist mir egal. So ging's seinen Gang.

Für den Nachmittag hatte er sich mit mir verabredet: »Mein Opa hat Geburtstag, gehen wir da zusammen hin?« Ich habe Ja gesagt, blöd wie ich bin. Er kam mit der häßlichsten Krawatte der Welt und einem rosa Hemd. Er hatte sich feingemacht für die Verwandten. Da habe ich das erste Mal seine Eltern gesehen. Seine Mutter hat mir erst zur Hochzeit das Du angeboten. So wie sie mich nicht leiden konnte von Anfang an, hat der Vater mich vom ersten Tag an geliebt.

Ich war verliebt, aber irgendwie ging mir das alles zu schnell. Erik und ich haben abends wild rumgeknutscht, auch in den nächsten Tagen. Alles, was weiterging, wollte ich nicht. Wir haben uns so oft gesehen wie möglich. In anderthalb Jahren ist die vormals engste Mutter-Tochter-Beziehung der Welt zu einem Fiasko eskaliert.

Nach dem Abitur, als ich 19 war, sind wir zusammengezogen in eine Anderhalb-Zimmer-Wohnung. Erik ist fünf Jahre älter als ich. Er verdiente schon als Techniker und konnte uns beide ernähren. Es war nicht so, daß ich ausgezogen bin, ich bin sozusagen »ausgezogen worden«, wie mein Vater später bei einem klärenden Gespräch vor der Hochzeit sagte. Mit meinen Eltern war jahrelang Funkstille gewesen, bis wir sie zur Hochzeit einluden.

Geheiratet haben wir erst sechs Jahre nach dem Kennenlernen. Ich hatte Erik immer gesagt: »Ich heirate dich sowieso erst, wenn ich außer mit dir noch mit einem anderen Mann geschlafen habe.« Zu 75 Prozent war das ein Witz. Aber meine Mutter, die nur mit meinem Vater geschlafen hat, hat mal zu mir gesagt: »Du, ich habe was verpaßt.«

Erik ist auf meinen Witz total angesprungen, er hatte da einschlägige Erfahrungen, er hat seine Freundin mal mit seinem Freund erwischt. Er hat immer gesagt: »Sollte irgendein anderer Mann im Spiel sein, verlass' ich dich.« Ich habe gesagt: »Niemals.« Das war mal mein Lieblingswort, das versuche ich heute zu vermeiden.

Mit 17 habe ich ihn kennengelernt, mit 23 geheiratet, da hatten wir vier Jahre zusammengelebt. Ich hatte immer auf einen tollen Heiratsantrag gehofft, es gab so viele romantische Momente … Aber Erik war lange nicht bereit dazu. Bis zu diesem Abend an der Nordsee, bei einem Essen, beim Dessert, da hat er mich dann auf Knien gefragt. Ich hatte mir immer vorgestellt: in Weiß und mit 'ner Kutsche. Als es dann soweit war, haben wir uns sogar mit dem Pfarrer angelegt, der wollte das ganze Programm, mit Jesus und Halleluja und so. Diese Querelen um die Hochzeit waren mein Anfang, die Kirche zu verlassen. Ich bin zwar nach wie vor sehr religiös, aber nicht mehr christlich. Meine Hochzeit war ansonsten wunderschön.

Ich hatte angefangen, Sozialpädagogik zu studieren, ich war schon im vierten Semester. Aber da sind so viele kaputte Seelen rumgelaufen. Ich habe aufgehört und ganz viel gejobt. Dann wollte ich mich an der Hochschule bewerben, als Darsteller fürs Musical – die wollen eigentlich Leute, die schon fertig sind, das wußte ich damals nicht. Ich hatte bis dahin immer nur zum Vergnügen getanzt und gesungen. Nach der Aufnahmeprüfung nahm mich eine Prüferin beiseite und sagte, sie würde mich ein Jahr lang auf die nächste Prüfung vorbereiten, wenn ich wollte. Haben wir gemacht.

Es gibt Schicksalsmomente im Leben. Das war meine Hochzeitsreise. Wir waren in der Dominikanischen Republik. Da kriegte ich die Ruhr. Ich hing nur am Tropf und war die ganze Zeit im Zimmer. Das war bestimmt das schönste Krankenzimmer der Welt, durch das Fenster sah ich die Palmen und das türkisfarbene Meer. Der Arzt sagte: »You tomorrow on the beach, eat everything you want.« Morgen sollte ich wieder am Strand sein und alles essen können. Pustekuchen. Ich habe zweimal am Tag Morphium gekriegt, danach dauerte es immer fünf Sekunden, die Schmerzen waren weg, und ich fragte: »So, und was machen wir jetzt?« Das war eine irre Erfahrung. In den Urlaub war ich mit meinem idealen Kampfgewicht gefahren, 56 Kilo, als ich zurückkam, waren es noch 46. So konnte ich mich nicht prüfen lassen. Die Chance für die Musical-Karriere war weg. Ich habe es nicht noch mal versucht. Im nachhinein ist das gut. Ich mußte nicht vier Jahre lang sechs Tage die Woche zehn Stunden am Tag durch die Tanz- und Probensäle rennen.

Jetzt habe ich eben keine Berufsausbildung. Erik hat immer so viel verdient, daß es für uns beide gereicht hat. Ich habe von meinen Eltern nie etwas dazubekommen. Ich habe durch meine Jobs immer nur ein bißchen dazuverdient, dafür hatten wir immer, wenn Erik frei hatte, ganz viel Zeit für uns. Ja, er hat immer das Geld verdient, und ich hab' ihm den Rücken freigehalten. Er ist ja behindert, ich bin sein Trage-Esel, die Schlepperei, das mach' halt alles ich.

Oft haben Leute, auch Freunde, früher zu mir gesagt: »So ein junges Mädchen wie du, du mußt doch arbeiten.« Ich habe geschmunzelt – in den 50er Jahren war es genau umgekehrt: Da war es anstößig, wenn die Frauen arbeiten wollten. Das Leben, das ich leben darf, schätze ich sehr. Ich finde, es ist eine wahnsinnige Gnade, ein Geschenk. Ich bin sowieso nicht geeignet zum Arbeiten, weil ich zu viel hinterfrage. Bestimmte Sachen kann ich einfach nicht, so unfaire, irrationale Sachen, wie sie bei der Arbeit tagtäglich vorkommen. Seit ich geheiratet habe, war mein Leben immer sehr frei und sehr künstlerisch.

Erik und ich hatten damals, in den Jahren nach der Hochzeit, eine eingespielte Pärchenidylle, wir waren nie alleine anzutreffen. Ich hatte schon das Gefühl, verlassen zu werden, wenn Erik nur auf Dienstreise ging.

Er war mein erster Mann gewesen, ich war bereit, geführt zu werden. Ich habe seine Begeisterung für mich auch sehr geschätzt. Wir haben so vieles zusammen ausprobiert, entdeckt, er hat mir so vieles nahegebracht. Wir hatten bei allem den gemeinsamen Nenner, nur beim Sex war es schwierig. Mein Mann steht sehr auf das, was ich Filmsex nenne, eben wie im

Video. Er mag es auch, wenn Sex verbalisiert wird, er mag es sehr, wenn Wörter fallen. Ich kam mir dabei so blöd vor. Und dann alles so abzuhaken wie im Video, Punkt A, Punkt B, Punkt C. Er war enttäuscht, daß das mir nicht so gefällt wie ihm. Meine Unlust nahm zu.

Ich hatte immer gedacht, er könnte es lernen, Gefühle mehr zu zeigen, wenn ich nur genug investiere, ihn ranführe an Sanftheit, das Gefühl von Kuscheligkeit, Entspanntheit. Er kannte das alles nicht von zu Hause. Wir dagegen waren eine sehr verkuschelte Familie. Eriks Eltern hätten sich nie vor anderen berührt, nie haben sie ihren Sohn umarmt, ihm höchstens mal auf den Rücken geklopft.

Es hat ewige Zeiten gedauert, bis ich realisiert habe: Ich darf's ihm nicht geben, meine Zärtlichkeit, mein Kuscheln. Ich habe damals gemerkt, ich kriege es nicht hin, er will nicht. Und diese Erkenntnis dann irgendwie für mich umzusetzen … Es war also damals die Zeit, wo es in mein Bewußtsein drang, daß mir Nähe, Zärtlichkeit wichtiger ist als Sex.

Ich hatte diese emotionale Lücke. Da habe ich Sven kennengelernt. Beim Chatten im Internet. Im Chat kommt man sich sehr nahe. Das Bild, das du von dir selbst herstellst, wird von anderen übernommen. In Sven habe ich mich schriftlich verliebt, wir hatten aus Spaß geflirtet.

Das erste Treffen … Ein Junge, Anfang 20, sechs Jahre jünger als ich, völlig unfertig. Aber er hatte Grübchen und blaue Augen. Ich habe sehr schnell mitgekriegt, daß sein Image nicht echt war. Er lebte noch zu Hause und war depressiv, er hatte noch nie 'ne Freundin, er war kurz vorm Verzweifeln. Er hielt sich für dick, blöd, unglücklich und zum Alleinsein verurteilt. Ich habe mich aber gefragt: Was ist das für eine Tour? Was ist sein Charakter? Er erschien mir supertraurig, enttäuscht und allein. Und er schien auch so ein Kuschelchen zu sein wie ich, und niemand wollte ihn. Wir waren im Café essen, da hat es geknistert. Ich habe ihm gesagt: »Ich bin verheiratet, das weißte.« Wir haben Dart gespielt, und ich habe ihn rankommen lassen. Das war alles sehr melodramatisch. Ich wollte die Grenzen austesten.

Mein Mann war in diesem Prozeß mit drin. Ich bin zu ihm gegangen und habe gesagt: »Ich will den haben.« Erik hat gesagt: »Ich schenk' dir den, ich erlaub' dir den.« Für mich war es komisch, diese Absegnung, aber ich dachte auch: Versuch dein Glück.

Es ging fünf Jahre. Und es war auch toll in der Anfangszeit. Sven hat mich vergöttert. Aber er war lebensunfähig. Ich dachte, ich würde ihm eine Entwicklung ermöglichen, ich dachte, er könnte wachsen – ist er aber nicht. Er hat sich erdrückt gefühlt. Was uns zusammengehalten hat, war die emotionale Verbindung, das Gefühl, einander festzuhalten. Es war eine Zeit des Wachstums für mich. Ich kam mir vor wie frisch geschlüpft. Erik ist ein in jeder Hinsicht potenter Mensch, er hat mir das Leben gezeigt. So etwas Ähnliches war ich dann für den Kleinen, ich entdeckte Verhaltensmuster wie bei Erik und mir, nur umgekehrt. Wir haben auch viel zu dritt unternommen, ich, der Kleene und der Olle.

Wenn ich bei Sven übernachtet habe, kam manchmal morgens seine Mutter rein: »Das Frühstück ist fertig.« Ich war soo glücklich und dankbar für die Erfahrungen in dieser Zeit, Erfahrungen, die andere in diesem Lebensabschnitt entweder schon haben oder verpassen. Er war drin in der HipHop-Szene, da hab' ich Sachen erlebt, die man sich in meinem Alter sonst weniger erlaubt. Er hat viel gehascht, da ging ich nicht konform, ich kann mir meine Kicks und Highs anders schaffen. Trotzdem war ich ziemlich verknallt.

Wir waren viel in Diskos, mein Mann hat uns hingebracht und abgeholt. Eriks Verlustangst war tagesformabhängig. Er sah es ja nicht so, daß er froh war, die olle Klette los zu sein. Wenn er gewollt hätte, daß ich zu Hause bleibe, weil ihm sonst was entgeht, wäre ich vielleicht geblieben ... Erik war aber froh, daß ich ihn mit Weggehen und Kuscheln in Ruhe gelassen habe. Durch mein Ausgehen hatte er auch plötzlich mal Zeit für sich und genoß es. Er hat auch gemerkt, daß ich lockerer war, mehr Zugeständnisse machen konnte. Ich war nicht nur beim Thema Zärtlichkeit entspannter, auch im Alltag, das wußte er zu schätzen. Meine Freundin kam mit diesem ersten Jungen nicht klar, mit meinem Schatz Ben dagegen ... Das erzähle ich nachher.

Was wollte ich sagen? Das Ende mit Sven. Das stundenlange Streicheln und Kuscheln war toll mit ihm. Dann kam der Wohnungsbrand. Das war ein Neuanfang für mich. Und gleichzeitig eine Prüfung für Sven, die er nicht bestanden hat, er war viel zu labil. Zwölf Jahre hatten Erik und ich in unseren anderthalb Zimmern gewohnt. Ich habe bei dem Brand meine persönlichsten wichtigen Sachen verloren: Tagebücher, Briefe, Poesiealben und meine Katze. In der ganzen Wohnung lag ein schmieriger Ölfilm, überall Ruß, Qualm ... Das war ein Fall für die Sanierungsfirma. Wir haben zwei Monate möbliert gewohnt, wie Geschäftsreisende. Die Wohnung war gut gelegen, mitten in der Stadt, dicht an unseren Jobs. Das Feuer hat uns so viel Neues gebracht, es war wie Phönix aus der Asche. In der alten Wohnung hatten wir nämlich ganz viele Sachen vom Vormieter übernommen, da war nicht viel Eigenes, das hatten wir ja nicht, und jetzt mußte alles neu ... Wir waren damit sehr beschäftigt.

Ich muß noch mal zurückgehen, vor die Zeit mit Sven. Ein Jahr, nachdem ich Erik kennengelernt hatte, habe ich Ben zum ersten Mal getroffen, einen Arbeitskollegen aus der Werkstatt von Erik. Er sagt heute: »Ich fand dich so furchtbar, so eine kleine verzogene Göre.« Einmal habe ich Erik, ihn und die anderen Jungs vor einem Restaurant warten lassen, da hieß es: »Das ist 'ne Süße, aber 'ne Nervensäge.« Ich habe Ben nicht wirklich wahrgenommen damals. Dabei ist er durchaus attraktiv, hat eine besondere Ausstrahlung. Ich wollte auf alle Eindruck machen. Mein Mann gab so gern mit mir an, wollte mich präsentieren.

Erik, Ben und ich haben so viel zu dritt unternommen, Radfahren, Squash spielen, Marathon kucken. Im nachhinein betrachtet war er damals ein sehr geheimnisvoller Mann, offen, aber nur bis zu einem bestimmten Punkt, dann kam ein Stoppschild. Dabei war er ein scharfer Beobachter, manchmal hat er Wochen später Sachen gesagt wie: »Wie du bei diesem Italiener die Bedienung angeguckt hast, als sie das zweite Mal das Mineralwasser vergessen hat.«

Ich hatte ein ziemliches Interesse an Ben, aber kein sexuelles. Er hat mir immer vermittelt: Paß auf, du bist nett, mehr nicht. Er war so verschlossen, wirkte geheimnisvoll, wie mit einer Leiche im Keller. Er war undurchschaubar, faszinierend, das erlebte mein Mann auch so. Ich glaube, Ben ist ein Mensch, dem jeder gefallen möchte. Unsere Freundschaft zog sich über einige Jahre, mal lockerer, mal intensiver, aber nie haben Erik und ich viel Persönliches über ihn erfahren, über seine Familie. Eine Weile habe ich gedacht: Vielleicht ist er ja schwul. Er hatte eine Wohnung wie ein Puppenhaus. Alles sehr geschmackvoll, sauber, ordentlich.

Daß wir Ben nie näherkamen, nagte an meinem Selbstbewußtsein. Im nachhinein denke ich, da war schon was bei mir, Empfindungen, die über Freundschaft hinausgehen. Ich habe mir seine große Attraktivität nicht eingestanden. Drei Jahre haben wir viel Zeit miteinander verbracht. Ich konnte den Druck irgendwann nicht mehr aushalten und wollte aus ihm rausholen, was eigentlich mit ihm ist. Er hat nur gesagt: »Was soll denn sein? Es ist alles in Ordnung.« Weil ich das Gefühl hatte, er vertraut mir nicht, und das nach all den Jahren Freundschaft, habe ich dicht gemacht. Wir haben uns länger nicht gesehen, alles ist abgekühlt.

Das endgültige Aus kam, als Ben einmal sehr emotional reagiert hat, sich richtig Luft gemacht hat. Erik hatte Ben aus dem Urlaub eine Trinktasse mitgebracht, so ein ganz einfaches, billiges Ding, aber mit einer Comic-Figur drauf. Wir wußten, daß Ben das mag. Der sagte aber nur: »Die Tasse kannste gleich wieder einpacken.« Erik hat gefragt: »Warum?« Und Ben hat ihn einfach stehenlassen. Da hat mein Mann geheult. Wir haben beide beschlossen: Den wollen wir nicht wiedersehen. Ben wurde dann versetzt. Ich dachte immer nur: Was für'n Arsch, den willst du niemals wiedersehen. Niemals, hahaha. Und ich wußte auch irgendwie: Da muß mehr gewesen sein bei dir. Sonst hätte ich mich doch nicht so aufgeregt.

Er hat uns schon sehr gefehlt, er hat eine Lücke hinterlassen. Nach dem Brand kommt Erik eines Tages in die Werkstatt und weiß: Die Jacke, die da hängt, die kenn' ich. Er war wieder da. Ben hatte interessanterweise gar nicht das Gefühl, daß was passiert war mit uns und ihm, er hatte einfach nichts mitbekommen. Er hatte die ganze Zeit gedacht: Um die muß ich mich nich' kümmern, denen geht's gut.

Unser Wiedersehen fiel in eine Zeit, wo so viel Schlimmes war: Wir wohnten in dieser blöden möblierten Wohnung, ohne unsere Sachen, ohne Kätzchen. Alles war auf Neuanfang ausgerichtet, da paßte dann auch Ben mit rein. Plötzlich war alles wie früher: Wir trafen uns zu dritt, meine alte Faszination war wieder da, ich fand Ben als Mensch interessant, nicht als Mann. Dachte ich jedenfalls. Wie sehr er mir, uns, gefehlt hatte, merkte ich erst, als er wieder da war.

Wir mußten eine Wohnung suchen, renovieren. Ich wußte, er könnte mir dabei gut helfen. Und so eine Situation habe ich bewußt initiiert. Als mein Mann auf Lehrgang war. Ich wollte tapezieren, aber wußte nicht wie. »Kannste mir das zeigen?« Ich habe ihm gesagt, daß ich Erik eine Freude machen will. Er hat ja gesagt. Ich war total aufgedreht, habe Erdbeeren geholt, Sekt zum Trinken. Ich wollte offenbar was inszenieren. Zwei Tage haben wir zusammen renoviert. Und dabei viel geredet. Da hätte man mich foltern können, und ich hätte geschworen: Da ist nichts. Es war ja auch kein Anhaltspunkt gegeben.

Aber es ging wohl schon los, ich fragte mich: Ist seine Attraktivität von früher noch da? Er schien weicher. Ich habe versucht, ihn anzufassen, als wir zu dritt in der Pizzeria waren, er hat aber so ganz komisch auf meinen Arm geguckt, dann auf seinen, dann hat er ihn weggezogen.

Ein Jahr war es so, daß ich jedesmal, wenn wir verabredet waren, schlimmes Herzklopfen hatte. Ich fing an, mich für die

Treffen zurechtzumachen, und wollte mich in gutem Licht präsentieren.

Nachdem das mit dem Jungen, also Sven, zu Ende war, glaubte ich, ich hätte jetzt alles erlebt, was ich gesucht hatte, ich glaubte nicht, daß ich ein neues Bedürfnis haben könnte. Das fand mein Mann natürlich gut. Er sagte mir auch: »Das haben wir beide überstanden. Ich hoffe, daß da kein nächster kommt, und das muß klar sein: Bei einem Arbeitskollegen wäre sofort Schluß.« Er hatte schon immer Angst, daß seine Mutter etwas erfahren könnte, und wenn Kollegen was mitkriegen würden, wäre es auch schlimm. Das mußte ich also versprechen: kein Arbeitskollege. Nun war Ben aber einer! Und außerdem hatten sich die beiden Männer richtig gut miteinander angefreundet!

Mein Mann hat es mir ganz früh auf den Kopf zugesagt: »Daß du mir ja nichts anfängst mit Ben.« Er hat es wiederholt wie so 'ne kaputte Schallplatte. Manchmal hab' ich gelacht, manchmal war ich wütend.

Dann ging's langsam auf den gemeinsamen Toskana-Urlaub zu. Lange Sommerabende haben wir, Erik, Ben und ich, auf Bens Terrasse verbracht und geplant, er wohnte ganz in der Nähe.

Zu meinem 32. Geburtstag, kurz vorm Urlaub, gab es eine Schlüsselszene, Ben schrieb mir eine Mail: »Es ist schon spannend zu sehen, wie aus einem lustigen, hübschen, schlauen Mädchen eine schöne, intelligente, humorvolle Frau geworden ist.« Ich dachte: Das ist doch eine Liebeserklärung. Ich dachte: Ist er vielleicht in mich verliebt? Er wiegelte ab: »Nee, nee.« Er wollte nur sagen, ich hätte mich eben von einer kleinen Kröte zur tollen Frau verändert, da sei nichts mit »o mon amour«. Mir hat das alles sehr geschmeichelt. Was sollte nun werden? Wir hatten uns angewöhnt, zum Abschied: Küßchen auf die Wange. Einmal traf er meine Lippen. Ich habe mich 'ne Weile immer so auf diese Küßchen gefreut. Mehr war nicht. Bis zum Urlaub.

In der Toskana saßen wir jeden Abend zu dritt beim Sonnenuntergang. Ich habe gemerkt, wie es mich emotional sehr öffnete. Ihn auch: Ich habe in diesen zwei Wochen mehr von ihm erfahren als in all den Jahren davor. Und all die Aufmerksamkeit, die ich meinem Mann gab, die hätte ich viel lieber Ben gegeben.

Ben und ich hatten so etwas wie ein Ritual: Wir trafen uns jeden Morgen am Pool. Da verbrachten wir dann eine halbe Stunde, meist schweigend, wir haben wenig geredet. Nur dasitzen, zwei Stunden, mit Ben geht das. Da ist es mir bewußt geworden: Da ist ein neuer Mann in deinem Leben, dieses Kaliber ist eine Bedrohung für deine Erstbeziehung. Und dann noch: ein Arbeitskollege von Erik.

Ich stand mit meinen Gefühlen hilflos da. Ich fragte mich: Will ich eine Beziehung? Will er? Ich habe mich mit Ben auch über meine Ehe unterhalten, was ich mir früher gewünscht habe, wonach ich mich sehne ... Für mich war das alles eine enorme Anspannung. Ich leide immer ganz viel, bis ich den Druck nicht mehr aushalte, bis er mich in eine bestimmte Richtung treibt.

Es kommt noch etwas anderes dazu: Ich hab' das 'ne Zeitlang sehr intensiv betrieben, meine Freundin Ariane mit Ben zusammenzubringen. Meine Freundin kenne ich, seit ich 15 war! Als Erik und ich Ben wiedergetroffen haben, war er so verändert, so sehr zum Vorteil. Ich habe ihr erzählt: »Das ist ein sehr interessanter Mann.« Wir haben uns auch zu viert gesehen, was unternommen, es gab eine Wellenlänge. Meine Freundin hat auch gesagt: »Ja, es wäre ganz schön.« Die beiden zusammen – das war schon mehr als 'ne Idee.

Nun also das in der Toskana. Da sollte Ariane eigentlich ein Wochenende hinkommen, so war es abgemacht. Sie war auch mit gepackten Koffern am Flughafen, aber sie hat einfach keinen Flug bekommen.

Ich habe das Ende der Reise lange rausgezögert, noch einen Umweg hier und eine weitere Übernachtung da vorgeschlagen ... Am letzten Abend, in einer Pension im Harz, habe ich gesagt: »Ich kann mir gar nicht vorstellen, die nächsten Tage zu Hause ohne dich zu sein.« Er tat erstaunt: »Ach, komm.« Ich hatte schlimmste Verlustgefühle. Ich hatte doch jeden Tag genossen, zu dritt oder mit ihm alleine. Am Comer See waren wir zusammen Motorrad gefahren, ich hinten drauf mit seinem Helm und seiner Jacke. Wie er die Jacke um mich rumgelegt hat, da war bei mir dieses Glücksgefühl. Diese Jacke war voll mit seinem Geruch! Wie kann ein Mensch so gut riechen? Das war unglaublich, also unglaublich, wow. Finde ich heute noch. Ja, und spätestens nach dieser Sache ...

Er hat mir dann noch den Bodensee gezeigt. Das war an einem Nachmittag, als mein Mann sich schlafen gelegt hatte. Wir waren in der Stadt, es regnete, wir gingen Eis essen. Das war einen Tag nach dieser Jackengeschichte. Von meiner Seite war da schon nichts mehr zurückzuhalten.

Dann waren wir alle wieder zu Hause. Drei Wochen habe ich Ben täglich gesehen, das Vertrauen wuchs und wuchs. Es ging von Tag zu Tag mehr auf diesen Punkt zu: Wo soll es hinführen? Erik sagte auch wieder, als wir mit Ben und meiner Freundin in der Therme waren: »Aber nichts mit Ben anfangen.« Ich habe »nein« gesagt.

Nach dem Urlaub gab es diesen Abend auf Bens Balkon, mit meiner Freundin. Wir wollten italienische Pasta essen und die Fotos ankucken, Ben hatte die alle schön vorbereitet im Computer, eine richtige Präsentation. Da sagte Ben aber plötzlich nach dem Essen zu meiner Freundin: »Willste mal die Bilder sehen?« Ich dachte, ich höre nicht richtig, ich dachte, wir machen alle zusammen Diashow. Die beiden verschwinden eine Stunde vom Balkon. Mir zuckte durch den Kopf: Vielleicht werden die sich jetzt einig? Ich saß da mit Erik und hab' die große Heule gekriegt. Ich dachte: Wieso hast du so ein Gefühl? Ich hatte doch sogar alles in diese Richtung forciert.

Die beiden kamen wieder, bester Laune, Ben kuckte mich ein bißchen komisch an an ... Ich dachte, ich hätte mich im Griff. Ich habe gesagt: »Ich bin so k.o. und müde, ich mag jetzt nach Hause.« Erik und ich sind gegangen. Ariane blieb. Erik hat mir auf der Heimfahrt gesagt, wie er das alles empfunden hat, er sagte: »Hör mal, du verlierst die beiden doch nicht.«

Ein, zwei Tage später habe ich mich mit Ariane verabredet, ich wollte ihr sagen, wie wichtig Ben mir ist, daß ich ihn keinesfalls verlieren will, ihn weiter sehen will, egal, was mit den beiden ist. Ich sagte auch, daß ich die Vorstellung habe, mit ihm in eine Decke gekuschelt am Meer zu sitzen und den Sonnenuntergang zu sehen. Sie sagte: »So was Ähnliches hat er von dir auch erzählt.« An dem Abend, als sie geblieben war. Das muß man sich mal vorstellen. Überhaupt: Er hatte ganz viel von mir erzählt, auch gesagt, daß ich seine beste Freundin sei, daß er auf mich nicht verzichten will. Das alles hätte er mir nie sagen können!

Das muß für sie auch komisch gewesen sein, wenn du so in der Erwartung bist: Da fädelt jemand was für dich ein – und plötzlich kommt derjenige und meldet sozusagen Eigenbedarf an. Es war mir ein Bedürfnis, es ihr und auch Erik jetzt zu sagen, also, daß da etwas anfängt, daß ich mich verliebt habe. Das war für mich so schwer, ich konnte nicht einfach handeln ... Da war meine Ehe, 16 Jahre Beziehung, die Freundschaft mit meiner Freundin – wir kennen uns, seit wir 15 waren und haben uns wirklich sehr lieb! Ich weiß noch, zu Erik habe ich gesagt: »Es ist eine der schwersten Geschichten meines Lebens ... Dein ›Fang ja nichts mit ihm an‹ hat es noch schwerer gemacht ...«

Für Erik waren meine gestandenen Gefühle für Ben nicht wirklich eine Überraschung. Ich habe ihm gesagt, daß es mir leid tut, daß ich mich in Ben verliebt habe, daß ich's aber nicht ändern kann, nicht verhindern konnte. Erik war verzweifelt, er hatte es ja kommen sehen, nun war es da, und er war machtlos. Es war ja absehbar: Es geht nicht um Lust: Einmal miteinander schlafen, und das war's, er verschwindet aus meinem Leben. »Ich habe immer gesagt: nicht mit einem Arbeitskollegen.«

Es war für mich beschlossene Sache, jetzt alles aufs Spiel zu setzen: Mein Verhältnis zu Ben, meine Beziehung mit Erik, meine Freundschaft mit Ariane – ich wußte ja nicht, was passieren wird. Einen Tag später habe ich zu Ben gesagt: »Wieso darf ich dich eigentlich nicht anfassen?« Er hat gesagt: »Wieso, mach doch.«

Das war im Kino. Was tun? Warum kann er nicht mal was machen, dachte ich. Und ich habe meinen Kopf auf seine Schulter gelegt.

Nachmittags waren wir auf seinem Balkon. Es war kurz vorm Regen, wir haben die Auflagen weggepackt. Da habe ich ihn so von hinten umgefaßt und gesagt: »Was ist das mit uns beiden?« Er dreht sich um und sagt: »Meine Güte, hast du einen schnellen Herzschlag.« Und »Ja, was ist das mit uns?« Da war's klar. Und dann haben wir uns geküßt. Ich wußte: Das ist das Ende vom Alten und der Anfang vom Neuen. Dieser Kuß war ganz furchtbar. Leider. Ich dachte: Scheiße, vielleicht war das die falsche Entscheidung.

Wir haben uns versprochen: »Keine Spiele miteinander.« Er hatte es sich die ganze Zeit ja auch nicht leicht gemacht. Wir sind dann spazierengegangen, er hat meine Hand gehalten. Das war schön, fremdartig. Wir waren fassungslos, beide. O Gott. War absehbar, was nun passiert? Er hat immer gesagt: »Alles wird gut.«

Ben hat mir später erzählt: Mit seinem Bruder hatte er geredet über uns: Ihm ging's die ganze Zeit genauso mit mir wie mir mit ihm. Der Bruder hat gesagt: »Laß bloß die Finger davon.« Jeder Schritt mußte von mir kommen, weil Ben nichts forcieren wollte.

Ich trage zwei Ringe, hier: einen Ehering. Und hier: einen von Ben, darin ist eingraviert *niemals*. Wir hatten nämlich ziemlich oft niemals gesagt.

Erik und ich hatten, als es passiert war, viele Gespräche des Ordnens, des Neusortierens. Und wir haben auch viel zu dritt gemacht. Ich war dankbar für jede Minute, die ich mit Ben alleine hatte.

Seine längste Beziehung hatte zwei Jahre gedauert. Er war schon einmal verliebt in eine Frau, von der er nicht wußte, daß sie verheiratet war – das hat ihn schwer verletzt.

In den zwei Jahren, die wir jetzt eine Beziehung haben, hat er angefangen, so viele Sachen zu leben, die er für sich entdeckt hat. Seine größte Angst war, daß ich will, daß er sich ändert. Ich sage ihm: »Ich habe mich in dich verliebt, so wie du bist. Sonst hätte ich mich doch gar nicht verlieben können.«

Wir sehen uns eigentlich täglich, manchmal ging es nur jeden zweiten Tag. Er telefoniert nur, wenn es was gibt. Zu meinem Geburtstag hat er mir eine Karte geschenkt: Jede Sekunde, die er mich nicht sieht, sei verschwendete Zeit. Dabei hatte er mir ganz am Anfang gesagt: »Du, es kann sein, daß ich mich auch mal vier, fünf Wochen nicht melde.«

Ben hatte, als es richtig anfing, meine Beziehung zu meinem Mann schon 13 Jahre beobachtet. Er weiß: Mein Mann ist mein Seelenverwandter. Ich könnte von diesem Mann nie lassen, er gehört dazu, er ist mein bester Freund – das mit dem Sex ist für mich nicht so wichtig, weil ich das ja jetzt kompensiere. Nein, Erik ist nach wie vor der richtige Mann für mich. Ich kann jetzt vieles viel entspannter betrachten. Beide Beziehungen haben eine hohe Qualität für mich. Ben läßt mir mehr Freiraum, er läßt mich ausprobieren, er ist mein Ritter – er ist da, wenn ich ihn brauche. Erik dagegen ist immer da, macht es mir manchmal schon zu leicht. Ben hat mir deutlich gemacht, daß ich mehr Stärke habe, als ich dachte. Und: Ben vermittelt mehr Ruhe und Geborgenheit, Erik ist ständig aktiv und fordert mich ganz anders.

Klar hatte ich manchmal Momente von Abenteuerlust, wo ich dachte: einfach durchbrennen, ein neues Leben anfangen mit dem neuen Prinzen. Du denkst, alles wird besser sein. Wer hat das nicht manchmal. Aber so bin ich nicht, das paßt nicht zu mir. Besonders nicht, weil ich Erik liebe. Aber Ben eben auch. Außerdem: Das ist Lebenserfahrung, zu wissen, was richtig ist, daß ich es eben anders versuchen muß, als es in der Gesellschaft üblich ist.

Jetzt ist Eriks Mama gestorben, er hat das Haus geerbt. Erik war es, der als erster gesagt hat, als klar war, wir kriegen das Haus: »Na, dann zieht Ben oben ein.« Ich habe das als Spaß aufgefaßt, dann hat er es noch mal gesagt, beim dritten Mal war

Ben dabei, wir waren gerade zu dritt einkaufen. Es ist doch so, daß in jedem Spaß auch ein Körnchen Wahrheit steckt. So war es hier auch, sogar ein richtiges Korn. Irgendwann hat Erik zu Ben gesagt: »Jetzt mal Spaß beiseite, du kannst doch mit einziehen. Das wäre doch praktisch, sie müßte nicht mehr immer hin- und herfahren.« Ich komme mir manchmal vor wie eine Zigeunerin. Du bist kaum angekommen, schon mußt du wieder los, hier oder da, von dem einen oder von dem anderen. Das wird bald aufhören.

In unserem Haus wird jeder sein Zimmer haben. Ben im oberen Stockwerk, da ist auch ein Badezimmer, Erik und ich unten, wo auch Bad, das gemeinsame Wohnzimmer und die Küche sind. Für Ben wird das nicht einfach werden. Er hat noch nie mit einer Frau zusammengelebt. Er legt sehr viel Wert auf sein eigenes Reich und ein Leben in Eigenregie. Teilweise setzt er völlig andere Prioritäten als ich und auch als Erik. Für mich wird das auch komisch werden: Ich bin es 17 Jahre lang gewöhnt, ein gemeinsames Schlafzimmer zu haben. Mit Erik. Es ist doch schön, abends vorm Schlafen noch zu reden, ein bißchen zu albern. Oder mittags: Katze schnappen, ins Bett, Katze schmusen. Es wird was anderes sein, extra in Eriks Zimmer zu gehen, wo auch sein Computer stehen wird – wir haben zwar ein oberluxuriöses, richtig teures Klappbett gekauft mit zwei Lattenrosten, aber das ist nicht das gleiche wie ein kuscheliges Schlafzimmer. Nein, das wird es dann nicht mehr geben. Die Vorstellung, ein eigenes Bett im eigenen Zimmer zu haben, gefällt mir auf der anderen Seite auch: Du kannst abends noch lange lesen, Licht anhaben, auch wenn der andere am nächsten Tag früh aufstehen muß und du ihn natürlich nicht stören willst.

Wirklich, seit es Ben gibt, definiert sich die Beziehung zu meinem Mann in vielen Punkten neu. Ich habe jetzt Vergleiche. Bei Erik gibt es eine große Gefühlsklarheit. Er merkt, wenn ihm etwas nicht gefällt, und er kann das auch sagen, er kommt dabei auf den Punkt. Bei Ben dauert es ewig lange, bis so Gefühlsfragen geklärt werden, er sagt lange nicht, was ihm nicht gefällt. Wenn ich frage, sagt er: »Es ist nichts ...« So kommt es zu Mißverständnissen. So war's mit Ben immer schon, aber ich merke, daß auch das sich allmählich entwickelt.

Und Erik ist so verständnisvoll. Manchmal sagt er: »Fahr doch zu ihm nach Hause, mach doch, sonst ist er traurig.« Er versucht zu ergründen, was gut für mich ist, was ich möchte. Vor der Zeit mit Ben war es ihm wichtiger, was er will, er ist viel sensibler geworden.

Ich habe jetzt eine Devise, die dem folgt, was ich unter Treue verstehe: Ich versuche, bestimmte Erlebnisse und Empfindungen von den Männern getrennt zu halten. Also, es geht nicht, daß ich mich zum Beispiel über den einen ärgere und mich dann bei dem anderen ausheule. Und der sagt dann auch noch etwas dazu. Das ist besonders schwierig, weil mir ja bestimmte Sachen sehr nahegehen, und die möchtest du einem nahen Menschen dann natürlich sagen. Aber das geht wirklich nicht.

Die Sache der Sexualität zwischen Erik und mir ist nach wie vor so ein Thema: Da halte ich mich bei Ben mit Details sehr zurück. Ich wollte ja schon lange mit Erik drüber reden, was mir fehlt, was mich stört. Jetzt kann ich es in Worte fassen, weil ich jetzt weiß, was mir wirklich gefällt. Erik hat in diesem Gespräch sehr schnell gesagt, daß ich ihn offenbar in bestimmten Punkten anders einschätze, als er ist oder es meint. Für ihn ist beispielsweise völlig klar, daß er Sex nur mit mir möchte, nicht mit einer anderen Frau, ich würde ihm meinen Segen ja durchaus geben, weil er vielleicht findet, mit mir kann man nur Blümchensex haben ...

Der letzte Stand ist jetzt, daß wir uns beide vorstellen können, eine Sexualtherapie zu besuchen. Vielleicht ist es leichter, mit Hilfe von außen festzustellen: Welche Vorstellungen hast du von mir und ich von dir. Ich denke ja, Sex ist nicht so wichtig in einer Beziehung, wenn sie ansonsten toll ist. Wenn die Beziehung insgesamt nicht so klasse ist, kriegt natürlich auch der Sex einen anderen Stellenwert.

Wenn ich mir vorstelle: Ich hätte Ben zuerst kennengelernt, dann Erik. Wow, darüber habe ich noch nie nachgedacht. Ja, wie wäre das gewesen? Umgekehrt hätte es nie geklappt. Ben hätte sich nie drauf eingelassen, wenn ich seine gewesen wäre. Er ist eifersüchtig. So, wie es abgelaufen ist, geht es für ihn. Ist ja auch klar: Es gab eben andere Voraussetzungen. Er dachte: Sie ist in einer festen Beziehung, sie kommt nicht in Frage, da konnte er Nähe zulassen, da konnte er sich entspannen. Er hat sich so verändert … Er sagt mir jetzt immer, wie sehr er mich liebt. Er sagt: »Du kannst machen, was du willst, du wirst mich nicht mehr los.«

Wir waren in den Ferien alle drei im Odenwald, bei der Großtante von Ben, aber in einer eigenen Ferienwohnung. Die Tante denkt, ich bin Bens Freundin und Erik ist mein Bruder. Beim Frühstück saßen wir drei zusammen. War das herrlich! Frische Brötchen, Ben hat die Bild-Zeitung mitgebracht und daraus vorgelesen, die haben wir zu Hause nie. Ich brauche keine Lokalzeitung. Bei meinen Eltern gab's immer eine, ich informiere mich aus Videotext und dem Internet. Ben hat aus der Bild vorgelesen. »Baby mit fünf Köpfen« und so, was haben wir uns beömmelt. Bei der Reise habe ich auch gemerkt, wie oft ich Ben berühre, wir haben eigentlich immer Körperkontakt, wenn wir zusammen sind, er hat mich im Arm, wir laufen Hand in Hand. Es war komisch für mich anfangs, diese Berührungen mit Ben vor den Augen von Erik. Bei Erik hat das aber einen Effekt, ich glaube nicht, daß das bewußt ist: Er nimmt mich jetzt auch öfter in den Arm. Sonst ist es meist so, daß er sich nur irgendwann auf mich stützt, wenn wir spazierengehen, wenn sein Bein schwächer wird. Er hat mich früher dabei auch oft in den Nacken gefaßt, und wenn er wollte, daß ich mir etwas ansehen sollte, drehte er meinen Kopf in diese Richtung. So gehen wir auch jetzt manchmal zu dritt: Ich den einen Schatz an der Hand, von dem anderen die Hand im Nacken.

Das hört sich alles gut an, nicht? Aber auch jetzt ist es für mich in dieser Dreiecksbeziehung nicht leicht: Einer, der Mittelpunkt, muß da immer mehr an Liebes- und Leidensfähigkeit haben als die anderen. Und das bin in diesem Falle ich. Außenstehende mögen das vielleicht nicht so sehen, sie sehen nur: Da ist eine, die kriegt alles. Das mag so aussehen. Aber es kostet eine ungeheure Kraft, immer auszugleichen, und das mußt du. ich habe oft ein schlechtes Gewissen, entweder dem einen gegenüber oder dem anderen. Oft kucke ich beim Abschied in traurige Augen, bei Erik oder bei Ben, und ich muß das aushalten. Manchmal habe ich das Gefühl, ich betrüge den einen – oder ich betrüge den anderen. Aber so ist es nicht, eigentlich kriegen wir drei es sehr gut hin.

Wenn wir in einem Haus leben, muß es auch einen gewissen Abstand geben, aber nicht mehr die entfernungsmäßige Trennung. Wenn ich bei dem einen bin, kann der andere trotzdem klopfen und sagen: »Ich störe jetzt nicht gerne, aber wo ist denn das Pulver für den Geschirrspüler?«

Letzte Woche habe ich nach einem halben Jahr mal wieder mit Erik geschlafen. Er hatte so vorsichtige Anläufe gemacht, mehrmals, ganz zart, wenn ich nicht reagiert habe, hat er sich zurückgezogen. Er näherte sich also vorsichtig, nicht so mit der Holzhammermethode, ich dachte: Ach, wieso eigentlich nicht? Irgendwie war es diesmal anders als sonst – irgendwie neu und viel schöner ... Hinterher habe ich gedacht: Habe ich jetzt Ben betrogen? So wie ich mich überhaupt frage: Betrüge ich den einen mit dem anderen? Untreue, was ist das? Wenn ich mich für einen entschieden hätte, wäre das Untreue gewesen. Mir selbst gegenüber, ich wäre mir selbst nicht treu geblieben.

In unserer Umgebung, also: Nachbarn, Kollegen, weiß bisher keiner, was läuft. Demnächst werde ich es aber meinen Eltern sagen, daß ich mit beiden zusammenziehe, zusammen bin. Meine Eltern und ich haben zwar kaum noch Kontakt, der ist auch nicht wichtig. Aber ich habe das Bedürfnis, ihnen zu sagen, wie ich lebe und liebe. Wenn ich es ihnen nicht erzählen würde, hätte ich vielleicht das Gefühl, als täte ich doch etwas Falsches, was ich verheimlichen muß. Klingt komisch, ist aber so.

Karen, 43, Apothekerin

In Zukunft bin ich Karen

Oder: Will ich seine Traumfrau sein?

Sie ist der Typ Frau, dem Männer im Film die Brille abnehmen und sagen: »Sie sind schön, Karen …« Aber das will sie nicht hören. Erfolgreich und burschikos mag sie erscheinen – weich wird sie, wenn sie von ihren Liebhabern erzählt: erst der Vater, dann der Sohn …

Meine beste Schulfreundin, Gesine, hat jetzt ein Verhältnis mit meinem Bruder Torsten. Das kam so: Sie und ich waren mal zum Essen verabredet, mein Bruder wollte auch dazukommen, seine Frau nicht, die ist sowieso ein bißchen komisch. Ich habe nichts gemerkt, die müssen da schon unter dem Tisch gefußelt haben. Gesine hat mir jedenfalls eine Woche später erzählt: »Du, ich habe jemanden kennengelernt, mit dem gehe ich heute abend essen, der ist echt klasse.« Sie hat mir dann immer ganz tolle Sachen von diesem Mann erzählt – da wäre ich nicht auf die Idee gekommen, daß das mein braver Bruder sein könnte.

Na, jedenfalls fragt Gesine mich irgendwann mitten im Winter, ob ich Sommerkleider für sie hätte, sie wolle mit ihrem neuen Freund in Urlaub. Klar hatte ich die, ich habe ihr oft Sachen gegeben, ich bin da nämlich speziell, ich trage am liebsten Schwarz, und wenn ich mir mal was Buntes kaufe, kann ich das nur einmal anziehen. Ich frage sie irgendwann: »Wo geht's denn hin?« Sie sagt: »Darf aber keiner wissen, versprochen?« Klar, in meiner alten Heimatstadt spricht sich alles wie ein Lauffeuer rum, das ist schlimmer als im Dorf. Sie sagt: »In die Karibik.« Ich: »Und: wie und wann?« – »Am nächsten Montag ab Berlin über Amsterdam.« Da fällt mir ein: Mein Bruder fliegt ja auch. Hatte er mir erzählt, da habe ich mich nicht gewundert, er verkauft Ferienwohnungen, und manchmal haben sie auch Kunden, na ja, in der Karibik eben. Als ich sagen will: »Na, dann paß mal auf, daß du den Torsten nicht am Flughafen triffst«, weiß ich auf einmal: Der *tolle Mann*, von dem Gesine so schwärmt, das muß mein Bruder sein! Ich sage also: »Du und Torsten, das hätte ich ja nie gedacht.« Nach diesem Urlaub ist er zu Hause ausgezogen. Sie aber nicht, sie wollte noch abwarten. Und Torsten, dieser Dussel, ist nach drei Monaten wieder zu seiner Frau zurück – dabei hatte die gerade angefangen, es zu verwinden.

Gesine und ich sagen immer: Wenn wir mal alt sind, schreiben wir unsere Memoiren, unter dem Titel *Altweibersommer*. Eigentlich wollte sie heute auch herkommen, aber nun hat sie mich kurzfristig als Alibi vorgeschoben: Ihr Mann denkt, wir treffen uns hier im Café, dabei ist sie auf dem Weg an die Nordsee – mit Torsten im Wohnmobil. Er muß ein paar Ferienwohnungen auf Sylt besichtigen, und da fährt sie mit – das ist dann einen Hauch bequemer als ihr Lager aus Decken, das sie sonst in ihrem Büro haben …

Ja, die beiden haben heimlich ihr Verhältnis wieder aufgenommen. Gesine und ich sagen immer: Das ist besser als Hollywood. Aber es geht ja gar nicht um diese Geschichte, sondern um meine. Alle sagen immer, ich kann so gut zuhören – es fällt mir schwer, was von mir selbst zu erzählen. Ich finde mich nicht so wichtig.

Ich habe also seit vier Jahren einen Liebhaber. Und der ist seinem Vater wie aus dem Gesicht geschnitten. Das will Matti aber überhaupt nicht hören – kein Wunder, denn mit seinem Vater, Walter, war ich vor 20 Jahren zusammen. Ja, der Vater meines Liebhabers war vor 20 Jahren mein Liebhaber.

Mein Ehemann Clemens kennt beide Männer, aber was da genau war oder jetzt ist, will er nicht wissen. Er ignoriert es. Vielleicht ahnt er auch wirklich nichts, er ist ein Meister im Verdrängen. Ich fahre sogar mit Matti in den Urlaub, mit der Erlaubnis von meinem Mann …

Zu Matti habe ich Kontakt, seit ich seinen Vater kenne. Und daß ich mit dem etwas angefangen habe, hatte seine Gründe, wie überhaupt alle einschneidenden Erlebnisse in meinem Leben bei genauerem Hinsehen gut begründet sind. Damals war meine Beziehung zu Clemens gerade am Boden. Wir waren beide neu an unserer Uni, haben geschuftet wie verrückt und parallel dazu versucht, ein Kind zu kriegen. Die Ärzte haben uns beiden wenig Hoffnung gemacht, bei mir hieß es: »So Frauen wie Sie kriegen keine Kinder. Erst die Karriere, dann alles andere.« Wir haben uns nach Kalender, ach was, nach Stundenplan geliebt, das belastet ungeheuerlich, wo soll da noch Platz für Spontanes, für Leidenschaft sein?

Eines Tages, als ich zur Besprechung an der Uni kam, unserer sogenannten großen Runde, saß da ein neuer Professor. »Wer ist das denn?« habe ich eine Kollegin gefragt. Walter K., älter als wir, geschieden, eine Tochter, ein Sohn …

Beim Faschingsball ging es dann los, ich habe ihn da getroffen. Ich wollte gerade die Treppe runter in die Disko, da kommt Walter mir entgegen und strahlt mich an, das war's. Wir sind zusammen in den Keller und haben getanzt. Er hat mich in den Finger gebissen, das hatte noch nie einer gemacht, das fand ich total kribbelig …

Wir haben uns bald regelmäßig bei ihm zu Hause getroffen, er wurde mein Liebhaber. Irgendwann sagte er: »Nächsten Freitag lernst du meinen Sohn kennen.« Matti kam. Ich fand ihn nett, aber er war ja ein Kind. Er machte eine Lehre als Kfz-Mechaniker. Mein Gott, er war damals 16, ich stand im Alter zwischen ihm und seinem Vater, ich war Mitte 20. Wir haben viele Wochenenden zusammen verbracht, auch auf dem Grundstück von Walter, ein kleines Häuschen am See. Mein Mann wollte nie wissen, wo ich hinfahre.

Irgendwann war ich schwanger. Von Walter. Aber es war klar, daß er und ich deswegen kein Paar werden würden, ich liebte ja Clemens, mit ihm wollte ich alt werden. Matti hat durchaus mitbekommen, daß da ein Halbgeschwister von ihm unterwegs ist, wir haben ja weiter viel miteinander unternommen, sein Vater, er und ich ... Mit Walter war damals bald Schluß: Er hatte sich in eine andere Frau verliebt, neu geheiratet, und ich habe jeden Kontakt zu Walter abgebrochen. Matti dagegen hat mich nicht aus den Augen verloren.

Eigentlich hätte für Clemens klar sein müssen, daß es nicht sein Kind sein kann. Er ist Mathematiker, und er hatte immer alles gemäß Knaus-Ogino berechnet, wann wir was machen müßten, aber wir hatten im Vormonat eben nicht .... Ich weiß nicht, wie er sich das schöngeredet hat. Es ist auch so, daß er die Blutgruppe von Thea kennt, und *die* dürfte sie gar nicht haben, wenn er und ich die Eltern wären. Egal. Für mich war das nie wirklich ein Problem, ich habe mir gesagt: Clemens und ich haben uns ein Kind gewünscht, das haben wir, und es gibt keinen besseren Vater für Thea als Clemens. Er *ist* einfach ihr Vater, und ich möchte, daß das für Thea auch immer so bleibt.

Komisch, wenn ich drüber nachdenke ... Noch bevor wir geheiratet haben, waren Clemens und ich schon zur Paartherapie, das war eigentlich mehr die Ehesprechstunde bei uns in der Kirche. Das hatte natürlich mit unserem Kinderwunsch zu tun. Über Sexualität haben wir nicht direkt gesprochen. Ich wußte ja auch nichts ... Wir hatten damals keinen Spaß im Bett, sollten den auch nie kriegen. Jedenfalls nicht zusammen. Aber was wußte ich denn? Ich war für Clemens die erste Frau und hatte selber kaum Erfahrung ... Als ich mich mal bei meiner Mutter ausgeheult habe, hat die gesagt: »Man kann eben nicht alles haben.«

Wir hatten also keinen Spaß im Bett, aber Clemens paßte in mein Leben. Ich war wirklich froh, daß ich jemanden gefunden hatte, der es mit mir aushält, denn ich finde, ich bin nicht einfach. Ich bin für eine Frau sehr ehrgeizig und will beruflich nach vorn kommen. Das habe ich geschafft mit meiner Apotheke. Für meinen Mann ist das nie ein Problem gewesen, das rechne ich ihm hoch an, andererseits geht er sowieso voll und ganz in seiner Wissenschaft auf.

Ich war so froh, daß ich ihn hatte, ich wollte geheiratet sein, ich wollte Familie. Clemens war genau der, der für mich gut war. Den halt fest, diesen Mann, dachte ich, und ich danke ihm für eine ganz lange Zeit. Aber es war schon so: Ich habe immer wieder neue Herausforderungen gesucht in meinem Leben, erst waren es Ehe und Kind, dann unser großer Umzug, die Selbständigkeit mit der Apotheke. Als das alles nicht mehr reichte, habe ich auch noch das Fernstudium angefangen, etwas Wirtschaftliches ...Mit Mitte 30 dachte ich: Das kann doch noch nicht alles, das kann doch noch nicht das Ende sein ... Aber wie gesagt: Angeblich kann man ja nicht alles haben im Leben. Mich macht das noch im nachhinein total wütend, dieses: Bescheide dich.

Mit 40 habe ich mir jedenfalls vorgenommen: Bis du 45 bist, willst du einen Tangokurs machen, Surfen lernen, einmal Bungee springen. Habe ich alles gemacht. Beim Bungee-Springen war schon Matti dabei ...

Ich hatte damals ein ganz grundlegendes Problem, ach, das habe ich heute noch. Ich war zwar sehr selbstbewußt als Mädchen – was meine Leistungen anbelangt. Erst in der Schule, dann auch an der Uni, im Beruf. Meine Mutter hat mich immer gepusht: »Mache, mache, mache.« Mein Vater nahm mich, wie ich bin. Ich hatte also Erfolg, war anerkannt – aber als Frau, mit meiner Weiblichkeit, habe ich immer gehadert. Sie werden lachen, ich schminke mich nicht oder kaum – auch wenn in meiner Apotheke, wie in vielen anderen, die dekorative Kosmetik immer mehr Regale einnimmt und sich auch immer besser verkauft. Ich habe direkten Zugriff auf die besten Produkte, und ich benutze sie nicht – dazu müßte ich ja in den Spiegel kucken. Im Ernst: Ich mag das nicht, was ich da sehe. Ich finde, ich wirke auf Männer nicht attraktiv. Man kann mir tausendmal sagen, meine Kilos sind gut verteilt, und ich hätte schöne blaue Augen – ich kann mich mit mir nicht anfreunden. Ich habe auch keinen Spaß daran, mir Wäsche zu kaufen, da muß mir immer

Gesine gut zureden, Hauptsache praktisch und unauffällig. Ich beneide Gesine um ihre tollen BHs, Slips und Mieder, alle Farben, zarte Spitze, Strapse, alles mögliche – das ist für mich unvorstellbar.

Ich fühlte mich damals, mit 40, nicht nur wenig attraktiv, ich fühlte mich auch nicht begehrt. Von meinem Mann nicht. Und von anderen Männern? Die hatte es in meinem Leben nie gegeben. Das sollte sich ganz von allein ändern. Mein Mann brachte eines Tages einen Kollegen mit nach Hause, mit dem er sich ein bißchen angefreundet hatte. Dieser Ralf war unglaublich, dem ist nichts fremd. Er hat mich angebaggert, ohne Rücksicht auf meinen Mann: »Du und ich, ich sage dir, das wäre Donner und Blitz über Deutschland.« Er ist ein Ober-Macho. Was er so erzählte, das war unglaublich …

Wenn ich mich in meiner Ehe sexuell erfüllt gefühlt hätte, wäre das mit dem Ralf nicht passiert. Irgendwann wollte ich wissen, wie es ist, wenn es blitzt und donnert. Ich habe mich so schick angezogen, wie ich es mir dachte, schwarzes Kostüm, schwarze Spitzenwäsche drunter. So bin ich zu ihm nach Hause gefahren. Es gab das angekündigte Gewitter. Er war einerseits zugewandt – aber auch rücksichtslos. Jedenfalls: Es war unglaublich. Ich hatte vorher nie Sexspielzeuge benutzt. Er hat mit mir gespielt, nein, er hat mit mir gemacht, was er wollte. Ich habe diese Gefühle, die enthemmte Erotik mit Ralf, unglaublich genossen. Ich hatte schon gedacht, ich hätte gar keine Libido … Vor ihm und auch vor meiner Ehe hatte ich keine feste Beziehung mit einem anderen Mann gehabt außer mit Walter. Ralf hat mich kalt erwischt, was den Sexbereich anbelangt.

20 Jahre war ich mit meinem Mann zusammen, und ich zog Bilanz: Immer, wenn es in unserer Beziehung 'ne Krise gegeben hatte, war was passiert. Als wir nicht schwanger wurden, kam dann doch Thea. Als sich beruflich alles schon sehr eingelaufen hatte, kam unser großer Umzug hierher, von der Großstadt in die Kleinstadt, wir haben, besser: Ich habe eine Menge neuer Leute kennengelernt.

Ja, und als wir uns dann eingelebt hatten, beruflich alles neu geordnet war, da kam das Neue für mich ... Sex ... Mit meinem Mann hatte ich nie einen Orgasmus, ich glaube, ich war für ihn auch ein Geduldsspiel. Mit Ralf habe ich gemerkt: Ich kann auf einmal Lust empfinden. Daß Ralf mit mir Spaß hatte, das hab' ich gemerkt. Und plötzlich war ich in diesen Mann auch noch verliebt.

Damals bin ich von zu Hause ausgezogen. Ich wollte nicht mit Ralf zusammenleben, um Gottes Willen, das hätte nicht gepaßt, er war nichts für mich ... Zu Hause lief er rum wie ein Schluffi, ständig hat er über Preis-Leistungs-Verhältnisse geredet, und wenn nicht darüber, dann über Fußball, oder er hat Fußball im Fernsehen geguckt. Nüchtern muß ich heute sagen, mich faszinierte an ihm hauptsächlich der Sex. Wunderbar, was ich mit Ralf erlebt habe, ich würde es nicht missen mögen, für mich war das als Frau ganz wichtig.

Ich bin also nicht wegen Ralf ausgezogen, sondern weil ich Clemens und das Familienleben nicht mehr ausgehalten habe. Ich war zu Hause nie alleine. Mein Mann und Thea hatten selbstverständlich eigene Zimmer, wo man natürlich anklopft, wenn die Tür zu ist, es gab zwei Gästezimmer – ich hatte kein Reich für mich. Der Garten war ein kindergerechter Spielgarten mit viel Rasen, wir hatten häufig andere Kinder zu Besuch – für mich und meine Wünsche nach Rosenbeeten, einem Bauerngarten schien da kein Platz.

Als ich ausgezogen bin vor vier Jahren, hat Clemens geweint. Das war so schrecklich für mich. Nach vier Monaten bin ich wieder zurückgezogen. Meine Bedingung beim Zurückkommen: Ich brauchte was für mich alleine. Das eine Gästezimmer wurde geräumt, da habe ich jetzt meinen herrlichen Sekretär drin stehen, und alle klopfen an, wenn sie reinwollen. Und: Im hinteren Garten habe ich mir einen wunderbaren Bauerngarten angelegt, Thea hilft mir jetzt manchmal beim Gärtnern. Es ist alles idyllisch mit Zinkgießkannen und -wannen, mit einem richtigen Brunnen.

Ja, ich sagte ja schon, daß Matti über all die Jahre den Kontakt nie hat abreißen lassen. Er hat immer Theas Entwicklung verfolgt. Vielleicht wollte er etwas gutmachen, was sein Vater Walter versäumt hat … Jedenfalls hat Matti mich irgendwann eingeladen, ihn erstmals in seiner Wohnung zu besuchen. Bei meinem Besuch habe ich von meinem neuen Garten erzählt … Und auch von Ralf, was eigentlich gar nicht meine Art ist. Als ich so erzählte, hat Matti jedenfalls angefangen, mit meinen Fingern zu spielen … Dann langsam mehr. Ich war wahnsinnig unsicher. Er ist so viel jünger. Wir sind uns dann rasch sehr viel näher gekommen. Er ist so spontan, so zärtlich. Und er riecht so gut.

Bald habe ich mir jedes freie Wochenende für Matti aufgehoben. Er arbeitet seit einigen Jahren viel für die EU in Belgien. Wir treffen uns überall in Europa, denn er ist dienstlich viel unterwegs. Ich bin noch nie so viel Auto gefahren oder geflogen wie in den letzten vier Jahren.

Wir sind uns gefühlsmäßig sehr nahe, obwohl er immer betont, ich wäre seine Affäre, mehr nicht. Er wartet nämlich auf seine Traumfrau. Ich glaube, er hat sich auf mich eingelassen, weil ich verheiratet bin. Matti hat eine Heidenangst davor, im Leben anzukommen. Alles muß Spiel bleiben. Nichts Endgültiges.

Eine Zeitlang habe ich mir gewünscht, seine Traumfrau zu sein. Habe geplant, wie wir uns näherkommen könnten. Aber unsere Beziehung beruht auf den gelegentlichen, dafür sehr intensiven Stunden. Sexuell kann Matti Ralf durchaus das Wasser reichen, er ist aber viel rücksichtsvoller und zärtlicher. Bei ihm komme ich sogar manchmal zum Orgasmus. Das überwältigt mich jedesmal.

Da wir kein festes Paar sind, können wir unbefangen alle unsere Fantasien miteinander besprechen und ausleben, teilweise auch sehr heftig. Und das bei meiner Erziehung. Wenn ich meine Wochenend-Wolke verlassen habe, bin ich manchmal richtig erschrocken über unseren Mut zu Neuem, Verbotenem. Gleichzeitig denke ich, ich habe gerade dadurch keine Chance, seine Traumfrau zu werden. Bei Männern ist es doch so: Die eigene Frau ist eine Göttin – und die ist heilig. Das ist so wie in dem Film mit Robert de Niro, er sagt da: »Das mache ich doch nicht mit dem Mund, der meinen Kindern einen Gute-Nacht-Kuß gibt.«

Neulich fragte mich ein Bekannter, woher meine vielen blaue Flecke kämen. Über meine Antwort hat er sehr gelacht: »Mein junger Liebhaber war etwas wild.« Ein gelungener Witz. Dabei kam das der Wirklichkeit sehr nahe: Matti und ich hatten fesseln gespielt ... Bei meinem Mann bin ich auch unendlich erfinderisch, wenn ich Spuren erklären muß: Da hat mich dann die Katze von Gesine gekratzt, oder ich bin unglücklich mit dem Fahrrad gestürzt und habe mir Gott sei Dank nur den Arm geprellt. Er fragt nicht.

Was ich mit Matti mache, hätte ich auch am Anfang mit meinem Mann nicht gemacht. Ich glaube, Clemens wäre entsetzt, wenn er meine Fantasien kennen würde und auch noch wüßte, daß sie nicht nur Fantasien sind. Wir beide haben in dieser Hinsicht nie einen Draht zueinander gefunden.

Man könnte ja denken: Was ist das? Da hat diese Frau erst den Vater, dann 20 Jahre später den Sohn ... Äußerlich mögen sich die beiden ja ähnlich sehen, aber sie sind grundverschieden. Matti ist der Unangepaßtere. Anfangs habe ich mit Matti durchaus über seinen Vater geredet, gesagt, daß ich es empörend finde, daß er keinen Anteil genommen hat an Thea. Später habe ich Matti auch verraten, daß der Sex mit seinem Vater nicht besonders klasse war. Matti freut das durchaus, ich glaube, er möchte sich schon von seinem Vater abgrenzen. Und er sagt, er hat mit mir den besten Sex in seinem Leben – was mich natürlich ungemein freut.

Mein Mann ist sehr wichtig für mich, ich achte ihn sehr. Aber die Liebe meines Lebens: Ich hab' sie getroffen. Ich hätte nie gedacht, daß es ausgerechnet dieser Mann ist, der mich nicht nur erotisch, sondern auch gefühlsmäßig so berührt. Vielleicht hat es etwas mit Nicht-haben-Können zu tun, bei beiden. Er weiß: Ich bin verheiratet. Ich weiß: Sobald eine Frau ihm zu nah kommt, zieht er sich zurück. Er hat mir nie »Ich liebe dich« gesagt. Aber zweimal »Ich hab' dich lieb« und auch zweimal »Schön, daß du in meinem Leben bist«. Lustig, daß man sich so was als erwachsene Frau merkt wie ein junges Mädchen. Ich habe ihm auch gesagt, daß ich ihn liebhabe, trotzdem weiß ich: Wir werden nicht zusammenkommen.

Auch jetzt, in unserer Zeit, hat er Kontakte mit anderen Frauen. Er erzählt mir als seiner besten Freundin auch davon. Manchmal habe ich das kaum ausgehalten, wie gesagt, ich wollte manchmal durchaus seine Traumfrau sein.

Einmal in diesen vier Jahren ist richtig etwas mit einer anderen Frau passiert. Eine Italienerin. Die war noch Jungfrau und hat irgendwann gesagt: »Komm, laß uns …« Er wollte das auch. Dann hat er nichts mehr von ihr gehört. Nach vier Wochen kam eine Mail: »Meine Periode …« Er hätte sie geheiratet, das hat er mir erzählt. Sie war dann nicht schwanger, aber ich wußte: Sie wird wieder vor der Tür stehen. So war es auch ein Jahr später. Und sie wollte ihn diesmal! Sie sagte: »Du bist es.« Er ist ja so 'n Kümmerer. Er hat erst mal wieder mit ihr geschlafen, ihr dann aber sein Leben erklärt und sie wieder weggeschickt. Ich hab' mir das alles am Telefon anhören müssen. Als ich das nächste Mal zu ihm kam, hatte sie ihre Spuren hinterlassen: Lippenstift, Augen-Make-up-Entferner, eine Packung always-ultra im Bad, ein Buch neben seinem Bett – ich habe alles in eine Plastiktüte getan und demonstrativ in den Mülleimer geworfen. Dann habe ich angefangen, mich auszubreiten in seiner Wohnung. Es gibt mittlerweile auf diesen 30 Quadratmetern nichts, wo nicht meine Spuren sind: der Duschvorhang mit Fischen drauf, das Frühstücksgeschirr, die Palme, die eigentlich viel zu groß ist für die Wohnung, aber so schön Urlaubsstimmung macht. Mittlerweile habe ich das Gefühl: Da ist kein Platz für jemand anders mehr.

Seine Angst vor zu viel Nähe nehme ich ihm mit dem Argument: Ich will nicht geheiratet werden, keine Kinder mehr. Was soll ich aber sagen, wenn er sich verliebt? Nee, auch heute: Ich will nicht mit ihm leben wie mit Clemens. Zu viel Alltag, das zerstört das Kribbeln. Es ist schon so: Seine Unangepaßtheit macht mir Spaß, er ist absolut chaotisch – wenn ich mir vorstelle, ihn im Alltag … Er ist so wild, läßt keine Extremsportart aus, Wildwasser-Kanu, Rafting, Fallschirmspringen, er ist schon oft übel gekentert oder gestürzt, da muß man immer Angst haben.

Außerdem: Ich bin so geordnet, ich würde versuchen, ihm meinen Rhythmus aufzudrängen. Er schläft morgens immer aus, für alle Kollegen ist er das große Kind, keiner denkt sich etwas dabei, wenn er auf dem linken Bein durch die Kantine hüpft. Alle sehen das als Zeichen seiner Kreativität, und er ist ja auch wirklich sehr erfinderisch. Er hat noch all das, was bei mir schon weg ist. Will ich das wirklich ändern? Nein, ich genieße das ja.

Manchmal fängt Matti auch von alleine an, von seinem Vater zu reden, er hat nie verstanden, daß der sich nicht für meine Thea interessiert hat. Er dagegen hat auch Kontakt mit seinem anderen Bruder, den sein Vater mit der Frau bekommen hat, die meine Nachfolgerin war, die beiden haben sich relativ schnell wieder scheiden lassen. Ich glaube, für Matti war der Tod von seiner Schwester ganz wichtig. Er hatte eine Schwester, die ein Jahr jünger war als er, die ist mit 20 bei einem Autounfall gestorben. Matti hat immer ein Foto von Ilona dabei und sagt: »Ich will für sie mitleben.«

Matti ist immer in Bewegung, unterwegs irgendwie. Er findet, alles muß in einen Kofferraum passen – da habe ich ihm mit der Waschmaschine für seine Wohnung schon Probleme gemacht, er hatte keine, und ich fand es nicht so prickelnd, im Waschsalon auf die Maschine zu starren und zu warten, bis die Wäsche durch ist. Auch wenn wir dabei wunderbar geredet haben. Wenn ich etwas mitbringe, sagt er, es berührt ihn, daß ich das tue. Ihm sind all diese Dinge für die Wohnung nicht so wichtig, ich dagegen liebe es, mein Haus und meinen Garten zu gestalten. Auch das Essen … Am liebsten holt Matti sich unten im Haus einen Döner. Neulich hat er mir was gekocht – Spaghetti mit Ziegenkäse. Ja, hm. Wenn ich mal mit dem Auto hinfahre, mache ich immer vorher Einkäufe, denn es ist nichts da in dieser Junggesellenwohnung. Kein Wein, kein Brot, keine Butter.

Anfangs haben wir uns nur alle acht, sechs Wochen gesehen, jetzt muß es alle zwei, drei Wochen sein. Ich kann mir das einrichten, die Apotheke läuft auch mal zwei Tage ohne mich. Ich darf nur eins nicht machen: Matti sagen, daß ich ihn bald wiedersehen will. Dann fühlt er sich unter Druck gesetzt. Neulich hatte ich solche Sehnsucht nach ihm – aber er meldete sich nicht. Ich habe ihm dann eine SMS geschickt: »Habe Sehnsucht – ich möchte dich beschnuppern.« Warum kann er mir so was nicht schreiben? Nie würde er zu mir sagen: »Ich habe Sehnsucht.« Er weiß eigentlich auch, daß ich es brauche, daß er zum Abschied sagt: »Wann sehen wir uns wieder?« Aber er kann es nicht. Er zeigt mir schon, daß er mich braucht, aber das sagen – das kann er nicht.

Dafür macht er mir zunehmend Komplimente: »Toll, wie du das alles machst.« Oder: »Wie du das alles managst, alles unter einen Hut kriegst.« Ich habe ihm gesagt, daß ich diese Art Lob von ihm nicht will. Ich bekomme von ihm fast nie Komplimente als Frau – die wären mir aber wichtig.

Letztes Jahr Silvester hat er geklagt: Er sei Mitte 30, habe noch nichts erreicht im Leben, er habe keinen Erfolg im Job. Was ja nicht stimmt. Keine Frau, keine Kinder – ja, aber wollte er das denn bisher? Ich habe gesagt: »Was willst du, du hast dein Studium so schnell und gut durchgezogen, du hast diesen tollen Job, viele Ideen. Und du hast mich.« Ich habe ihm tagelang Aufbau-Mails geschrieben … Er hat gesagt, er gibt sich noch eine Frist. Er hat nicht gesagt, wie lange und was dann passiert, aber es hörte sich so düster an, ich mochte nicht nachfragen. Ich habe immer noch das Gefühl, er hat schreckliche Angst, in seinem Leben anzukommen, irgendwie seßhaft zu werden.

Natürlich ist mir mein Leben mit meiner Familie wichtig, ich brauche diesen ruhigen Background – Thea macht jetzt Abitur, ich habe viele Freundinnen. Was aber mein richtiges Leben ausmacht, das sind die Wochenenden mit Matti, manchmal bin ich eine ganze Woche bei ihm. Glauben Sie nicht, daß er dann etwas anders macht als sonst. Er kommt um sieben nach Hause, bringt sich einen Döner mit und setzt sich an den Computer, um erst mal *Spiegel online* zu lesen oder Bücher in Englisch oder Französisch. Bei ihm zu Hause gibt es keine Musik, keinen Fernseher. Ich liege meist auf dem Klappbett und lese. Er läßt sich gar nicht stören, er meditiert meist auch noch am Abend, so bis zehn, das tut er, ob ich da bin oder nicht.

Matti und ich sind auch schon ganz offiziell zusammen verreist. Da hatten mein Mann und ich Flugtickets zum Shoppen in New York – und Clemens mußte dann dienstlich zu Hause bleiben. Meine Tochter sagte zu mir: »Laß doch das Ticket nicht verfallen, frag doch Gesine ...« Die war aber selbst in Urlaub. Da sagt mein Mann: »Frag doch Matti.« Wir waren tatsächlich eine Woche zusammen da.

Meine Tochter sagt zu mir: »Wie hältst du das aus?« Sie fühlt die eigenartige Stimmung zwischen mir und meinem Mann. Er ist komisch, wenn ich nicht da bin, er ist dann absolut schweigsam, ich scheine ihm zu fehlen. Wenn ich dann aber nach Hause komme, geht er in sein Büro. Meine Tochter hat mich schon zweimal gefragt, ob da noch was läuft zwischen uns, sie sagt dann: »Was ist da, Papa und du ...« Soll ich sagen: »Nichts«? Ich habe seit drei Jahren nicht mit Clemens geschlafen. Er hält das aus, denn er will nur mit mir zusammensein. Manchmal frage ich mich: Was tue ich ihm bloß an? Aber es ist schon so, daß mir mit Clemens immer eine Art von Erfüllung gefehlt hat, die ich bei Matti sehr genieße.

Wenn eine gute Fee käme und ich einen Wunsch hätte, dann würde ich mir wünschen, daß Matti dichter dran wohnt an uns. Und daß mein Mann und ich friedlich, brüderlich-schwesterlich nebeneinander leben, daß ich mit seinem Segen machen kann, was ich möchte. Oder daß ich plötzlich meine ganzen Verpflichtungen los bin und Matti und ich nah beieinander wohnen, aber jeder hat seine Wohnung.

Manchmal würde ich meiner Tochter gerne sagen, was sie für einen tollen großen Bruder hat. Ich klammere sehr an Thea, denn sie ist auch irgendwie ein Stück von Matti. Thea kann mit ihm aber nichts anfangen, sie sieht in ihm einen Familienfreund. Das hätte er auch bleiben können, wenn wir uns nicht zufällig sexuell entdeckt hätten. An Matti ist keine Stelle, an der ich nicht schon stundenlang rumgeknabbert hätte. Es tut mir so leid für meinen Mann ... Mit jedem Fremden könnte ich eher Sex haben als mit ihm, so kommt es mir manchmal vor. Immerhin: Ich kann Clemens wieder riechen, auch mal in den Arm nehmen. Aber der Austausch von Körperflüssigkeiten – nein. Das geht nicht. Seit ich mit Ralf geschlafen habe und auch mit Matti, wirkt Clemens auf mich jetzt so kühl, er ist so mager, so hager ... Ist mir früher offenbar nie aufgefallen. Aber das ist es ja auch nicht, worum es geht. Wir waren einfach erotisch nie auf einer Wellenlänge.

Ich war Clemens viele Jahre treu. Ich mag ihn, und ich will ihn nicht missen, wir kommen mit unserem Alltag klar. Ich war ein Kumpel, ich habe ihm ganz gehört – aber es war immer so: Wenn für mich das Glas halb voll war, war es für ihn halb leer. Ich brauchte immer etwas Neues im Leben.

Trotzdem: Clemens und ich sind mehr als verheiratet. Ich gönne ihm so von Herzen, daß er halb so glücklich ist wie ich. Ich habe schon mal spaßeshalber zu ihm gesagt: »Such dir eine Freundin.« Wirklich, er berührt mich, ich bin seine Basis. Und etwas kettet mich an ihn. Wie würde er leben ohne mich? Joggen, Arbeit, Computer ... Mein Mann bewirkt etwas in mir.

Eigentlich könnte alles schön sein, ich bin unabhängig und gesund, ich habe einen Mann, der mit mir lebt, ich habe mein Reich für mich in meinem Garten und meinem Zimmer, ich habe einen tollen Liebhaber. Ich sage mir auch immer, ich habe Glück, daß ich nicht bei Aldi Verkäuferin sein muß. Ich habe genug Geld, und ich kann es unbedenklich verbrauchen, wenn ich mit Matti durch Europa reise. Ich hab' mir ein nettes Auto gekauft, diesen Roadster von BMW, und das auf dem platten Land. Da kucken die Leute. Laß sie kucken.

Es ist ein irres Glück, wenn ich nicht besonders darüber nachdenke. Vier Jahre geht es nun schon, und es kribbelt immer noch. Wenn wir verabredet sind, bin ich immer noch aufgeregt: Wie kommt er rein, wie riecht er? Wie werden wir uns lieben? Und trotzdem: Ich bin so unvorzeigbar, keiner seiner Freunde kennt mich, nie gehen wir zusammen tanzen. Ich und dieser junge Mann ... In Belgien geht das schon, da laufen wir auch Hand in Hand. Ja, ich denke immer noch, ich mache mich lächerlich. Wenn es vorbei wäre, müßte ich Schluß machen, ich müßte gehen – das wäre für mein Selbstwertgefühl besser.

Mein Mann hat nie gesehen, daß ich Probleme hatte oder habe. Manche ganz fremden Menschen erkennen das sofort. Ich war mal bei einer Meditationswoche, meine Freundin hatte mich dazu überredet. Da gab es auch Gruppenübungen. Wir saßen alle auf dem Boden, jeder suchte sich seinen Partner. Da kam ein Mann, ein junger Mann, setzte sich zu mir und sagte: »Schöne Scheiße, daß du dein Leben lang Lokomotive bist, und du möchtest auch einfach mal Hänger sein.« So ist es wohl.

Ich glaube, ich beginne jetzt einen neuen Lebensabschnitt. Der hat nichts mehr zu tun mit Karen M., das ist unser Familienname. Der hat auch nichts mehr zu tun mit Karen K., mein Geburtsname. Was jetzt kommt, ist einfach nur Karen.

Petra, 35, Beamtin

Ich dachte: Bingo

Oder: Abgebrühtheit gehört dazu

Petra hat im Bekanntenkreis den Ruf, lockere Reden zu schwingen. Sie selbst, die attraktive, zierliche Beamtin, freut sich klammheimlich darüber, denn sie weiß: Hunde, die bellen, beißen eben manchmal doch ... Und zwar ganz zärtlich den Geliebten Andi (43), der ebenso bürgerlich wie sie mit Familie im Reihenhäuschen lebt.

Ich frag' mich manchmal, warum ich das mache mit Andi. Seit jetzt fast zwei Jahren. Aber ich weiß schon, warum. Neben der sexuellen Beziehung ist es mit Andi wie mit meiner besten Freundin, wir erzählen uns auch von der Sechs in Latein bei den Kindern.

Wir haben Gemeinsamkeiten – wir arbeiten beide, haben beide Kinder, sind nicht so auf den Partner fixiert. Mit Andi habe ich volle Aufmerksamkeit. Das genieße ich. Und: Er ist so verschmust ... Er hält immer meine Hand, krault immer meinen Nacken, und wenn wir miteinander geschlafen haben, kuschelt er sich an, drückt mich fest an sich. Mein Mann Klaus kann sicher länger, öfter – aber: Er kuschelt nicht.

Andi und ich zusammen als Paar? Nie. Wir würden uns nur belauern, wir wissen zu viel voneinander, also: daß wir gerne auswärts essen. Andi ist immer vergnügt – wunderbar, dieser trockene Humor, der hat mir schon am ersten Abend gefallen. Andi labert jeden an, er ist Everybody's Darling. Außerdem sieht er sehr gut aus. Zu gut ... Seine Frau ist auch sehr eifersüchtig, das hat er mal erzählt. Und ich kann das gut nachvollziehen. Ich kenne seine Frau nur von Fotos, vom Äußeren her ist sie mir sehr ähnlich: Wir sind beide zierlich, haben lange, dunkle Haare.

Da denke ich: Klasse – was will der mit mir? Er hat das gleiche Modell zu Hause, ich meine: rein optisch.

Andi und ich sind in jeder Hinsicht auf einer Ebene, wir tragen die gleiche Kleidung, also auch aufm gleichen Preisniveau. Wir haben eben denselben Stall, wo wir rauskommen: ganz normal, ein bißchen höherer Anspruch, auch intellektuell ein bißchen mehr, eben das typische kleine Reihenhaus am Ortsrand. Seine Frau und ich kaufen sogar manchmal unabhängig voneinander die gleichen Sachen zum Essen: den ersten Spargel, die ersten Erdbeeren, eine bestimmte Sorte Aldi-Pizza. Ja, selbst der Einkauf von Lebensmitteln ist auf gleichem Niveau. Ich denke, wir würden uns auch zu viert gut verstehen, die Männer würden harmonieren, sie sind beide Radsportfans.

Seine Frau ist sehr häuslich, sie geht nie raus, höchstens mal zum Karneval oder mal essen. Sie kümmert sich um die Pflanzen, der Garten wird fein gehalten. Das ist ja nichts Negatives. Aber was findet Andi bei mir?

Was ihn am meisten reizt, das ist meine Unberechenbarkeit. Er kriegt alle meine Launen mit. Ich umhege, umpflege ihn nicht, obwohl ich das manchmal gerne würde. Es ist nicht so, daß ich immer sofort springe, wenn er pfeift. Es gab anfangs eine Phase, da hat er sich zurückgezogen, seitdem ist das so. Es war ihm damals emotional zu eng. Ich hab' ihm meine Verliebtheit zu sehr gezeigt. Ich glaube, er hatte Angst, daß ich ihn ganz will und damit seine heile Welt in Gefahr bringe. Denn Nummer eins ist und bleibt seine Frau, so will er es.

Damals habe ich angefangen, mich anders zu verhalten. Cooler. Ich darf nicht sagen, daß ich ihn liebe, selbst dann nicht, wenn ich was getrunken habe. Ich glaube, daß er mich auch liebt, aber es darf nicht ausgesprochen werden, da würde ihm der Verrat an seiner Frau bewußt werden. Andi hat vom ersten Tag an klargestellt, wie weit es geht mit uns: »Paß auf, das wird nur eine Affäre.« Er hat mir deutlich gemacht, daß er mit seiner Frau eine sehr innige Beziehung hat, wie sehr er sie schätzt. Ich darf nicht annähernd etwas Schlechtes über seine Frau sagen, er verweist mich sofort in meine Schranken.

Ich dagegen schimpfe schon mal bei meiner Freundin über meinen Mann Klaus. Wenn ich das Andi gegenüber tue, zum Beispiel über Klaus' Macken, dann hält Andi zu meinem Mann. Er sagt dann: »Ja, aber du bist auch manchmal zickig.« Andi gibt mir sogar richtige Tips für meine Ehe. Als ich erzählt habe, wie sehr es mich nervt, daß Klaus immer stundenlang in der Garage verschwindet, hat Andi gesagt: »Na, dann back doch mal einen Kuchen, mach einen Kaffee, und das bringst du ihm dann in die Garage, was meinst du, wie der sich freut.« Hab' ich gemacht. Klaus hat sich gefreut – er hatte natürlich keine Ahnung, wem er den Garagen-Imbiß zu verdanken hat.

Andi hab' ich in München kennengelernt. Er war da beruflich zur Fortbildung, ich war auf einer Studienfahrt, auch mit Kollegen. An einem Abend war ich mit sehr vielen Leuten im Hard-Rock-Café, Andi war auch da, mit zwei Kollegen. Als er sich umdrehte, dachte ich: Wow, der sieht aber gut aus. Die Jungs vom Nebentisch sind mit unseren Leuten ins Gespräch gekommen. Am nächsten Abend waren wir alle wieder Im Hard-Rock-Café. Ich habe mich an beiden Abenden sehr zurückgehalten. Ich habe ein bißchen den Ruf, daß ich immer lockere Reden schwinge, nach dem Motto: »Petra redet immer über das eine.« Aber es ist doch so: Je mehr man drüber redet, desto mehr denken alle: Die labert nur. Ich konnte also nicht so direkt an Andi ran ... Noch nicht mal geflirtet hab' ich. Ich habe ihm aber zum Abschied gesagt: »Ich bin beruflich auch öfter in Stuttgart.« Wir wohnten gar nicht so weit auseinander. Sicherheitshalber habe ich noch nachgeschoben: »Gib mir doch mal deine Handynummer.« Wir haben die Handynummern ausgetauscht. Dann ist jeder in sein Hotel zurück. Als ich mich gerade aufs Bett gesetzt hatte, schickt er mir eine SMS: »Schade, daß wir uns nicht näher kennenlernen konnten.«

Ich dachte: Bingo.

Er hat mich dann noch angesimst: »Vielleicht kannst du mir ja morgen früh beim Kofferpacken helfen?«

Na, aber!

Wir hatten eine Stadtrundfahrt fest gebucht, alle Mann. Es fiel mir echt schwer ... Ich hätte ihn am liebsten sofort in meinem Hotelzimmer vernascht. Nach der Stadtrundfahrt am Freitag fuhren wir wieder nach Hause.

Ich habe mir Andis Telefonnummer eingeprägt und den Zettel vernichtet. Eine Glanzleistung für mich, denn ich habe zwei Jahre gebraucht, um mir meine eigene Telefonnummer zu merken ...

Andi hat mich dann direkt am Montag angerufen, und Dienstag haben wir uns getroffen. Er ist zu mir gekommen, in unsere kleine Stadt.

Jao.

Wir waren im Café, im Park ... Es ist mir egal, ob wir da Bekannten oder Arbeitskollegen über den Weg laufen – sollen sie doch mal was zu denken haben. Wir haben supergut geredet. Ich dachte immer nur: »O Gott, sieht der gut aus.« Andi hat für sein Alter etwas sehr Bubenhaftes, auch die Grübchen beim Grinsen ... Irgendwann habe ich ihn mal einer Freundin vorgestellt, die sollte mir 'ne Schulnote für sein Aussehen zuflüstern. »Und?« – habe ich nachgebohrt. »Eins minus«, hat sie gesagt.

Andi und ich waren bei unserem ersten Treffen in einem Gartenlokal, da haben wir uns anfangs nur unterhalten. Wir saßen draußen, in einer ruhigen, nicht einsehbaren Ecke. Irgendwann bin ich aufgestanden, habe ihn angegrinst, mich umgedreht, und dann

zsch ...

Wir haben beide gespürt, daß wir wollten.

Und das haben wir dann eben gemacht.

In jener Woche haben wir uns dreimal gesehen. Er wohnt 80 Kilometer weit weg. Mittlerweile ist es so, daß wir uns meist entgegenfahren, das spart für beide Zeit. Andi ist im Außendienst, er kann sich unsere Treffen gut einrichten. Wenn wir uns treffen, dann bin ich meist offiziell für die Familie mit einer Freundin zusammen, die hat auch ein Liebchen. Tatsächlich sehe ich diese Freundin sehr selten. Man wird so erfinderisch. Ich habe einen 20-Stunden-Job, einen Mann, zwei Kinder, und Hobbys. Und trotzdem finde ich Zeit für Andi. Ich habe mir schon oft morgens freigenommen, das sind dann abgebummelte Überstunden, ich habe auch schon mal einen Tag krank gemacht oder Urlaub beantragt. Mein Mann fragt wenig nach, wo ich war. Er gibt sich zufrieden mit dem, was ich sage. Ich muß mir keine übermäßigen Sorgen machen, denn ich kenne Klaus gut, seit 15 Jahren eben. Und ich passe wirklich auf. Man kann zum Beispiel nicht sagen: »Ich fahre Weihnachtsgeschenke einkaufen«, und dann mit leeren Taschen nach Hause kommen, nein, nein – die Geschenke müssen schon vorher im Kofferraum liegen!

Am Anfang unserer Ehe, vor elf Jahren, habe ich kurz hintereinander die Kinder gekriegt, aber als die Kleine sechs war, als ich wieder unabhängig wurde, fing *es* wieder an: daß ich auch nach anderen geguckt habe. Aber es war nie etwas, das ich lange fortsetzen wollte, es war meist nur für eine Nacht oder höchstens für drei-, viermal. Es gab nicht diese Faszination wie bei Andi, die bis jetzt nicht nachläßt.

Anfangs habe ich mit Andi noch manchmal am Telefon rumgezickt, zum Beispiel, wenn er ein Date abgesagt hat. Das mach' ich jetzt nicht mehr. Ich weiß, daß er vor zehn Jahren zwei Jahre lang mit einer Frau ein Verhältnis hatte, da hat er Schiß gekriegt, als es zu eng wurde, er hatte gemerkt: Sie wollte ihren eigenen Mann nicht mehr ...

Ob Andi neben mir mal was hatte, weiß ich nicht. Auf der einen Seite würde ich sagen ja, auf der anderen – ich weiß nicht. Unsere Beziehung funktioniert nur so gut, weil er alles im Griff hat. Ich würde mich von mir aus mehr reinhängen, aber er steuert das. Ich bin zu sentimental angehaucht, ich würde alles mögliche in unsere Beziehung reininterpretieren, wenn ich könnte: unerfüllte Liebe, Romantik, die Königskinder, die nicht zueinanderkommen. Andi bremst.

Er zeigt mir aber schon, daß er mich liebt, weil er mir jeden Wunsch von den Augen abliest. Das war ein Lernprozeß für mich, das wahrzunehmen. Wenn wir uns treffen, fragt er bald: »Hast du Hunger?« Anfangs sind wir meist essen gegangen, spanisch, mexikanisch, dabei haben wir ja eigentlich nicht viel Zeit, meist sind es nur höchstens drei, vier Stunden. Wenn wir zusammen essen, fehlt diese Zeit für uns, für den Sex. Andi ist sehr interessiert an allem, was ich erzähle. Manchmal fragt er mich Wochen später: »Was hat sich eigentlich ergeben aus dem Treffen mit dem und dem damals?« Für mich ist das dann oft schon ein alter Hut, aber ich merke: Er hat sich in Gedanken mit mir beschäftigt. Nachts bringt er mich grundsätzlich immer nach Hause, egal, wie spät es dann für ihn wird. Er ist dann offiziell noch trainieren oder mit den Kumpels hinterher Bier trinken.

Wir würden uns nie gegenseitig in Gefahr bringen, also: es drauf anlegen, daß alles rauskommt. Er ist auch schon 15 Jahre verheiratet und hat zwei Söhne. Wir können uns blind aufeinander verlassen, keiner würde die Situation ausnutzen oder etwas gegen den anderen verwenden. Weil das so ist, kann ich mich bei Andi öffnen und fallenlassen. So brauche ich auch nicht zu überlegen: Was kann ich erzählen? Was nicht? Ich kann ihm einen Einblick in meine Seele verschaffen. Das gibt mir ein so unglaublich gutes Gefühl – und dafür liebe ich ihn.

Wir lachen drüber, daß wir immer noch neue Orte für unsere Treffen finden, wir haben hier in der Region mittlerweile alles durch, wir könnten einen Reiseführer schreiben, einen Restaurantführer. Wir hatten so viele verschiedene Orte ... Unterm Solarium – das war die Zwölf-Minuten-Nummer für fünf Euro. Auf der Toilette von einer kubanischen Bar ... Mitten in der Woche, noch recht früh, auf einer Baustelle ... Wir mieten uns auch ein in *Formular-one-Hotels*, das sind diese preiswerten mit den standardisierten Duschen, die es überall gibt. Da stehen fast ausschließlich Autos mit einheimischen Kennzeichen vor der Tür.

Mit meinem Mann würde ich nie wie mit Andi mit dem Auto auf eine Wiese fahren – dabei ist Klaus sexuell so attraktiv. Andi und ich reden nicht drüber, wie und wie oft wir mit unseren Partnern schlafen. Aber Andi erzählt zum Beispiel von Bekannten, die es nur noch einmal im Monat machen, und er meint dann: »Das wäre mir zu wenig.« Das ist bei ihm die Grenze des Darüber-Redens.

Ich glaube schon, daß in seiner Ehe die sexuelle Seite zu kurz kommt. Und, ganz ehrlich, ich dachte mir: Wenn du ihn beim Sex auf dich fixiert kriegst, das wäre gut. Das hab' ich geschafft. Ich merke das daran, daß er jedesmal will. Wer will das nicht? Aber wie er abgeht ... Man merkt, daß er dann nicht nur denkt: Ach, das ist mal wieder ganz nett. Man merkt, daß er rundum Zufriedenheit verspürt. Wenn man sich länger kennt, weiß man, was man mit dem anderen machen muß. Das mache ich gerne, auch wenn ich vielleicht mal nicht solche Lust dazu habe. Ich hatte nie Probleme, das zu machen, was Männer gern haben. Jeder Mann liebt es, wenn du ihm einen bläst oder er dich von hinten nehmen darf. Auch Andi. Aber bei ihm mach' ich das wirklich gerne, bin ich ganz scharf drauf. Da wird nichts vorgetäuscht, ist auch gar nicht nötig. Bei anderen hingegen schon. Da hab' ich manchmal gedacht: Du Idiot, glaubst, du wärst der Größte. Dabei manipuliere ich dich gerade und hole mir das, was ich halt gerade haben will. Männer sind sexuell so einfach gestrickt.

Mein Mann und ich, wir haben so einige Bekannte, Nachbarn, wo ich denke: Ob die nicht auch? Als ich das Buch *Ich habe einen Liebhaber* mal mit zum Chor genommen habe, na, da war was los. Ich habe gesagt: »Aber das ist doch heute wirklich weit verbreitet, das kann doch jeder passieren.« Das wissen die ja nicht, daß ich das mache ... Eine Freundin hat mich beiseite genommen und gesagt: »Mach dich mal nicht verdächtig.« Das Ulkige ist: Die anderen schätzen mich sicher so ein, daß ich keine bin, die immer nein sagen würde. Ich mache ja ständig lockere Sprüche drüber. Daß ich aber so eine heimliche feste Beziehung habe, damit rechnet bestimmt keiner. Kommt dazu, daß ich meinen Mann vor aller Augen knuddele oder liebkose – so was kennen viele ja gar nicht. Ein paar Freundinnen habe ich mal beim Kaffeetrinken erzählt: »Ich hatte heute schon zweimal Sex: mit meinem Mann und meinem Freund.« Es war tatsächlich so gewesen, aber das glaubt ja keiner.

Manche denken, wenn man ein Verhältnis hat, will man den festen Partner leichtfertig verlassen. Aber darum geht es doch nicht. So eine Nebenbeziehung kann ewig laufen. Es fliegt nicht auf, wenn nicht einer von beiden leichtfertig wird. Aber es geht nicht ohne eine gewisse Abgebrühtheit. Wenn mein Mann etwas mitkriegen würde, würde er sagen: »Verrat, Betrug.« Ich glaube aber, daß mir diese Beziehung guttut. Vielleicht, ach ... Ich will so eine Liebe, damit leben. Ich kenne eine verheiratete Frau, die hat seit 20 Jahren einen Geliebten. Er ist auch verheiratet.

In der festen Beziehung geht die Leidenschaft verloren. Weil der Alltag sich einschleicht. Bei meinem Mann und mir ist es auch so, daß wir uns um Alltagskram streiten, dabei bin ich sogar noch in Klaus verliebt. Es ist wichtig und schön für mich, wenn er nach Hause kommt, ich mag es, dann mit ihm auf der Couch zu sitzen und mich anzuschmiegen.

Der Geliebte hat Vorteile, klar, ihn sehe ich einmal im Monat, er lädt mich zum Essen ein, ist aufmerksam. Und: Ich hab' einfach diesen Jagdinstinkt. Wenn der Mann verheiratet ist, ist das kein Hindernis, so lege ich mir wenigstens keine feste Bindung zu. Mein Mann weiß von meinem Jagdinstinkt durchaus, aber er glaubt oder hofft, daß ich die Grenzen kenne. Unter dem Motto: Sie kuckt und sie flirtet, aber mehr nicht. Wenn wir uns streiten, wirft er mir durchaus mal an den Kopf. »Wenn bei dir der Richtige kommt, biste sowieso weg.« Ich weiß aber: Mit einem anderen hätte ich die Alltagsprobleme früher oder später auch.

Ich war mit 13 schon verliebt, manchmal denke ich, ich bin verliebt ins Verliebtsein. Als Mädchen war es so: Wenn jemand kam, der mir besser gefiel, dann war der andere abgemeldet. Das war so in meinem kleinen, unschuldigen Rahmen, wo das höchste der Gefühle ein kleines, unschuldiges Küßchen war. Mit

16 hatte ich meinen ersten festen Freund, so anderthalb Jahre. Den habe ich verlassen wegen einem, der älter war. Weil der älter war, ein tolles Auto hatte. Es war bei mir immer so, daß einer den anderen abgelöst hat, das soll man ja eigentlich nicht so machen. Bei Andi habe ich das erstemal das Gefühl: Diesmal bestimmst du nicht, wann es vorbei ist.

Mit meinem Mann gab es Phasen, wo ich nicht mehr wollte. Ich bin unberechenbar, da kann es schon mal sein, daß ich ihm an den Kopf werfe: »Es ist besser, wir trennen uns, ich ziehe aus.« Gott sei Dank habe ich einen Mann, der damit umgehen kann. Mir wurde auch immer sehr schnell klar: Eigentlich liebe ich Klaus ja doch. Ich habe doch eigentlich eine optimale Konstellation mit Andi und Klaus. Wenn sich da was ändern würde, wenn Andis Frau zum Beispiel plötzlich weg wäre, – ich meine, warum sollte sie – aber wenn: Dann würde das wohl auch nichts ändern. Andi ist viel zu anständig, um in solchem Moment dann mich zu wollen.

Ich würde Andi gerne öfter sehen. Ich würde auch gerne mal wieder eine Nacht mit ihm verbringen. Einmal haben wir es schon hingekriegt. Gut, drei Wochen gehen schnell rum. Wenn wir so mindestens vier Stunden miteinander verbracht haben, habe ich hinterher das Gefühl, ich habe ihn zwei Stunden davon nur vollgelabert. Die Zeit vergeht so schnell. Er will mit mir auch immer gerne Filme kucken, ganz andere als die, die mein Mann sehen will, so Sachen wie *Herr der Ringe* oder Programmkino. Klaus interessiert sich für alberne Slapstick-Komödien. Da gehe ich nicht mit, ich habe lieber mehr Tiefgang, mehr Gefühl.

Mein Mann ist ein emotionaler Krüppel, das klingt jetzt hart, aber er kann's doch mal sagen, daß er mich liebt, daß ich weiche Haut habe oder schöne Augen. Einfach mal sein Herz auf der Zunge tragen. Selbst fremde Männer machen mir Komplimente. In der Bahn, beim Bäcker, einfach so. Doch, das vermisse ich bei Klaus schon sehr.

Wo Andi und ich uns schon nur alle zwei, drei Wochen sehen, telefonieren wir wenigstens alle zwei, drei Tage. Ich telefoniere vom Büro aus, er ruft mich auch zu Hause an, er weiß ja, wann Klaus arbeitet oder wann er Urlaub hat. Das brauche ich, das wir wenigstens am Telefon reden. Andi will immer alles wissen: »Wie war das Wochenende?« Er darf dann ruhig auch sagen: »Meins war superschön, ich war mit meiner Frau da und da, das müßt ihr auch mal machen.« Wir knirschen dann gegenseitig nicht, wir freuen uns für den anderen, wenn's ihm gut geht. Neulich war seine Frau krank. Da habe ich gemerkt: Verdammt, ich mache mir Gedanken. Sie ist bestimmt eine total liebe, nette – sie tut mir ja nichts ... Statt dessen darf ich das Weihnachtsgeschenk für sie aussuchen. Was war es noch? Ein Parfum ... Mit Andi gibt es manchmal Erinnerungslücken, was war eigentlich wann ... Es gibt ja keine Fotos, auch keine Geschenke, weil das auffallen könnte. Das finde ich schon manchmal traurig. Ich bin schon selig, wenn ich von ihm ein Feuerzeug mit irgendeinem Werbeaufdruck ergattern kann.

Ich bin schlampig mit der Pille. Neulich habe ich geglaubt, ich hätte die Situation, also: schwanger. Ich habe es Andi gesagt, das war eine Woche Spannung. Er hat gesagt. »Dann müßte ich das Kind ja adoptieren.« Das hat mir ein Stück weit gezeigt, daß er zu mir hält. Ich fand den Gedanken ja nicht übel. So ein kleiner süßer Andi ... Ich hätte es meinem Mann gesagt. Ich hätte die Konsequenz gezogen. Ich hätte mich auf das Kind ja gefreut, das Kind gekriegt. Aber ich hätte Andis Familie da nicht mit reingezogen. Er hätte das Kind sehen dürfen, es wäre seine Entscheidung gewesen, wann und wie er das will. Ja, aber es war dann ja nicht so. Das war schon eine verrückte Situation, auch, wie es dazu gekommen ist. Ich hatte Antibiotika genommen, und da weiß man ja, daß das die Pille beeinträchtigen kann. Ich wollte es ihm die ganze Zeit sagen, als wir im Bett waren. Ich hab's ihm hinterher gesagt, und er meint: »Wieso kommst du damit erst jetzt, ich hätte doch aufpassen können?« Ich konnte nur sagen. »Es war gerade so schön.«

So ernsthaft wie mit Andi wollte ich es ja nie, ich habe kaum noch Zeit.

Ich weiß nicht, wie ich das alles unter einen Hut kriege. Jetzt mache ich erst mal drei Monate Pause von meinem Verwaltungsjob. Das ist der Vorteil, wenn man einen Mann hat, wenn man versorgt ist.

Als ich letzte Woche vom Treffen mit Andi kam, hat mein Mann mich vom Bahnhof abgeholt, das war schon ein komisches Gefühl ... Wenn Andi weg wäre, würde ich ihn nicht durch einen anderen ersetzen wollen, da gibt es keinen Ersatz. Er ist ein Glücksgriff.

Bea, 42, Yogalehrerin in spe

Wow, alles ist möglich

Oder: Ich lebe meinen Traum

Ihr Mann Thoralf, 48, ist der große Junge im Ringelhemd aus dem Buch Wir sind die neuen Liebhaber, *er sagte über die gemeinsame Anfangszeit mit Bea: »Sie kam mit ihrer Weiblichkeit nicht klar.« Jahre später weinte er ihretwegen: »Sie hat selten den Geliebten, den Mann in mir gesehen.« Bea kann heute ganz gelassen und selbstbewußt über ihre Entwicklung berichten, die sie so nie erwartet hatte.*

Ich sitze hier in unserem Haus und kann das genießen. Alf, mein Mann, ist seit zwei Monaten für ein Jahr zum Arbeiten in A., das sind immerhin 750 Kilometer. Die Kinder sind hier bei mir, ich möchte noch meine Yogalehrerprüfung machen, es ist viel zu tun – aber ich fühle mich gut. Klar, vorher war es einfacher, einen Tag, ein Wochenende frei zu machen, auch, um Dieter zu treffen – aber im Zweifelsfalle nehme ich die Kleine einfach mit, die Großen können gut alleine sein. Für mich ist mittlerweile alles ganz stimmig: Ich kann Mutter sein, und ich kann Frau sein. Das war nicht immer so.

Wir hatten uns bestimmt alles ganz anders vorgestellt, als Thoralf hier, weit weg von unserem eigentlichen Zuhause, vor elf Jahren den zweiten Betrieb aufgemacht hat. Die Gesundheitsreform hat uns so zugesetzt, daß wir beide Betriebe lieber geschlossen haben. Aber Geld brauchst du trotzdem, gerade, wenn du gebaut hast, dann noch aufwendig, alles bau-biologisch wertvoll. Anfang des Jahres sagte Thoralf: »Ja, dann muß ich mir wohl Arbeit suchen.« Dabei hatte er gerade eine Tai-Chi-

Ausbildung angefangen. Bei ihm habe ich ein bißchen einen Vorwurf gespürt, daß ich es bis dahin noch nicht geschafft hatte, mich mit einer Yoga-Schule selbständig zu machen. Vielleicht war es gar kein Vorwurf. Wie ich das empfunden habe, hat sicher mit mir zu tun – mein Vater hat mir immer vermittelt: Der Mann sorgt für die Frau.

Meine Mutter war 20, als ich geboren wurde, sie hat gar keinen eigenen Beruf. Als ich sechs war, ist mein zweijähriger Bruder tödlich verunglückt. Deswegen war ich so ein liebes, braves Mädchen – ich habe versucht, den Schmerz meines Vaters zu überwinden, seine Liebe zu erringen, indem ich lieb war. Gestritten haben sich meine Eltern nie, ich habe bis heute Schwierigkeiten mit Auseinandersetzungen.

Für mich war es immer schrecklich, wenn Thoralf gesagt hat: »Wir müssen reden.« Da wurde mir kalt, ich habe gezittert. Er war das Reden aus seiner Familie so gewohnt. Als ich Alf kennengelernt habe, war ich 18, und wenn dann in seinem Elternhaus heiß debattiert wurde und es plötzlich hieß: »Bea, und du, was meinst du?« Da kriegte ich fast Panik: »Ich? Was, ich?« Das hat sich sehr geändert in den letzten Jahren, ich weiß noch, wie erstaunt die Freunde waren, als ich plötzlich geredet habe: He, die hat ja was zu sagen, und dann auch noch so viel …

Aber ich will ja erzählen, wie ich dahin gekommen bin, wo ich heute bin: Nicht mehr das brave Mädchen, nicht mehr nur Mutter, sondern auch Frau sein. Und zwar eine Frau, die sich mit dem Spruch »Träume nicht dein Leben, sondern lebe deinen Traum« entwickelt hat. Den Spruch hat mir eine Freundin vor ein paar Jahren in einer schwierigen Phase unter ein Mandala geschrieben – das Blatt Papier hängt bis heute in meinem Schlafzimmer.

Also, Alf hat dir ja erzählt, wie das bei ihm anfing, mit den anderen Frauen, mit Miriam, und daß das gerade in die Zeit fiel, als ich mich selbst als Frau entdeckt habe. Das stimmt. Das war zeitlich ein blödes Zusammentreffen, ich hatte daran ganz schön zu knacken.

Thoralf erinnerte sich an diese Zeit im Buch Wir sind die neuen Liebhaber *so: »Bea fing an, ihre frauliche Seite zu zeigen. Sechs Monate hatten wir eine ganz tolle Zeit, das war länger als in der Phase unserer größten Verliebtheit. Ich hatte plötzlich beide Arme übervoll.«*

Damals, mit 33, fühlte ich mich erstmals richtig als Frau, mit Lust an der Sexualität, vorher war ich mehr ein weibliches Neutrum, wie meine Mutter. Die Kinder, unsere beiden Söhne, waren lange für mich gute Fakten, mich als Frau zu verkriechen. Ich dachte, es gibt nur eins: Frau oder Mutter. Als unser Erster geboren war, war er meine Ausrede: Ich hatte Angst, das Würmchen könnte was mitkriegen, wenn seine Eltern nebenan … Dann war da noch die Angst, schnell wieder schwanger zu werden. Ich selbst war ein ungewolltes Kind, meine Mutter hatte immer zu mir gesagt: »Paß bloß auf, was *du* tust.« Ich hatte keine besondere Beziehung zur Sexualität gehabt, es war so ganz schön, aber mehr nicht.

Daß ich mich damals so als Frau entdeckt habe, lag am Reiki. Alf pendelte damals zwischen unserem alten Wohn- und Betriebssitz und dem neuen hier. Ich war mehr allein, hatte mehr Zeit für mich, für neue Dinge, das war mein spirituelles Erwachen. Beim Reiki ist es ja so, daß du kosmische Lebensenergie aktivierst und so dein Gleichgewicht herstellst oder Heilung förderst. Dadurch, daß bei mir was in Bewegung kam auf geistiger Ebene, hatten Alf und ich auch mehr Gespräche. Reiki, das war wie ein Lichtschalter, den du anmachst, und alles erscheint in neuem Licht. Es war ein Schritt von alt zu neu für mich.

Alf hat das genau gespürt. Plötzlich fing er an, von all den Sachen zu erzählen, die ihm in den Jahren vorher passiert waren, da hatte es verschiedene Begegnungen mit Frauen gegeben. Hätte er mir das nur zwei Wochen vorher erzählt, ich wäre zusammengebrochen. Aber jetzt spürte ich eine sexuelle Revolution für mich, ich hatte das Gefühl: Wow, alles ist möglich. Mein Frau-Sein begann.

Eine Woche nach unserem sehr intensiven Gespräch kam dann bei Alf das Liebesgeständnis von Miriam. Sie arbeiteten zusammen hier im neuen Betrieb, ich war noch bei uns im alten Zuhause. Alf hat mir das gleich am Telefon erzählt: »Sie will meine Frau sein.« O Gott, habe ich gedacht, und das jetzt, wo er von mir alles kriegen kann. Das war in den folgenden Jahren noch öfter so: In dem Moment, in dem bei mir alles möglich war, ergab sich bei Alf etwas Neues. Jedenfalls fing Alfs Beziehung mit Miriam an. Das war eine heftige Zeit für mich, ich hatte eine schlimme Nagelbettentzündung, die war ein gedankliches Eitergeschwür, die Ärzte sahen mich schon mit amputiertem Finger. Natürlich war das Geschwür am rechten Ringfinger, dem Ehering-Finger! Kurz bevor es ausbrach, hatte ich in einem Brief an Alf meine ganze Trauer, meine ganze Wut aufgeschrieben, ich fühlte mich als geschaßte Ehefrau – diese Gefühle haben meinen Finger sich entzünden lassen. Alf und ich haben damals viel diskutiert, aber auch viel Liebe gemacht – ich wollte doch das nicht aufgeben, was ich gerade entdeckt hatte: meine Lust. In der Hoch-Zeit meines Erlebens als Frau ist unsere Tochter Alea entstanden. Ich konnte mich damals 100 Prozent als Frau und 100 Prozent als Mutter fühlen, nicht gleichzeitig, aber auch bei Alf war ich damals einfach Frau.

Zu der Zeit gab es einen Mann, der sich in mich verliebt hat, aber ich habe nicht reagiert. Er hätte mein Vater sein können. Ich habe schon die flirtenden Blicke gespürt, gemeinsame Frühstücke mit ihm unheimlich genossen, aber Sexualität mit ihm war für mich nie ein Thema, ich wußte auch, seine Frau hätte ihm die Hölle heiß gemacht. Außerdem dachte ich ja, daß ich mit Alf alles habe, was ich brauche. Das war so, bis Bernd erschien.

Bis Bernd in meinem Leben auftauchte, hatte ich wirklich nichts vermißt. Das einzige, was ich gemerkt habe: Es gab doch irgendwie eine Sperre zwischen Alf und mir, eine gewisse Distanz – weil Miriam da war. Alf und ich hatten uns mit Miriam für diese Selbsterfahrungs-Jahresgruppe angemeldet, wo es um Lebens-Herausforderungen ging. Da habe ich Bernd das erste Mal gesehen, beim Kennenlern-Treffen. Das war ein Nachmittag mit vielen Frage-Antwort-Aufgaben, bei denen es darum geht, sich kennenzulernen, eigene Strukturen zu erkennen. Bernd kam zu spät in die Gruppe, stellte sich vor: »Ich bin der Bernd, ich habe Angst vor Nähe.« Obwohl ich direkt neben ihm saß, wollte Alf das Spiel mit Miriam machen, ich hatte niemanden und bin darum auf Bernd zugegangen. Bei einem der 25 Spiele mußte man sich sehr lange in die Augen sehen. Das war es. Das war sehr, sehr intensiv. Sich so in die Augen sehen, und dann noch dieser sehr schöne Mann ...

Alf hat nach dem Nachmittag mit Bernd die Adressen ausgetauscht, Alf ist immer sehr interessiert an spannenden Menschen. Die beiden haben sich getroffen. Danach schrieb Bernd Alf einen Brief, darin stand, er könne *Pulsing* sehr empfehlen, da geht es um das Öffnen der verschiedenen Organe, was wichtig ist, um seine Sexualität wirklich leben zu können. Er, Bernd, wollte demnächst auch mal wieder so ein Seminar machen, hätte aber keinen Partner. Da fragte Alf mich: »Willst du nicht? Soll ich ihn mal für dich fragen?« Bernd hat ja gesagt, mit einer gewissen Skepsis.

Unser Jahrestraining lief weiter, Cara war da auch dabei, aber noch nicht präsent, also für Alf als Geliebte aktuell. Nun war also dieses Seminar-Wochenende mit Bernd. Ich fuhr schon mit einem inneren Kribbeln hin. Es war abgemacht, daß ich, weil es praktisch war, bei ihm übernachten sollte. Bei dieser Energie-Arbeit ist es so, du suchst deinen Puls, um bestimmte Energien an bestimmten Körperstellen fließen zu lassen, das ist wie Chakren-Öffnung. Das war körperlich anstrengend, richtig Sport, ich kam an meine Grenzen, auch alte Strukturen, also gefühlsmäßig Erlebtes, bricht dabei wieder auf. Es wurde bei diesem Seminar alles getan, um unsere sexuelle Energie zu pushen. Und das zusammen mit so einem attraktiven Mann. Abends haben Bernd und ich viel geredet, ohne daß sexuell etwas war, nur ganz viel Augenkontakt. Dann haben wir geschlafen, das heißt, ich schlief, er lag wach. Er konnte nicht schlafen, weil ich mit in seinem Bett lag. Er ist sieben Jahre jünger als ich, er wußte, ich habe Mann und Kinder. Aber das war wohl nicht der Grund, warum nichts lief: Das war ihm alles zu nah, ich bei ihm im Bett, dabei ist es zwei Meter breit.

Am nächsten Seminartag lag Bernd bei einer Übung so komisch auf meinem Bein, ich merkte, wie es abstarb. Normalerweise bin ich bei allen Schmerzen so: oa, oach ... Aber in dem Moment dachte ich nur: Ach, laß geschehen. Ich war wie in Trance, spürte inneren Widerstand schwinden. Im Auto legte Bernd seine Hand auf mein Bein. Poach. Das war wie elektrisch. Jetzt war ich plötzlich zu allen Schandtaten bereit. Aber seine Angst vor Nähe war noch größer als meine Bereitschaft. Es passierte wieder nichts. Wir haben uns am nächsten Tag gar nicht richtig voneinander verabschiedet. Ich weiß nicht, wie ich nach Hause gekommen bin, mein Auto hat mich gefahren. Ich habe nur noch Essen für die Kinder gekocht und bin um acht ins Bett.

Ich war völlig aufgewühlt. Mir ging alles mögliche durch den Kopf: Auch, daß ich Alf und die Kinder nicht für Bernd verlassen würde, schon gar nicht wegen Sex. Dabei hatte der ja noch gar nicht stattgefunden! Kein Kuß, kein nichts, kein gar nichts, nur Energie ... Aber das In-die-Augen-Schauen kann viel intimer sein als die eigentliche Sexualität. Das war Einlassen auf die Seele, das hat mich gepackt.

Alf hatte geahnt, daß so etwas passieren könnte. Ich dachte: O Gott, jetzt kann ich nicht mehr mit Alf schlafen. Für Alf dagegen ist es immer so, daß alle Frauen, mit denen er zu tun hat, gleichberechtigt sind, mit jeder ist alles möglich. Bei mir nahm er jetzt etwas anderes wahr, er fühlte sich ausgeschlossen und verloren. Er wollte in den Tagen nach dem Seminar eigentlich zu Cara fahren, er sagte: »Ich kann dich jetzt nicht alleine lassen.« Ich sagte: »Doch, fahr ruhig.« Er fuhr.

Und ich ging zum Geburtstag meiner Freundin Ina. Sie war meine erste richtige Freundin, seit ich 16 war. So wie Alf sich schon als Kind immer mehr zu Mädchen hingezogen gefühlt hatte, war ich lieber mit Jungs zusammen. Nun hatte ich mit 36 meine erste Freundin seit 20 Jahren. Sie hatte Bernd auch auf einem Seminar kennengelernt – und ihn eingeladen. Das wußte ich aber nicht! Ich stand da bei der Party, aß gerade etwas, und er kam rein. Stunden später habe ich ihn gefragt: »Kann ich dich Ostermontag besuchen?« Er sagte. »Ich rufe dich an.« Er hielt sich bis zuletzt alle Türen des Neinsagens offen. Ich habe ihn besucht … Bei mir kam eine Struktur durch: Ich passe mich leicht dem Verhalten eines anderen Menschen an. Bernd war unnahbar – ich war es auch.

Langer Rede kurzer Sinn: Bernd hat uns dann bald in unserem Haus besucht. An dem Abend war Alf da, auch Cara. Das war die Nacht, wo es Alf *gerissen* hat, wie er dir erzählt hat: Als er sah, wie ich Bernd in mein Schlafzimmer zog.

> *Thoralf erinnerte sich so: »Einmal hat mich allerdings ihre Aktivität völlig niedergebügelt. Ich sehe Beas Hand aus der Schlafzimmertür langen, sie zieht Bernd ins Schlafzimmer. Ich dachte: Sie will ihn! Wo sie mit mir nichts anzufangen weiß.«*

So war das mit Bernd. Das war unser erstes und einziges Mal. Danach war wochenlang Funkstille. Damals war Cara schon hier bei uns im Haus, aber das interessierte mich nicht sonderlich, es hieß, sie habe ein Problem und bliebe nur übergangsweise. Ich hatte Zeit und fühlte mich frei, mich meinen Gedanken um Bernd zu widmen. Ich dachte: Oa, Bernd ist der Mann, mit dem ich meine geweckten Gefühle erlebe. Ich spürte mit ihm, was an Leidenschaft in mir sein kann. Das hätte ich nie für möglich gehalten, dieses Wilde, Gierige. Mit Alf hatte ich das nie erlebt, ich hätte das früher nie zugelassen, und Alf ist auch nicht der Typ dafür, er sagt ja über sich selbst: »Ich war immer der große Schmuser.«

Ich dachte lange wirklich: Wenn ein Wink von Bernd gekommen wäre, vielleicht wäre ich bereit dazu gewesen, es mit ihm zu probieren. Also: zusammenleben. Aber im nachhinein denke ich, daß das Verantwortungsgefühl für Mann und Kinder doch größer gewesen wäre. Ich wäre zu feige gewesen, meine Wünsche zu leben. Was soll's: Es kam ja nichts von Bernd.

Cara hat mir später vorgeworfen: »Ich durfte ja nur in eurem Haus sein, weil du zu Bernd wolltest und schon eine Ersatzmutter für die Kinder gesucht hast.« Das war Unsinn, denn es war mit Bernd eigentlich schon abgeschlossen, als sich herausstellte: Cara bleibt.

Sie sollte ja nur vorübergehend da sein. Als es hieß, sie wohnt weiter bei uns, fiel ich aus allen Wolken. Dabei hatten wir uns drei Monate gut verstanden, von kleinen Rivalitäten abgesehen. Sie fühlte sich oft zurückgesetzt.

Irgendwann kam die große Krise: Unser Haus war gerade fertig, da brach uns das Geld weg. Cara lebte immer noch mit uns unter einem Dach, hatte das Zimmer unserer Tochter bezogen, die schlief mit mir im Schlafzimmer. Ich kochte für alle, machte den Haushalt. Gut, die zwei Tage, wenn ich zur Schule war, paßte Cara auf Alea auf, sie sollte auch für alle kochen, aber wenn ich nach Hause kam, war für mich oft nichts mehr da!

Jeder Schritt von Cara im Haus war für mich ... Oa ... Sie war für mich wie für meine Mutter die Schwiegermutter, mit der sie 30 Jahre gelebt hat. Gut, bei mir dauerte das nur anderthalb Jahre. Aber das reichte trotzdem. Ich konnte Cara im Wortsinne nicht riechen. Wenn sie auf mich traf, produzierte ihr Körper einen ganz speziellen Geruch, der sich verströmte. Traf ich sie mal unverhofft an, hatte sie diesen Geruch nicht! Ich hatte einen Riesenkrach mit Alf: »Ich will, daß sie auszieht.« Alf sagte: »Dann ziehe ich mit aus.« Das wollte ich natürlich nicht. Selbst weggehen war mir unmöglich: Wir hatten kein Geld, die Ausbildung lief, die Kinder ...

Alf entschied damals, er wollte sich ein Jahr in Enthaltsamkeit üben. Mir war das egal, ich schlief in Gedanken ja nur mit Bernd

– er hatte Fantasien in mir in Gang gesetzt ... Ich habe mich richtig in eine Bernd-Scheinwelt versponnen aus Wünschen und Hoffnungen, aber ich habe an Bernd nie Fragen gestellt, weil ich klare Antworten nicht wollte ... Bernd war das Ideal von etwas, was ich meinte, gefunden und gleichzeitig verloren zu haben. Die Beschäftigung damit, die Spinnereien, das hat mich die Zeit mit Alf und Cara unter einem Dach überleben lassen.

Diese Zeit war schwer, aber ich hatte meine Freundin Ina, die mich geerdet hat, die mir immer wieder zu verstehen gab: Du hast ein Recht auf deine Gefühle und Gedanken. Was mich damals gerettet hat: Ich habe meine Massage-Ausbildung gemacht. Schon bei dem zweiten Ausbildungswochenende wußte ich: Das ist meine Welt. Dadurch habe ich wieder in meinen Körper reingefunden, ich war zuvor so sehr Kopf. Diese Tiefengewebs-Massagen sind ja keine oberflächlichen Sportmassagen, nein, das sind ganzheitliche Massagen, die gehen auch an Strukturen ... Alles, was wir erlebt haben, ist in unserem Körper gespeichert. Ein ängstlicher Mensch hat doch meist so vorgezogene Schultern – Arbeit an seinem Oberkörper kann bei ihm bewirken, daß er plötzlich seine Ängste spürt, auch spürt, woher sie kommen. Für mich war die Ausbildung eine Reise ins Ich, ich wurde offener. Jedenfalls: Bei mir hat Alf sein Jahr Enthaltsamkeit nicht durchgehalten. Ich habe ihn nicht aktiv verführt, eher passiv ... Ja, ich lache jetzt, weil ich schon so etwas wie Schadenfreude gegenüber Cara spüre. Als wir das erste Mal wieder miteinander geschlafen haben, meinte Alf: »Du bist so anders, du faßt dich auch ganz anders an.«

Als Alf Cara endlich nach anderthalb Jahren vor die Tür setzte, war für mich mit Cara kein Miteinander mehr möglich, selbst in einfachen Worten nicht. Es hätte vielleicht geklappt, wenn sie nie bei uns eingezogen wäre. Durch die Erfahrung mit weiteren Frauen, die in Alfs Leben wichtig wurden, weiß ich, daß das nicht so sein muß. Man kann die Freundin des eigenen Mannes akzeptieren, wenn die wiederum akzeptiert: Das ist seine Frau, die Mutter seiner Kinder. Von Cara fühlte ich mich als Person, als Frau und Mutter, angegriffen. Bei Rike, Alfs aktueller Freundin, ist das anders.

Cara tauchte irgendwann wieder auf – mich hat das körperlich prompt krank gemacht, da konnte ich aber sagen: »Halt, ich will Cara nicht in unserem Leben.« Das hat mich sehr stolz gemacht, daß ich das aussprechen konnte. Alf läßt nie einen Zweifel daran: »Bea ist meine Frau, ich liebe sie, und ich gebe sie, zumindest zum jetzigen Zeitpunkt, nicht her.« Das wird manchmal von Frauen nicht verstanden oder nicht geglaubt, sie denken, sie kriegen ihn für sich, so war es auch bei Cara. Dabei ist Alf, wenn er bei einer Frau ist, 100prozentig da. Ich habe auch Ewigkeiten gebraucht, um das alles zu begreifen. Ich mußte das erst selbst erfahren, daß das geht. Mit Dieter.

Bei mir gab es damals trotz aller positiven Entwicklungen mit Alf so etwas wie Wehmut: Die ganz starken Gefühle, die ich seit meinem Erwachen als Frau erlebt hatte, konnte Alf bei mir nicht wachrufen. Trotzdem spürte ich so ein Land-in-Sicht. Nicht zuletzt auch, weil es uns gelungen war, aus unseren großen Schulden rauszukommen, und dann kam eben auch noch Dieter.

Dieter brachte mir den endgültigen Abschied von Bernd – der hatte mich drei Jahre lang beschäftigt. Ein Freund hatte Alf vom Seminar *Sein pur* erzählt, und Alf sagte sofort: »Wow, das hört sich gut an, das gönne ich mir jetzt mal.« Er kam wieder und schwärmte ganz aufgekratzt von Dieter: »Oa, und nee, ein toller Mann.« Der lange schwul gelebt hat. Das war auch so ein Punkt, daß Alf immer gerne mit zwei Männern und einer Frau, also mir, wollte und will, da kam gleich: »Es könnte ja sein …«

Zu einer Feier bei uns zu Hause war auch Dieter da. Ich hatte ihn mir ganz anders vorgestellt. Wir wollten mit zehn Leuten schön feiern, viele Selbsterfahrungs-Spiele spielen, Gefühle zulassen. Da gab es noch ein Drama mit Alfs damals aktueller Liaison, Gabriele, weil die beiden sich separierten und in einem anderen Raum schliefen.

Jedenfalls blieb Dieter als einziger auch noch den nächsten Tag, er erzählte total interessant von seinem schwulen Leben in

Köln. Und abends habe ich mit ihm an seinem Rücken gearbeitet, weil er Rückenprobleme hatte. Da ist bei ihm unheimlich viel passiert. Nachts haben wir dann zu dritt gekuschelt, Dieter, Alf und ich, und sind so eingeschlafen. Am nächsten Tag stehe ich an der Spüle, Dieter kommt – und beschnüffelt mich. Er ist ein absoluter Nasenmensch. Er war glücklich, daß ich das zuließ, das mögen nämlich nicht alle. Mir ging das jedenfalls durch und durch.

Später, am Zug, sagte er: »Laß uns einen leichten Abschied nehmen, damit es ein leichtes Wiedersehen gibt.« Ich war sehr in Aufruhr. Das habe ich ihm in einem Brief geschrieben, obwohl ich mit meinem letzten sehr persönlichen Brief, an Bernd, so schlechte Erfahrungen gemacht hatte. Dieter antwortete. Kurz danach haben wir telefoniert und gespürt: Jeder konnte den anderen genau verstehen. Drei Wochen später habe ich ihn besucht. Ich war unsicher. Dieter war sechs Jahre älter als ich. Er sagte: »Schön, daß du da bist.« Dann erstmal schnüffel, knuddel. Er hat mich beruhigt: »Ich hab' 'ne Schlafcouch, wir müssen nicht in einem Bett ...« Wir haben gleich angefangen zu schmusen, die Schlafcouch war überhaupt kein Thema. So was hatte ich noch nicht erlebt.

Es entwickelte sich mit uns. Für mich war das eine ganz neue Herausforderung: bei einer Begegnung keine Erwartungen an den anderen zu stellen. Erst mal kucken: Was ist bei dir? Was ist bei mir? Was kann sein? Manchmal haben wir nur erzählt, manchmal hatten wir ganz wilde, geile Wochenenden, das hat sich alles immer mehr intensiviert. Wenn es sich so ergibt, sind wir auch zu dritt zusammen. Alf, Dieter und ich, wir drei, das ist eine relativ runde Sache. Warum auch nicht? Ich kann mir übrigens auch durchaus vorstellen: zwei Frauen und noch ein Mann, wobei das nicht Alf sein muß.

Dieter und ich sehen uns alle zwei bis drei Wochen, wir telefonieren viel. Das Sexuelle ist für uns 'ne nette Dreingabe, das Wichtigste ist, wie wir uns auf unserem Weg unterstützen und helfen. Mit Dieter bin ich auch schon ein paarmal in Urlaub gefahren – Alf und ich hatten den letzten längeren Urlaub zusammen vor zehn Jahren, sicher auch geschuldet durch die Geldprobleme. Dieter fährt mit mir richtig gern, er hat das mit anderen Partnern, auch Männern, häufig als schwierig erlebt.

An Dieter gefällt mir auch, daß er an sich noch andere Seiten wachhält, also auch Männer trifft, er hat so was Wildes, Unbekümmertes, er macht sich nicht so viele schwere Gedanken.

Angeregt durch Bernd hatten sich meine Fantasien entwickelt, wilde ... Mit Dieter habe ich das einfach gelebt. Mit ihm ist es so einfach zu sagen: »Ich hätte Lust ... Können wir nicht mal das und das machen ... Laß uns mal in die Natur ...«

Als Dieter und ich mit dem Kleinbus von Alf und mir nach Holland fahren wollten, sagte Rike: »Nutzt die Parkplätze ...« Als Alf und ich frisch verheiratet waren, waren wir auf Fehmarn. Wir sind immer mit dem Fahrrad ins Naturschutzgebiet gefahren. Da war kein richtiger Strand, mehr so Kuhlen im Gras, da lag man. Die Nackten ganz am Anfang, wo Leute vorbeikamen. Wenn man sich da liebte, konnte man entdeckt werden, das machte erst den besonderen Kick aus. So war es dann mit Dieter im Bus: Wir fingen schon auf dem Weg nach Holland an, die Parkplätze zu nutzen. Du hörst Geräusche, Schritte kommen näher – das ist aufregend, ob jetzt einer oben durchs Fenster guckt.

Die große Bereicherung, die ich durch Dieter erfahren habe, ist mein Vertrauen in mich, daß mein Körper mir zeigt, ob etwas guttut oder nicht. Dieter war ein Kraftakt für Alf, es war nicht einfach für ihn, obwohl sich bei ihm etwa zeitgleich die Sache mit Rike entwickelt hat. Er hat sich damals gefragt: »Was ist das jetzt?« Das war, als Dieter hier geschlafen hatte. Wir hatten hier im Haus ein wirklich schönes Wochenende gehabt, Rike war bei Alf, Dieter bei mir, wir haben viel zusammen unternommen – da kam hinterher der dicke Hammer von Alf. Solche Gespräche finden immer nachts statt, nachts um halb drei. Wir schlafen in einem Bett, das ist nur 1 Meter 30 breit. Ich kriegte Magenkrämpfe, hatte einen richtigen Kloß im Hals. Warum? Alf hatte mir damals bei Miriam gesagt, er wünschte sich, ich könnte auch mal so etwas erleben. Jetzt passierte mir das, und er kam damit nicht klar? Alf und ich haben die ganze Nacht geredet, uns fehlte zwar am nächsten Tag der Schlaf, aber die Kommunikation war wieder da, wir fingen wieder an, teilzunehmen an den Gedanken des anderen. Das betraf auch sein Erleben mit Rike, er hat mir mehr erzählt. Details, Einzelheiten, klar, die waren seins. Wir haben damals auch ausgetestet, was auf uns, unsere Beziehung Einfluß hat.

Meinen großen Sohn Henning habe ich mal gefragt: »Wie ist das für euch, wie Thoralf und ich mit unseren Freunden und Freundinnen umgehen?« Henning meinte zu Dieter nur: »Das ist o.k. Es ist wenigstens Frieden.« Der 14jährige, Basti, hat sich von allem mehr abgekoppelt. Alea ist richtig so drauf: »Oh, mein Dieter.« Der tobt mit ihr, der macht verrückte Sachen mit ihr. Bei unserem ersten Kind, bei Henning, war Alf auch so. Bei Basti war das dann schon anders, Alf hat viel gearbeitet, war eigentlich fast nur im Betrieb.

Jetzt, die ersten Wochen, seit Alf in A. ist, nehme ich ihn wieder als Menschen wahr, ich meine, unabhängig von unserer persönlichen Geschichte. Und ich merke: Da ist viel mehr da, als ich in letzter Zeit dachte.

Letzten Sommer hatte ich noch eine sehr schöne Begegnung – durch Alf und Rike. Komisch, daß ich kaum Männer selbst kennenlerne, sondern daß sie mir zugetragen werden … Hans hat das alles brennend interessiert, wie das geht mit zwei Männern. Er hatte da schlechte Erfahrungen gemacht. Es hat geblitzt zwischen uns. Am Mittwoch kam er mit in unsere offene Gruppe – da war wieder so eine Übung, wo man sich in die Augen schaut. Es hat heftig geblitzt. Hans kam dann mit zu uns nach Hause. Als ich ihn fragte: »Und, wo willst du schlafen?« Da sagte er: »Bei dir, wenn ich darf.« Es hat sich mehr daraus ergeben, er blieb noch drei Tage … Wir haben Radtouren gemacht, sind gewandert – seine Töchter waren auch dabei und Alea. Seine Töchter sollten von dem, was zwischen uns passierte, nichts mitkriegen. Er bewunderte zwar meine Ehrlichkeit und Offenheit, aber für sich selbst konnte er nicht darauf vertrauen.

Als seine eine Tochter morgens zu uns ins Schlafzimmer kam, fragte sie: »Wieso liegt Papa denn mit bei dir im Bett, er hat doch einen Schlafsack?« Ich habe gesagt: »Weil das gemütlicher ist. Willst du auch kuscheln kommen?« Sie hat sich dann zu ihrem Papa unter die Decke gekuschelt. Ich denke, man muß bei Kindern nichts kompliziert erklären, man muß aber auch nichts verstecken. Sie verstehen von ganz allein, wenn ihnen Erwachsene nicht einreden: So und so muß das sein. Für Alea ist es ganz natürlich, damit umzugehen, sie zieht Rike und Alf sogar auf: »Ihr Schmusemäuse.«

Mit Hans hatte ich ein richtiges Déjà-vu-Erlebnis, ich merkte: so viel Lust, noch eine andere Frau in mir ... Bernd und Hans haben beide eine unbändige Kraft, das hat mich sehr angemacht. Was da hätte sein können ...

Leider hatte ich dann noch ein Déjà-vu wie mit Bernd: die Art, wie es zu Ende ging, nur daß ich jetzt reifer war und nicht drei Jahre dran zu knabbern hatte. Ich hatte schon das Gefühl, daß Hans das nicht so wollte, daß emotional so viel passierte. Ich war mir meiner Gefühle recht sicher, wußte zum Beispiel: Für eine Liaison mit Hans setze ich nicht die Freundschaft mit Dieter aufs Spiel.

Als ich Hans besuchen fuhr, sagte er: »Du bist ja verrückt, daß du kommst.« Bei ihm war da so ein Nicht-glauben-Wollen, daß man so leben kann wie wir. Als er bei uns war, da war er ja vogelfrei, jetzt waren wir bei ihm zu Hause. Er hat auch gesagt: »Du küßt so anders, du bist überhaupt so anders.« Das könnte ich von ihm auch sagen. Ich habe ihm zum Abschied gesagt. »Ich bereue es nicht, gekommen zu sein, so weiß ich, woran ich bin. Und: Danke für die schönen Tage bei uns.«

Er wollte schreiben. Ich schrieb ihm ... Es kam nichts. Ich habe ihm dann eine Mail geschrieben, daß ich mich verscheißert fühle, und das war's. Wie bei Bernd. Dabei: Die Zeit hier, die wir gemeinsam hatten, die haben wir wirklich gelebt.

Meine Eltern wußten ja lange nicht, wie ich lebe. Erstens sind sie weit weg, zweitens: Warum soll ich die Pferde scheu machen? Als mein Vater damals das von Alf und Miriam erfuhr, sagte er: »Typisch, der Apfel fällt nicht weit vom Stamm.« Das bezog sich auf Alfs Eltern mit der sehr offenen Lebensweise. Als Cara aktuell war, war sie auch mal mit bei meinen Eltern und hat sich aufgeführt: Küßchen hier, Küßchen da. Mein Vater sagte: »Er ist ein Scheißkerl.« Mir gingen Alf und Cara auch gegen den Strich, aber ich wollte das mit mir ausmachen. Statt dessen war ich gezwungen, Alfs Verhalten gegenüber meinen Eltern zu rechtfertigen, man rutscht automatisch rein in so eine Verteidigungshaltung. Dabei standen mir die Tränen direkt im Tränenkanal. Statt rumzugreinen, wäre es besser gewesen, mich einfach nur in den Arm zu nehmen.

Letzte Weihnachten haben wir die Kinder alle zu meinen Eltern geschickt zum Feiern, ich hatte erst ein schlechtes Gewissen. Alf und ich hatten uns vorgenommen: Wir machen Weihnachten bei uns zu Hause mit Freunden eine schöne, offene Zeit. Weihnachten hat Alea jedenfalls ganz viel von Dieter erzählt – bis mein Vater meine Schwester fragte: »Sag mal: Wer ist denn das?« Meine Schwester sprang ein: »Ein Freund von Bea.« Bei Bastis Geburtstag haben mein Vater und Dieter sich lange nett unterhalten. Ich war an diesem Tag nicht ganz so zärtlich und kuschelig mit Dieter wie sonst, na gut. Meine Eltern kriegten dann auch mit, daß ich mit Dieter hier unten geschlafen habe und Alf und Rike im Schlafzimmer. Aber sie haben nichts gesagt. Bei meinem Vater habe ich diese Haltung gespürt: Man kann's ihr nicht verdenken. Bei dem Mann … Das würde mein Vater aber so nie aussprechen.

Als ich mit Dieter nach Holland fuhr, haben wir meine Eltern besucht. Ich war dann noch eine Woche alleine bei ihnen, wir haben viele Verwandte getroffen, und ich habe gemerkt: Irgendwie ist das akzeptiert, eine Tante sagte zu mir: »Du siehst aber gut aus.« Für sie war als erste klar: Bea hat 'n Freund, und ihr geht's gut damit.

Ich habe neulich mit meinen Eltern bis tief in die Nacht über vieles sprechen können, was wichtig war für mein Leben: der Tod meines Bruders unter anderem. Das Wichtigste an diesen Gesprächen war aber bei mir die Erkenntnis: Alles, was ich glaubte verloren zu haben, nämlich die Liebe meines Vater, ist da. Mit meiner Mutter ist das alles einfacher, mit ihr kann ich über alles ganz offen reden.

Neulich hat sich ein Mann in mich verliebt, als wir bei Rike waren. Er ist zehn Jahre älter als ich, lebt gerade in Trennung und schrieb mir in Briefen von meinen wunderschönen braunen Prinzessinnen-Augen. Er kriegte auch mit, wie wir leben, und sagte: »Bei mir gäb's so was nicht.« Ich spürte plötzlich: Kontrolle! Wo ich gerade anfange, Kontrolle abzugeben. Es mag ja Frauen geben, die solche Sprüche toll finden. Ich nicht. Ich war nicht in ihn verliebt, er ist ein Mann zum Pferdestehlen, mehr nicht. Ihm habe ich den schwersten Brief meines Lebens geschrieben, ich wollte ihm doch nicht wehtun, ihm aber auch klar sagen: Ich bin nicht in dich verliebt. Es ist an der Zeit für mich, meine Rücksichts-Muster aufzugeben, und das ist schwer.

Mein Leben mit Thoralf ist eine Reihe von Herausforderungen: der zweite Betrieb, der Umzug, die Schließung des Betriebs, seine Frauen, meine Männer. Bei mir hat sich in den letzten zwei Jahren unheimlich viel entwickelt, ich merke, daß ich mehr Freiheit brauche, mich nicht kontrolliert fühlen will. Das merke ich zum Beispiel auch in Seminaren, bei denen Alf nicht dabei ist. Ich fühle mich da viel wohler, kann viel freier reden. Ich merke auch, daß ich bereit bin, Kontrolle abzugeben: Seit ein paar Monaten frage ich mich nicht mehr: Alf und Rike – was weißt du nicht? Was kriegst du nicht mit? Ich denke jetzt: Sei im Moment, der jetzt ist. Angst haben darf ich nicht, wenn ich mit einem Mann wie Alf leben will. »In Freiheit gebunden«, das ist das Motto, nach dem ich eigentlich leben möchte, das tut mir gut, und das ist es auch, was Alf und mich aneinander bindet, seit 20 Jahren, er ist der Bezugspunkt in meinem Leben.

Ich war auch mal an dem Punkt, an dem viele oft sind, wenn sich etwas Neues ergibt, ein neuer Mensch in ihr Leben tritt: das Alte verlassen und neu anfangen. Ob ich das gemacht hätte, wären die Kinder, das Zuhause nicht gewesen? Ob es gut gewesen wäre?

Meine Geschichte ist eigentlich nicht komplett, also meine Geschichte mit Männern. Denn ich entdecke gerade, daß ich mich auch zu Frauen hingezogen fühle. Ich spüre, die haben Teile von mir, da erkenne ich mich selbst wieder ... Mein Bild von Frauen war lange von Konkurrenz geprägt. Dieter sagt: »Was ich für die Männer bin, kann ich nur sein, weil es auch Frauen in meinem Leben gibt und umgekehrt.« Da ist was zu entdecken! Ich könnte mir gut vorstellen, daß mein nächster Liebhaber weiblich ist ... Es gibt da eine Frau ... Da schwingt etwas zwischen uns ...

Lena, 44, Existenzgründerin

Ich saß im goldenen Käfig

Oder: Er ist mein Wagnis

Alex, 42, berichtete in dem Buch Wir sind die neuen Liebhaber: *»Eigentlich dachte ich nicht, daß mir mal so etwas wie mit Lena passiert – ich bin 16 Jahre verheiratet, sie 21 – und sie ist ausgerechnet die Frau von meinem Geschäftsführer … Ich kriege manchmal richtig Existenzangst, wenn ich dran denke, was passieren könnte, wenn alles auffliegt.« Als das Liebhaber-Buch erschien, hatten Alex und Lena ihren Partnern bereits angedeutet, daß sie sie nicht mehr lieben – und Lenas Kinder waren dem Liebespaar auf der Spur …*

Alex ist immer noch absolut mein Traum-Liebhaber, auch wenn wir jetzt schon seit einem Jahr ein offizielles Paar sind. Ich kann mir nichts Wundervolleres und Schöneres vorstellen. Natürlich war alles nicht einfach, die Trennung von meinem Mann, von seiner Frau, die Sorge, was bei Alex beruflich passiert, denn mein Mann war sein Chef und hätte ihm aus Rache die ganze Existenz zerschlagen können, aber das ist nicht passiert.

Am Wochenende habe ich Alex gerade wieder daran erinnert, was ich früher gesagt habe: Wenn wir mal zusammenkommen, muß er immer dafür sorgen, daß wir ab und zu Zeit nur für uns alleine haben. Ich kenne mich, ich denk' nicht dran. Er organisiert so was, so wie dieses Wochenende: Wir waren allein, die beiden Kleinen waren bei meinem Mann, die Großen waren zu Hause. Das funktioniert. Diese Zeit nur fürs Paar, das ist in meiner Ehe untergegangen. Mit Alex ist alles ganz anders.

Für uns beide war in den vergangenen Monaten das Organisieren des Alltags das Wichtigste, klar, da ist viel durcheinandergekommen. Mein Mann Gerhard ist ausgezogen, hat einen neuen Job, wieder als Geschäftsführer, und wohnt seitdem weit weg in Aachen, ich muß mit den Kindern allein klarkommen. Alex arbeitete nur noch ein paar Monate mit meinem Mann zusammen und fand auch einen tollen Job. Jetzt macht er wieder etwas Neues, dichter hier bei uns – dann hört das ewige Wir-sehen-uns-nur-alle-paar-Wochen endlich auf. Weil wir uns so drehen mußten, haben wir in letzter Zeit wenig über die Zukunft gesprochen. Jetzt habe ich Alex aber am Wochenende erzählt, was ich mache, um ihn zu fragen: »Und du?«

Also: ich. Ich habe ihm gesagt: »Paß auf, bei mir ist jetzt das Berufliche klar: Die Weiterbildung läuft, ich kümmere mich jetzt als nächstes um Existenzgründer-Bedingungen, Darlehen und so, da gibt es ja außerdem noch ein spezielles Programm für Frauen, die sozial-gesellschaftliche Projekte im ländlichen Raum starten. Und dann kommt das Haus: Ich werde einen Makler suchen, der für mich rauskriegt, ob vermieten oder verkaufen besser ist. Und dann werde ich mit einem Rechtsanwalt alle Sachen besprechen, die eventuell bei einer Scheidung auf mich zukommen könnten, damit ich gewappnet bin, wenn es losgeht. Und wie steht es mit dir?« Ich erzähle ihm das so, will ihn aber nicht unter Druck setzen, weil ich weiß, das nützt nichts.

Es ist bei mir alles im Moment nicht einfach. Vor einigen Jahren habe ich mit ehrenamtlicher Arbeit angefangen, es wurde immer mehr, Betreuung in der Gemeinde, Familienkurse. Eigentlich bin ich Kindergärtnerin. Jetzt mache ich eine Ausbildung zur Familientherapeutin. Ich komme jeden Abend zwischen zwölf und eins ins Bett, und um sechs stehe ich wieder auf. Das Schöne jetzt ist: Alex hat an allem Interesse, was ich mache – das war mit meinem Mann nicht so. Ich weiß noch, als ich wieder anfing zu arbeiten, nur ehrenamtlich, da hat er oft gesagt: »Geht sie wieder zu ihrer Quasselrunde.« Mein Mann hat damals wohl gedacht: Aha, die Kinder sind ihr nicht mehr genug, nun will sie zeigen, daß sie auch noch was anderes kann, das ist die Midlife-crisis.

Mein Mann ist ein ganz anderer Mensch als Alex, ein strikter Typ, er braucht nicht viele Freunde. Seine Familie war neben der Arbeit sein Heiligtum, die Familie hat er abgeschottet, die gehörte einfach dazu. Er hat nicht gemerkt daß viele Dinge anders hätten laufen können, freier, lockerer eben und mit ein wenig mehr Leichtigkeit.

Ich finde es toll, daß Alex mich ganz anders unterstützt als mein Mann. Er fragt immerzu, wo er mir helfen kann. Neulich mußte ich einen Vortrag vorbereiten, da hat er mit mir geguckt, wie ich die Folien machen kann, hat gesagt: »Nachher hältst du den Vortrag mal, und ich stoppe die Zeit.« Und meine ganzen Abrechnungen, er sagt: »Los, wir machen das mit dem PC, das ist doch viel einfacher, da trägst du alles nur ein.«

Alex kümmert sich, er hört aufmerksam zu und fühlt sich verantwortlich. Auch bei den Sachen, die meinen Familienbereich betreffen. Natürlich muß ich jetzt sehr aufs Geld kucken. Neulich sind wir unsere ganzen Versicherungen mal durchgegangen, um rauszufinden, ob man da sparen kann. Mein Mann hat immer gesagt: »Sparen können wir höchstens noch bei deinen Telefonrechnungen.« Alex ist ein richtiger Ordnungsmensch, und ich bin glücklich, wenn er mir den lästigen Schreibkram abnimmt.

Ich weiß, daß er froh ist, daß wir uns jetzt nicht mehr heimlich treffen müssen, aber das Ganze ist nicht spurlos an ihm vorbeigegangen. Die ganze Situation hat ihm doch wohl mehr zugesetzt, als wir gedacht haben. Er war im Krankenhaus, hinterher noch zur Reha. Die Rehaklinik war gleich einen Ort weiter, so daß wir uns ständig sehen konnten. Eine tolle Zeit, fantastischer Sex und tolles Leben. So wie es jetzt aussieht, wird Alex im Herbst einen neuen Job haben, der ist dann nur noch halb so weit weg wie sein Arbeitsplatz jetzt, und wir können uns dann auch ab und zu unter der Woche sehen und jedes Wochenende.

Das mit der Arbeit war ja unsere größte Sorge, daß mein Mann so gekränkt sein könnte, wenn er erfährt, was passiert ist, was gelaufen ist, daß er Alex dann in der Branche unmöglich macht und Alex kein Bein mehr auf den Boden kriegt. Das war für Alex extrem belastend, er muß doch auch noch für Frau und Kinder sorgen und hat gerade ein Haus gebaut. Das hat sicher auch zu seinem Zusammenbruch beigetragen.

Alex freut sich absolut auf die neue Arbeit, besonders, weil viel administrativer Kram wegfällt und er wieder kreativer arbeiten kann. Er wird es auch mehr mit selbständig arbeitenden Menschen zu tun haben, was für Alex ein Segen ist, denn eigentlich ist er nicht die Art Führungsperson, die anordnet und kontrolliert, so wie es bisher war.

Und ich werde also auch versuchen, in den nächsten Jahren beruflich weiterzukommen. Was den Ort anbelangt, möchte ich mich zunächst nicht verändern, weil da ja noch die Kinder sind, eigentlich nur die beiden Kleinen, die ihr Zuhause, die Schule und den geregelten Alltag noch brauchen. In dieser Situation jetzt hängen wir natürlich alle enger zusammen als früher, und die Kinder zeigen sehr viel Verständnis. Wir sind häufig erstaunt, wie gut sie mit dieser ungewohnten Situation zurechtkommen.

Als Alex und ich uns vor fünf Jahren kennengelernt haben, habe ich bestimmt nicht bewußt nach einem Freund gesucht. Es hat auch vorher schon mal Männer gegeben, die mir gefallen haben, Sex auch, aber tiefe Gefühle waren da nie. Damals war ich mehr auf der Suche nach meinem Lebensinhalt. Ich hatte das Gefühl, ich sitze in einem goldenen Käfig, in meiner Ehe, in der Familie. Die Türen standen zwar offen, aber ich hing in Ketten und konnte nicht weg. Zu meiner Suche gehörte auch, daß ich mich sehr in die ehrenamtliche Arbeit stürzte. Ich habe viele Leute kennengelernt und trotzdem immer weiter gesucht und gesucht.

Dann haben Gerhard und ich beschlossen, ein Haus zu bauen. Ich dachte: Wenn wir alles so haben, wie wir es wollen, dann entspannt sich die Situation zwischen uns wieder, dann wird alles wieder gut und schön. Was für ein Irrglaube! Ich habe damals nicht erkannt, was der wahre Grund für meine Suche, für diese Rastlosigkeit war: Zwischen meinem Mann und mir stimmte es nicht mehr.

Ich habe mir oft gesagt: Du bist beknackt, du hast vier gesunde, tolle Kinder, du baust ein schönes Haus, hast genug Geld, davon träumen andere nur. Warum bist du nicht glücklich? Heute weiß ich: Mir fehlte die Ausgeglichenheit und Zufriedenheit und die innere Ruhe. Allmählich kriege ich's, allmählich kriege ich's. Ja. Bei Alex fühle ich mich, als ob das Schiff von einer Weltreise zurückkommt und in den Heimathafen einläuft. Ich bin angekommen und zu Hause.

Ein paarmal war ich kurz davor zusammenzuklappen im vergangenen Jahr – es soll keiner glauben, daß es einfach ist, sich nach 22 Ehejahren vom Mann zu trennen, das den Kindern schonend beizubringen und parallel dazu einen neuen Anfang mit dem neuen Partner zu machen. Der ja noch dazu ähnliche Probleme mit seiner verlassenen Frau und den Kindern hat. Unser Schritt war richtig, auch wenn so vieles dagegen sprach: meine vier Kinder, seine zwei Jungs, die neuen Häuser, die Finanzen – und nicht zuletzt die Tatsache, daß Gerhard Alex' Chef war. Aber ich liebe Alex wirklich, es war für mich nicht länger zu ertragen, diese Liebe auf Dauer geheimzuhalten und mit meinem Mann weiterzuleben, als wenn nichts wäre. Ich wollte nicht, daß es mir so geht wie dem alten Ehepaar aus dem Witz, das zum Scheidungsanwalt kommt ... Kennst du nicht? Ein altes Ehepaar kommt zum Scheidungsanwalt, sagt der: »Aber um Himmels Willen, warum wollen sie sich mit über 80 denn noch scheiden lassen?« Da sagt die Frau: »Wir haben gewartet, bis die Kinder tot sind.«

Es kann nicht gut sein, nur wegen der Kinder zusammenzubleiben, das würde ich auch immer anderen Eltern in ähnlichen Situationen sagen. Es gibt Wege und Möglichkeiten, sich ohne Rosenkrieg zu trennen. Wir haben das ja auch halbwegs geschafft. Man muß sich nur immer wieder fragen: Was ist das Wichtigste? Das ist ja wohl, daß es den Kindern gut geht. Das stand für meinen Mann und mich an erster Stelle.

Als Alex und ich uns kennen- und liebengelernt haben, hatte ich keinesfalls vor, meinen Mann zu verlassen. Ich dachte nur: Schön, das gönne ich mir jetzt mal, das ist wohltuend, daß jemand da ist, dem ich gefalle, eben Alex. Von meinem Mann wurde ich als Frau und Mensch schon lange nur noch wenig beachtet, es ging alles im Alltag unter.

Dieser berühmte erste Abend war eine Betriebsfeier von meinem Mann, ein Essen beim Italiener. Wir saßen alle so eng am Tisch, daß sich unsere Knie, also die von Alex und mir, berührt haben. Mir ist da aufgefallen: Er hält gegen. Ich dachte: Was ist das denn? Mein Mann Gerhard und Alex' Frau Christiane haben die ganze Zeit miteinander gesabbelt, wir beide blieben über.

Wir hatten uns schon öfter bei geschäftlichen Anlässen und auch privat getroffen, da waren dann auch seine Frau und die Kinder dabei. Ich fand ja anfangs, Alex ist ein arrogantes Arschloch, er erschien mir so oberflächlich. An diesem Abend beim Italiener jedenfalls habe ich ihn beobachtet und dachte: Der ist ja doch ganz nett. Und feinfühlig. Daß ich das erst nicht erkannt habe, liegt daran, daß er nach außen so quirlig ist, immer lustig, Sprüche klopft, unverbindlich, überheblich, arrogant eben.

Jedenfalls hat sich das mit uns beiden schnell entwickelt. Ich gebe zu, daß ich die treibende Kraft war fürs erste Mal. Wir hatten uns verabredet, aßen ein Eis und fuhren dann auf eine einsame Wiese im Stadtpark. Ich war vorbereitet, hatte Decken und einen Picknickkorb mit. Und es passierte. Wir fielen übereinander her wie ausgehungerte Wölfe. Es ging mehr als schnell bei Alex, aber ich ahnte, da ist noch was, das, was ich suche und brauche. Der Sex mit Alex war für mich auch in der Folgezeit ganz anders als mit meinem Mann, einfach wunderbar geil, und ich merkte: Mit Alex endet meine Suche. Es war aber nicht nur Sex, es wurde tiefe Freundschaft, es wurde Liebe, wir haben beide als Menschen wieder zu uns selbst gefunden. Dagegen sind unsere Partner wie vertrocknete Blumen. Sie sind andere Menschen, Partner, aber mehr auch nicht. Es tut weh, es so zu formulieren, wenn man eine so lange Zeit miteinander gelebt hat. Das *Verwelken* ließ sich nicht mehr aufhalten.

> *Alex erinnert sich an die erste Zeit mit Lena in dem Buch* Wir sind die neuen Liebhaber *so: »Daß ich mich in Lena verliebt habe, kann ich mir nur so erklären: Da war plötzlich eine Frau, die mir ihre Gefühle und Liebe entgegenbrachte und so meine Sehnsucht nach mehr wachrief. Der besondere Kick war für mich wohl der Reiz des Neuen und des Verbotenen. Vielleicht lag es auch daran, daß es in meiner Ehe nur noch langweiligen Alltag gab. Ich schätze meine Frau durchaus noch, aber man muß sich über eines im klaren sein: Zwischen zwei Menschen kann sich nur ein Dritter schieben, wenn genügend Platz zwischen den zweien ist.«*

Ja, das hat sich dann entwickelt. Manchmal war es für mich komisch, ich kannte seine Frau ja auch, und ich konnte ihr nicht aus dem Weg gehen. Ich hatte kein schlechtes Gewissen ihr gegenüber, denn ich wußte ja, daß die beiden sich weit auseinandergelebt hatte. Ich hätte gerne ein offenes Gespräch geführt, nur, dazu fehlte mir der Mut. Und nachdem es raus war, hätte sie es nicht zugelassen. Für Alex' Familie bin ich die Schlampe, die alles zerstört hat.

Rausgekommen ist es letztes Jahr im Sommer, Frühsommer. Meine Großen spürten: Es ist irgend etwas faul. Sie haben immer wieder zu Hause angefangen, bei mir und meinem Mann: »Wir wollen mit euch reden. So geht es nicht weiter.« Meine Kinder hatten mitgekriegt, daß was nicht stimmte. Ich ging meinem Mann aus dem Weg. Er maulte, er redete nicht. Dann hat meine Tochter Tanja auf meinem Schreibtisch einen Brief von Alex an mich gefunden. Mir ist bis heute nicht klar, ob Tanja gesucht hat, oder ob sie wirklich per Zufall auf den Umschlag stieß. Sie hat den Brief jedenfalls mitgenommen und gemeinsam mit ihrem

Bruder Daniel die Schrift analysiert. Es war nicht schwer, auf Alex zu kommen, wir hatten von ihm die unterschiedlichsten Unterlagen und Kopien für unseren Hausbau bekommen, und da waren auch immer kleine gelbe Klebezettel mit handschriftlichen Hinweisen dran.

Erst wollten sie es nicht glauben, daß Alex und ich etwas miteinander haben. Später haben sie mir erzählt: »Wir waren uns sicher, daß du einen anderen hast. Und als wir herausgefunden hatten, daß es Alex ist, waren wir fast ein wenig erleichtert. Ein Glück, den mögen wir.«

Den Brief haben sie wieder an seinen Platz gelegt und dann nachgedacht. Eine Woche haben sie nichts gemacht. Hinterher haben sie mir erzählt, daß sie es bei einem Familienfest, einer Taufe, fast nicht mehr ausgehalten hätten, als wir alle in der Kirche waren und die Pastorin von der Familie und dem Zusammenhalt predigte, da hätten sie am liebsten dazwischen gebrüllt. Sie waren doch sehr enttäuscht, daß Alex und ich so verlogen waren und nicht den Mut hatten, die Wahrheit zu sagen.

Alex und ich hatten für uns die Abmachung: Egal, was ist, wer uns drauf kommt, unsere Strategie ist: alles leugnen. Nun kamen aber meine Kinder auf mich zu, sie haben mich einfach beiseite genommen, als ich von der Arbeit kam und eigentlich Abendessen machen wollten. Die Großen, Daniel und Tanja, haben mich zur Rede gestellt und mir auf den Kopf zugesagt, du hast was mit Alex, brauchst nicht zu leugnen, wir haben einen Brief. Und ich konnte doch meine Kinder nicht anlügen. Ich habe zugegeben: »Ja, da ist was. Aber ich muß erst mit Alex reden, und dann spreche ich mit Papa, ihr sagt ihm nichts.« Damit waren sie einverstanden, aber dann haben sie eine Woche lang gedrängelt und mich unter Druck gesetzt: »Sprichst du heute mit ihm? Wann sagst du es ihm?« Sie wollten möglichst schnell reinen Tisch, ihnen war jede Minute mit der Lüge, mit dem Hintergehen, zu viel. Sie haben nicht verstanden, daß man für so ein Gespräch eine passende Situation abwarten muß. Erschwerend kam ja noch dazu, daß Alex und mein Mann mittlerweile zu anderen

Firmen gewechselt waren und als Pendler unterwegs waren, mein Mann arbeitet in Aachen, Alex ein paar Kilometer weiter längs in Eschweiler – sie kamen nicht mehr jedes Wochenende nach Hause.

Das war ja auch so ein schwieriger Punkt, daß Alex und Gerhard sich durch den beruflichen Kontakt so gut kennengelernt hatten, daß sich auch ein Vertrauensverhältnis, schon eine Art Freundschaft, entwickelt hatte. Und diesem Vertrauten sollte Alex nun die Frau wegnehmen. Na ja. Für Alex war es immer ziemlich blöde, wenn Gerhard ihm was vom Streß am Wochenende zu Hause erzählt hat. »Du, dein Mann wollte mir wieder was erzählen«, hat Alex mir manchmal berichtet, da wußte er aber schon, was sich bei uns abgespielt hatte, und zwar aus meiner Sicht.

Mein Sohn Daniel hat die Situation damals, diese Woche des Wartens, nicht ausgehalten. Er ist abgehauen, um uns unter Druck zu setzen. Wenn ich nicht zufällig dem Lehrer auf dem Wochenmarkt begegnet wäre, hätte ich gar nicht mitgekriegt, daß Daniel nicht in der Schule war. Ich habe mir sofort Sorgen gemacht, und tatsächlich: In seinem Zimmer lag ein Brief, kein richtig bedrohlicher, er wollte erst mal untertauchen, aber ich habe Angst gehabt. Meine Heilpraktikerin hat hellseherische Fähigkeiten, die habe ich angerufen und gefragt, was mit Daniel ist, sie meinte aber: »Mach dir keine Sorgen, er tut sich nichts an, er ist nur unterwegs und meldet sich bald bei jemandem aus der Familie.« Ich habe Blut und Wasser geschwitzt.

Daniel hat sich dann nachts von Süddeutschland aus gemeldet und gesagt: »Ich fahre jetzt zu Papa und sage ihm alles.« Mein Mann war nämlich geschäftlich im Elsaß. Ich dachte, na gut, aus der Ferne kann ich da nichts machen.

Ich habe aber meinen Vater angerufen. Ich habe ein gutes Verhältnis zu meinen Eltern, wir telefonieren jeden Tag. Mein Vater hat gesagt: »Mensch, Mädchen, ich weiß doch schon lange, daß etwas nicht stimmt. Warum hast du uns nichts erzählt?« Er hatte gemerkt, daß ich unglücklich war. Er hat auch immer die Schwächen gesehen von meinem Mann, meine Mutter dagegen war in Gerhard regelrecht verliebt. Mein Vater hat mir am Telefon gesagt: »Ich weiß, daß du solche Entscheidungen nicht leichtfertig triffst. Egal, was du machst, wir stehen hinter dir, und egal, was auch geschieht, du kannst immer wieder nach Hause kommen.« Und er fand auch, das sei allein meine Sache. Da dürften sich die Kinder nicht einmischen. Er sagte: »Na, dann muß Opa jetzt ran.« Da hat er meinen Sohn angerufen und mit ihm Tacheles geredet: »Du mußt die Entscheidung von deiner Mutter respektieren, das ist eine Sache zwischen ihr und deinem Vater und nicht die von euch Kindern. Und wenn du das nicht kapierst, ist meine Tür für dich zu.« Das war deutlich! Mein Sohn ist dann nach Hause zurückgekommen.

Zum Wochenende kam mein Mann nach Hause. Samstagabend habe ich mit ihm geredet. Wir saßen bei unserem Familien-Griechen, allein, hatten gerade Messer und Gabel auf die Teller gelegt. Da bin ich rausgerückt mit: »Ich liebe Alex, und ich möchte mit ihm leben.« So ungefähr. Gerhard hat recht cool reagiert. Nachdem wir lange geredet hatten, sind wir nach Hause gefahren, er ist ins Gästezimmer verschwunden und am nächsten Morgen ganz früh nach Aachen aufgebrochen.

Als er 14 Tage später wiederkam, hat er mich gefragt: »Glaubst du, daß die Trennung wirklich unumgänglich ist?« Ich habe gesagt: »Ich sehe keine andere Möglichkeit, jedenfalls zur Zeit.« Da hat er gesagt: »O.k., dann muß ich mein Leben auch neu ordnen.« Und dann hat er mir von Martha erzählt.

Mein Mann hatte eine Woche nach meiner Offenbarung eine neue Freundin! Das heißt, ich weiß nicht, wie neu sie war, ob sich die Beziehung gerade angebahnt hatte oder ob das schon länger lief. Das war für mich trotz allem ein Schock, das hatte ich ihm nicht zugetraut, legt er die 22 Jahre Ehe so schnell zu den Akten?

Martha kommt aus unserem weiteren Umfeld, ihr Ex-Mann und Alex waren vor langen Jahren mal Kollegen, mein Mann hat die beiden vor Jahren auch mal flüchtig kennengelernt.

Irgendwann sind sich Alex und Martha in Aachen übern Weg gelaufen, sie wohnt dort schon seit vielen Jahren. Sie haben sich zum Kaffee verabredet, dann zum Sport und hinterher noch in die Kneipe. Mein Mann ist manchmal mit gewesen. Ich weiß noch, daß Alex irgendwann mal ganz beiläufig gesagt hat. »Wenn wir zu dritt am Tisch sitzen, bin ich irgendwie über.« Aber gedacht haben wir uns dabei beide nichts.

Ich war jedenfalls sprachlos, weil ich das nicht erwartet hatte, daß Gerhard sich so schnell wieder neu orientiert! Und ich hatte befürchtet, er fällt in ein schwarzes Loch, fängt an zu trinken, will sich rächen. Meine große Angst bei der Trennung war wirklich mein Mann. Daß meine Kinder mich verstehen würden, spätestens irgendwann, wenn nicht gleich, das wußte ich.

Mein Mann wußte jetzt also Bescheid, ich wußte von seiner Freundin. Ein paar Wochen später erst haben wir es den Kleinen gesagt: »Wir sind eure Eltern, und Eltern haben ihre Kinder immer, immer lieb, egal, was passiert. Es kann aber passieren, daß ein Papa und eine Mama sich nicht mehr so liebhaben, und dann ist es besser, wenn man nicht mehr zusammenwohnt.« Da ist mein Mann offiziell ausgezogen, und jetzt kommt er nur noch zu Besuch. Alex hat sich von Christiane ebenfalls getrennt.

Als unsere große Tochter Tanja kurz nach der offiziellen Trennung auch ausgezogen ist, haben mein Mann und ich ihr gemeinsam beim Umzug geholfen, als sei das das Selbstverständlichste von der Welt. Wir waren gerade dabei, in Tanjas Wohnung auf unsere bewährte Weise Dübellöcher zu bohren: Er bohrt, ich halte die Schippe drunter, da klingelt mein Handy. Alex ist dran und sagt, er muß mich sehen. Ich sage: »Ich habe noch drei, vier Stunden zu tun, dann.«

Ich ahnte schon was, Alex und ich hatten eine wirklich gute Zeit damals, aber zwei, drei Tage lang kam ich einfach nicht an ihn ran, ich sage dann immer, es ist, als wenn eine Glasglocke über ihn rübergestülpt wäre. Gerhard und ich haben also noch zu Ende gewerkelt und die Regale festgemacht, dann bin ich zum Treffen an unseren See gefahren. Da stand Alex vor mir und sagt: »Ich kann das nicht. Ich habe entschieden, daß ich zu Christiane und den Kindern zurückgehe.«

Ich konnte es nicht fassen! Ich habe argumentiert. Ich habe geheult. Ich habe geschrien. Plötzlich heulte er auch. Irgendwann fuhren wir dann, aber Alex mußte immer wieder heulen. An einer kleinen Dorfkirche haben wir angehalten. Alex kniete vorm Altar und sagte immer wieder: »Mein Gott, mein Gott, warum kannst du mir nicht helfen?« Er hat Rotz und Wasser geheult, wir hatten nicht genug Tempo-Taschentücher. Ich wußte: Seine Entscheidung ist eine reine Vernunft-Entscheidung. Ich habe ihm gesagt: »Alex, du kannst machen, was du willst, es ist deine Sache. Aber ich weiß: Du wirst deinen Kopf nicht vor dein Herz stellen.«

Er hat mich dann am Stadtrand abgesetzt, und ich bin noch zwei Stunden querfeldein durch den Wald gelaufen. Mein Sohn hat mich dann eingesammelt. Sein Kommentar: »Dieses Arschloch.«

Abends habe ich mit meinem Mann auf meinem Bett gesessen und geredet. Meinem Mann ist da bewußt geworden, das hat er mir später gesagt, wie sehr ich Alex liebe. Da wußte Gerhard, er hat keine Chance mehr.

Das Erlebnis mit Alex, daß er einen Rückzieher macht, hatte ich noch zweimal danach. Meine Freundin Ulla, die Heilpraktikerin, sagt: »Er kann nicht anders, er ist noch nicht so weit. Stell' dir vor, ein Maurerlehrling will nach vier Wochen ein Haus bauen, das klappt noch nicht. So ist es mit Alex auch. Er möchte zu seiner Entscheidung stehen. Es klappt aber noch nicht. Ihm fehlt noch die Kraft und Stärke dazu. Er kippt wieder. Er wird es lernen. Habe Geduld, es dauert noch. Er ist dein Wagnis.« Ich will und kann ihn ja nicht zwingen, es muß seine freie Entscheidung sein. Drei Tage später waren wir wieder zusammen. Für seine Frau muß es auch extrem gewesen sein, als er zu ihr gesagt hat: »Du, ich bin wieder bei Lena.« Und das ist noch zweimal so ähnlich passiert. Ich hoffe, ich glaube, ich wünsche, daß jetzt Schluß damit ist.

Beim zweiten Mal war es so, daß Alex nicht ans Telefon ging, den ganzen Freitag abend nicht, den Sonnabend vormittag nicht. Da habe ich Schiß gekriegt. Ich habe Martha angerufen – tatsächlich Martha – und gebeten: »Fahr doch mal bei ihm vorbei.« Er hat aufgemacht, sie dachte erst, er wäre betrunken. Er hat gesagt, daß er solche Rückenschmerzen hätte und darum Schlaf- und Schmerztabletten genommen hätte und er mich anruft. Bis zum Abend hatte er sich noch nicht gemeldet. Mir hat es keine Ruhe gelassen, ich habe abends noch einen Bekannten telefonisch alarmiert, daß er mal klingelt, es hätte ihm ja etwas passiert sein können mit diesem Tablettencocktail, und dann liegt er in der Wohnung. Mir gingen die ungewöhnlichsten Gedanken durch den Kopf. Als er dann doch bei mir anrief, sagte er: »Lena, ich kann nicht, ich muß zurück zu meiner Familie.« Was sollte ich sagen außer: »O.k., mach's«. Natürlich fiel mir das schwer. Aber ich wußte ja, wenn ich ihn haben will, muß er freiwillig kommen.

Für Alex waren solche Gefühlsschwankungen nicht neu, er hatte sie auch, aber anders, als er noch mit seiner Frau lebte und mit Lena ein heimliches Verhältnis hatte, er fragte sich damals: »Es ist nach Geschäftsreisen schon ein Scheißgefühl, nach Hause zu fahren und mit jedem Meter, den du fährst, verstärkt sich der Eindruck: Du fährst zur falschen Frau.«
Und wenn er zum Treffen mit Lena fuhr, dachte er: »Warum drehst du nicht einfach um? Fährst zurück, sagst deiner Frau: Hör mal, ich hab' seit vier Jahren ein Verhältnis, jetzt ist Schluß damit. Laß es uns wieder miteinander versuchen. Manchmal geht mir auch durch den Kopf: Vielleicht ist es besser, zehn Menschen halbglücklich zu lassen, als zwei ganz unglücklich zu machen? Ja, so schwanke ich manchmal hin und her, aber nur im Kopf und immer nur kurz.«

Nach dieser Aktion war es seiner Frau dann auch zuviel, und sie hat ihn rausgeschmissen. Kurz vor Weihnachten stand er bei uns vor der Tür. Wir hatten vorher überlegt, mein Mann und ich: Wie wollen wir feiern? Der Kinder wegen gemeinsam Weihnachten feiern mit den neuen Partnern? Schaffen wir es, so viel Größe zu zeigen und unsere eigenen Probleme zurückzustellen? Warum eigentlich nicht, dachten wir. Also kam mein Mann, Martha und Alex waren auch da. Ehrlicherweise muß man sagen, daß mein Mann ein bißchen überfordert war mit der Situation. Er war ein bißchen mausig, war ja aber auch merkwürdig dieses *Fest*.

Am zweiten Weihnachtstag ist Alex dann zu seiner Familie gefahren. Da war irgendeine irreale heile Welt. Als er zurückkam, merkte ich: Aha, die Glasglocke ist wieder da. Er ist schnell damit rausgerückt: Er geht zurück. Es war klar, warum: Die Finanzen sind einfach über ihm zusammengebrochen, er wußte nicht mehr, wie er alles hinkriegen sollte. Ich habe gesagt: »Du willst doch nur zurück, weil es Weihnachten zu Hause schön war.« Ich habe ihm alle Für und Wider hergebetet, aber es war nichts zu machen. »Ich trag' dir deine Sachen«, habe ich ihm angeboten, er hatte doch das Rückenproblem, und ich wollte nicht, daß er noch mehr Schmerzen bekommt. Zum Abschied hat er unter Tränen gesagt: »Du bist die Liebe meines Lebens, aber ich kann nicht anders.« Ich war so fertig, ich habe stundenlang mit meiner Freundin Angelika telefoniert. Sie hat gesagt. »Jetzt wartest du, bis er gegen die Wand gelaufen ist, dann nimmste 'ne Schaufel und kehrst die Scherben zusammen und siehst, ob du noch einen brauchbaren Mann draus machen kannst und ob du ihn dann noch willst. Komm selbst erst mal zur Ruhe.«

Alex hat Hellseher-Ulla angerufen und lange mit ihr geredet. Sie hat ihm gesagt: »Du brichst mit allem in den nächsten Jahren, was dir bislang wichtig war. Das ist deine Herausforderung. Du wirst dich von alten Mustern lösen, so steht es in deinen Sternen.« Es dauerte keine Woche und Alex zog bei seiner Frau wieder aus, für immer, wie er sagte.

Diese Erlebnisse mit Alex waren schon anstrengend, das hat mich manchmal fast überfordert. Dazu kamen ja noch viele andere Sachen. Du fühlst dich natürlich, wenn du in so einer Situation bist, auch für alles und jedes besonders verantwortlich oder schuldig. Mein Sohn Daniel zum Beispiel macht dieses Jahr Abitur. Im Winter war er plötzlich weg, verschwunden, wie an dem Tag, als er zu seinem Vater fahren wollte. Er ist volljährig, da muß mir der Lehrer nicht mehr mitteilen, wie es um seine Zensuren bestellt ist. Aber Daniel lief wirklich Gefahr, durchs Abi zu rasseln, und er hat uns nichts erzählt. Und dann hat sich auch noch seine Freundin von ihm getrennt. Mein sechster Sinn sagte mir irgendwann, an einem Dienstag vormittag mitten in meinem eigenen Unterricht: Es stimmt was nicht. Ich habe in der Schule angerufen. Tatsächlich: Daniel war seit zwei Tagen nicht dagewesen, hatte mir erzählt, er schläft bei Freunden. Sein Handy war aus. Ein Abschiedsbrief lag in seinem Zimmer.

Wieder habe ich in dieser Situation Rat und Hilfe bei Ulla gesucht. Sie war sich ganz sicher, daß mein Sohn Zeit zum Nachdenken braucht. Ich verkürze jetzt mal, es war alles hochdramatisch, Polizei, eigene Suchaktionen, aber am Ende war er wieder zu Hause. Er wollte seinem Leben ein Ende setzen, zum Glück hatte er nicht den Mut für den letzten Schritt. Als er dann wieder da war, wir mit dem ganzen Suchtrupp Ratatouille gegessen hatten, saß ich abends auf seiner Bettkante, und er sagte: »Mama, es tut mir so leid, es hatte nichts mit Alex und dir zu tun, es war meine eigene Lebenskrise.«

Alex selbst macht mir auch manchmal große Sorgen. Ich habe das Gefühl, er verkriecht sich in seine Krankheit. Und wie oft sagt Alex auch jetzt noch: »Wenn ich ans Finanzielle denke, schnürt sich mir der Hals zu.« Er weiß nicht, was tun. Aber man muß was tun. Das Berufliche hat er ja eigentlich schon geklärt, aber es bleibt die Verantwortung, Frau und Kinder zu versorgen. Christiane macht es ihm leider nicht leicht. Sie kommt nicht in die Spur. Sie schwatzt immer viel, ist sehr kontaktfreudig, wäre für viele berufliche Bereiche sehr geeignet. Sie kann außer perfektem Englisch Spanisch und Französisch, das ist doch etwas Besonderes, damit kann man doch was machen. Sie wollte schon vor der Trennung von Alex eigentlich wieder arbeiten. Aber sie schafft den Schritt nicht: Jetzt ich, ich nehme mein Leben auch in die Hand, koste es, was es wolle, im Zweifelsfalle erst mal Überwindung.

Dazu kommen für Alex die Sorgen um seine Kinder: Als Alex neulich seinen Sohn, den einen Zwilling, abgeholt hat, fürchtete er sich schon vor der Ablehnung, die da wieder kommen würde. Er hat gesagt: »Ich hoffe, daß ich ihm diesmal endlich meine Sicht der Dinge darstellen kann.« Aber er kommt an seine Kinder nicht ran. Sebastian hat sich auch diesmal ganz schnell aufs Zimmer verzogen, hatte keine Lust, ins Kino zu gehen, geschweige denn zu reden. Wahrscheinlich meinen die Kinder, sie hauen ihre Mutter in die Pfanne, wenn sie nett zu Alex sind. Ich habe Alex gesagt: »Besteh trotzdem auf bestimmten Abmachungen, zu bestimmten Zeiten mit den Kindern zu telefonieren, sei für sie da, achte darauf, welche ihre Wünsche sind, steck ihnen was extra zu, wenn es auf Klassenfahrt geht, schreib SMSe zwischendurch.«

Alex' Eltern sind total glücklich, daß sie mit mir sprechen können. Seine Mutter hat neulich mal recht deutlich gesagt: »Du weißt doch, wo es herkommt, wenn sich Kinder so verhalten.« Klar meint sie Christiane. Alex sagt aber, er kann sich nicht vorstellen, daß seine Frau die Jungs aufhetzt, er nimmt sie in Schutz. Für ihn ist es hart, sich von Sebastian Sachen anzuhören wie: »Du hast unsere Familie kaputtgemacht.« Es ist natürlich für die Kinder doppelt schlimm, weil sie jahrelang dachten, es ist alles o.k., sie haben nicht gemerkt, was zwischen ihren Eltern lief oder nicht mehr lief, haben von der Entfremdung nichts mitgekriegt. Ich weiß noch, daß ich Alex früher manchmal gefragt habe: »Wie hältst du das aus, wenn du von Christiane so genervt bist?« Und Alex hat gesagt: »Ich schalte auf Durchzug.« Da gab es ab und zu Krach und Streit. Das war normal für die Kinder.

Meine großen Kinder haben gesagt, als sie mitbekamen, daß Alex und seine Frau sich trennen, bei ihnen war das nämlich noch vor uns offiziell: »Wieso die denn, die sind doch eine Vorzeigefamilie.« So ist das Bild der anderen, viele von meinen Bekannten haben gesagt: »Aber bei euch war doch alles in Ordnung, ihr wart doch das letzte heile Paar.« Ja, das denkt man oft von außen.

Zum Glück habe ich für alle Fälle immer meine Freundin Angelika, wir sind gerade in ähnlichen Situationen, wir haben gerade neulich gesagt: »Eine von uns muß immer oben bleiben, um die andere aus dem Tief zu holen.« Das Tal der Tränen wird von uns meist abwechselnd, manchmal auch gleichzeitig durchwandert.

Wenn ich zurückblicke, achte ich meinen Mann sehr dafür, wie gelassen er meine Entscheidung hingenommen hat. Das einzige, was schon ein bißchen wehgetan hat, daß er nach 14 Tagen gesagt hat: »Da ist eine andere.« Dabei ist mir schon klar: Für Gerhard, in seiner Position, ist es so, daß er eine Frau an seiner Seite braucht für offizielle gesellschaftliche Anlässe, und darum wird er diese Beziehung auch schnell legalisieren wollen und also die Scheidung einreichen, da bin ich sicher. Eigentlich bin ich ja sogar froh, daß er so schnell eine Neue hatte.

Na ja. Bisher ist wirklich alles ziemlich friedlich, die Kinder haben bisher keine Nachteile, das ist mir das Wichtigste. Meinen Großen ist mittlerweile auch klargeworden, daß es schon in Ordnung war, wie ich es damals machen wollte. Auch, daß es verlogener gewesen wäre, mit ihrem Vater zusammenzubleiben, sehen sie ein. Und alle Kinder schätzen Alex sehr. Daniel, der am kritischsten war, hat vor ein paar Tagen zu mir gesagt, als wir gerade so viel Zeit mit Alex verbracht hatten: »Ich merke, daß es dir mit Alex viel besser geht als mit Papa, jetzt ist es doch für alle gut so.« Und die Kleinen meinen: »Wenn Alex da ist, bist du jetzt immer so fröhlich, kann er nicht immer bei uns bleiben?« Unsere Probleme nehmen die Kinder mittlerweile mit Humor wie in jeder normalen Familie. Es ist Stimmung bei uns im Haus, wenn Alex da ist. Er hat eine tolle Art zu merken, wie's mir geht, er fängt mich auf, bringt mich aus kleinen Tiefs raus, ich merke einfach: Ich bin nicht mehr alleine.

Wir können mit unserer Situation, so wie sie jetzt ist, gut umgehen und versuchen, das Beste daraus zu machen. Von den Ängsten und Sorgen, die wir vorher hatten, sind nur wenige eingetroffen. Ich habe mir vorgenommen, bis 50 mein Leben geordnet zu haben, um mit Alex den Alltag zu genießen. Wenn es sein muß, kämpfen wir Rücken an Rücken gegen den Rest der Welt.

Lotte, 41, Hofbetreiberin/Bäuerin

Ich suche nach mir selbst

Oder: Fantasie bedrohte meine Ehe

Sie ist eine der Ladys von Adam (51), über die er im Buch Wir sind die neuen Liebhaber berichtet: »Mich reizt es, mit ihnen ihre geheimen und neu entdeckten Wünsche auszuleben.« Adam über Lotte: »Sie erzählt mir ihre Liebesgeschichten und fragt um Rat. Sie versucht jetzt, ihre über Jahre aufgestaute Lust auszuleben.« Und das gelingt der agilen 40erin mit den schwarzen Wuschellocken immer besser

Als die Trennung von meinem Mann beschlossene Sache war, haben wir noch ein Jahr unter einem Dach gelebt. Ich habe mir ein Kinderzimmer leer geräumt, habe mein altes Bett vom Dachboden geholt, dazu meine Bücher, ein Regal, meine alte Seemannskiste mit meinen alten Zeichnungen und Notizen. Plötzlich gab es nicht mehr diese Verpflichtung, jeden Abend neben meinem Mann auf dem Sofa vorm Fernseher zu sitzen. Ich habe wieder angefangen zu lesen und zu malen. 16 Ehejahre lang hatte ich das nicht getan. Ich habe angefangen, wieder zu leben.

Was ich vor drei Jahren, als ich die Trennung wollte, nicht wußte: Wie sehr ich sexuell ins Leere laufen würde. Ich hatte damals niemand Neuen, und es quälte mich diese Frage, die mich bereits die Jahre zuvor beschäftigt hatte: Wird es jemals wieder einen Mann nach meinem Ehemann geben? Der Sex mit meinem Mann war nicht schlecht gewesen ... Zweimal die Woche, wie bei den meisten Bundesbürgern. Ich habe 16 Jahre monogam gelebt. Vor der Ehe hatte ich acht Jahre alleine gewohnt, mit vielen Männern etwas gehabt. Durch die Männer habe ich nach mir selber gesucht. Ich suchte immer, was ich bei mir ergänzen wollte.

Nach dem Abitur habe ich lange rumprobiert mit verschiedenen Studien, ich habe Straßentheater gemacht in Südfrankreich ... Dann wollte ich was ganz Handfestes, Praktisches anfangen. Arbeit mit behinderten Kindern ... So bin ich Heilerzieherin geworden. Oder besser: Nach zwei Jahren habe ich meine Lehrzeit abgebrochen, denn ich hatte meinen Mann kennengelernt, und wir wollten ein Kind, das wollte ich immer. Mitte der 80er Jahre haben wir dann den Hof gekauft, und ich habe mich ganz auf die Öko-Landwirtschaft gestürzt, Anfang der 90er kamen die ersten Urlauber ... Irgendwann habe ich mich gefragt: Ist der Hof und die Arbeit alles, was mich erfüllt? Es gab keine Freizeit, alles, Arbeits- und Familienstunden, alles ging nahtlos ineinander über. Trotz der abgebrochenen Ausbildung und der drei Kinder stehe ich also beruflich auf eigenen Füßen. Das hat nach und nach auch meine Beziehung, unsere Ehe, verändert. Ich sehe das heute so: Ich habe meinen Mann in einem Lehrer-Schüler-Verhältnis kennengelernt, ich war seine Schülerin. Ich habe viel gelernt von ihm über die Jahre, und ich bin innerlich gewachsen. Als ich ihm über den Kopf gewachsen war, ich mich zu weit entwickelt hatte, war es vorbei.

Ich habe sehr viel Kraft gewonnen durch die Trennung von meinem Mann. Mein Sohn ist 18, hat seinen Beruf als Zimmermann so gut wie ausgelernt und hat eine eigene Wohnung, meine 16jährige Tochter lebt mit mir und die 14jährige bei meinem Mann und seiner neuen Frau. Ich bin jetzt für mich so weit, daß ich sage: Ich suche keinen Partner. Ich habe mein Leben so organisiert, daß ich nicht alleine bin. Ich lebe hier auf meinem Hof mit meiner Tochter und einer Studentin. So ist immer jemand da, dem du dich im Gespräch anvertrauen kannst. Und mein Leben ist nicht bedroht durch eine Partnerschaft. Ja, ich finde, der Alltag belastet die Partnerschaft.

Es ist jetzt knapp drei Jahre her, daß ich mich von meinem Mann sexuell getrennt habe. Wir haben in dem Trennungsjahr mehr als in den fünfzehn Jahren vorher geredet, über unsere Machtkämpfe und wie man sich als Paar im Kreise dreht. Auch wenn wir viel miteinander geredet haben und vieles klären konnten: Ich wollte die Trennung und den Weg, den ich eingeschlagen hatte, weitergehen.

Im Trennungsjahr habe ich meinen Ehemann verschenkt, an eine andere Frau. Joachim arbeitet im sozialen Bereich, er hat früher dort Ausbildungen betreut, in den letzten Jahren waren es mehr Fortbildungsmöglichkeiten. Bei einem der letzten Projekte ging es darum, eine Leiterin zu finden. In Frage kamen zwei Kolleginnen aus Norddeutschland. Beide Damen kamen hierher. Die eine fuhr schon bald wieder zurück – die andere, Claire, ist jetzt seine Frau. Sie könnte seine Tochter sein …

Mit ihr haben wir damals viel zu dritt unternommen. Mein Mann fühlt sich immer sehr verantwortlich, in diesem Fall eben auch für die Freizeit von Claire. Wir waren zusammen wandern, haben auch bei uns zu Hause gekocht. Du hast ja Fingerspitzengefühl, merkst, daß sich da was anbahnt. Zu der Zeit war ich zwar noch eifersüchtig – ich weiß eigentlich gar nicht, warum –, wahrscheinlich ist das eine ganz natürliche, tief verinnerlichte Reaktion. Ein paar Jahre zuvor hatte sich mein Mann auch schon mal wahnsinnig verliebt. Ich wollte damals sein Jackett in die Reinigung bringen, und in der Innentasche habe ich eine Restaurantrechnung gefunden, eine eindeutige. Für mich war die Basis unserer Beziehung absolutes Vertrauen. Ich habe damals eine richtig krankhafte Eifersucht entwickelt, in diesem Zustand möchte ich mich nie wieder erleben. Es hat lange gedauert, bis ich für mich das Vertrauen in meiner Ehe wieder bekittet hatte. Aber als Claire auftauchte, war plötzlich die Eifersucht wieder da. Dennoch habe ich das Ganze vorsichtig forciert, daß Jo und Claire sich näherkommen. Das verstehst du nicht, oder? Es ist doch so: Ich lebe auf dem Land. In einem Dorf mit 30 Höfen. Ich will da bleiben. Bei einer Scheidung ist es für mich einfacher, allen im Dorf zu sagen: Seht, er geht, er hat eine Geliebte.

Im Trennungsjahr habe ich auch wieder angefangen, Theater zu spielen, ich habe nette Leute gefunden, mit denen haben wir eine richtig konstante Gruppe aufgebaut, wir treten auch auf. Diese Lust am Spiel hat sich dann auch auf die Erotik ausgedehnt.

Aber zuerst mal was anderes. Als ich so männerlos in meinem Zimmer war, mein abgelegter Ehemann gleich nebenan, habe ich überlegt: »Wie komme ich jetzt zu einem Sexualpartner?« Und ich habe im Kulturstadtmagazin in F. eine Anzeige aufgegeben: »Suche dringend vier Männer. Einen jungen zum Vögeln. Einen, der ehrliche und offene Briefe schreiben kann. Einen für gute Gespräche. Und einen zum Verlieben. Tanzen gehen kann ich auch alleine. Frau, 38, selbstbewußt, sucht vor allem nach sich selbst. Kein Witz! Chiffre: xxxx.« Es kamen 17 Briefe. Auf eine Zuschrift habe ich geantwortet.

Diese Beziehung ist im Moment etwas problematisch. Es ist nämlich durchaus eine Beziehung aus Tom und mir geworden. Er wußte anfangs nicht, was er von mir wollte. Ich glaube, er suchte in erster Linie Bestätigung für seine Attraktivität und seine Männlichkeit. Mir war schon klar: Ich will nicht mit ihm zusammen sein. Er ist verheiratet, er ist 33, seine Frau 27. Ich kenne seine Frau vom Sehen. Henrieke ist sehr konservativ, sie war auch diejenige, die unbedingt heiraten wollte, obwohl er noch mitten im Studium steckte. Für ihren Heiratswunsch war sie sogar bereit, in Kauf zu nehmen, nur heimlich zu heiraten, so unter dem Motto: Wenn wir es uns finanziell leisten können, sagen wir es allen und holen die kirchliche Hochzeit, die Braut ganz in Weiß, nach. Seine Frau ist ein richtiges Mädchen, bei dem er sagen muß, wo es längs geht. In mir hat Tom von Anfang an eine richtige Frau gesehen. Ich bin selbständig, selbstbewußt und weiß auch im Bett, was ich will. Sie hat keine Hochschulreife und ist wirklich eher ein Mäuschen.

Stundenlang, nächtelang haben Tom und ich uns am Anfang E-Mails geschrieben. Erst hat Tom Henrieke ins Bett gekuschelt, dann hat er sich an seinen Laptop gesetzt. Tom lebt mit seiner

Frau in einer 1-Zimmer-Wohnung, und ich lebe in einem Dorf, wo jeder jeden kennt. Wir wollten beide kein Geld für irgendein billiges Hotel ausgeben, also sind wir mit dem Auto in abgelegene Waldwege gefahren. Es war so, als wären wir Teenager, die sich nicht zu Hause treffen können – abenteuerlich, spannend und geheimnisvoll.

An seinem Geburtstag, neulich, hatte er beschlossen, bei mir zu übernachten. Tom war also bei mir – und Henrieke kam auf den Hof. Die Haustür war auf, Henrieke geisterte durchs Haus, hat alle Zimmertüren aufgemacht. Wenn ich mir vorstelle, was passiert wäre, wenn die Hunde da gewesen wären, das sind richtige Hofhunde, die wissen, daß nachts kein Fremder bei uns rumlaufen soll. Aber die Hunde waren komischerweise an diesem Tag bei meinem Mann. Jedenfalls hat Henrieke auch die Tür von Mari, der Studentin, aufgemacht. Die hat sofort begriffen, was los ist, und sich mit Henrieke in die Küche gesetzt und mit ihr geredet. Toms Frau hat die ganze Zeit geklagt: »Lotte nimmt mir den Mann weg.« Mari hat in allen Variationen klargemacht: »Nee, so isses nicht. Ihr, Tom und du, habt ein Problem miteinander, als Paar.« Tom und ich haben erst am nächsten Tag mittags erfahren, was los war. Und ich will ihn Henrieke ja wirklich nicht wegnehmen. Tom etwas zu geben, was ihm gefehlt hat: nämlich eine Frau, die ihm zeigt, daß sie Lust auf ihn hat – das hat mir gefallen, und das gefällt mir immer noch.

Parallel zu Tom habe ich meinen zweiten Liebhaber kennengelernt, Norbert. Norbert ist 35, Single und ziemlich schrullig. Jeder wird ja spezieller, je älter er wird, aber bei Norbert ist es besonders. So wie er ist, findet er keine feste Freundin. Er weiß, daß ich nicht die richtige Frau für ihn bin, genießt aber meine Existenz, solange seine dabei nicht aus dem Lot kommt. Ich hatte auf seine Anzeige geantwortet, kurz bevor meine eigene Anzeige erschien. »Lust und Spiele« hatte er geschrieben, und für mich war klar: Er sucht eine Frau für Sex. Ich konnte gut einschätzen, was er wollte. Etliche Männer sind so direkt. Für mich war das o.k. Wenn ich mir vorstelle: Ich war eine Enddreißigerin vom Lande, mit Haus und Hof, drei Kindern, noch verheiratet ...

Norbert erschien mir farblos, aber ich dachte: Je farbloser der Mann, um so mehr kann ich glänzen, oder? Da gibt es keine Machtkämpfe. Wie habe ich es genossen, daß er nicht anzurufen hatte. Er hat sich aber sofort Zeit freigeräumt für mich, wenn ich ihn sehen wollte. Und im Bett ist er überhaupt nicht farblos, da paßt es. Er ist der zärtlichste Mann, den ich je kennengelernt habe. Er hat mich anfangs so viel liebkost, und er hat mir Komplimente gemacht, von denen ich nie gedacht hätte, daß ich sie je bekommen würde.

Und er hat ein Faible für Dessous. Das habe ich auch immer gehabt. In meiner Ehe bin ich jahrelang in Arbeitsklamotten und Gummistiefeln rumgelaufen. Wenn ich die Sachen ausgezogen hatte, wollte ich schnell unter die Dusche und dann nur noch schlafen. Wenn mein Mann eine eigene kleine Wohnung gehabt hätte – das habe ich mir damals manchmal vorgestellt –, wäre ich vielleicht nach der Arbeit zu ihm gefahren, dann natürlich in Dessous ... Das mit der kleinen Wohnung: Als ich mit meinem Ehemann noch zusammen war, sind wir beide mal ein Wochenende nach Straßburg gefahren. Wir waren spazieren, essen. endlich mal nur wir zwei ganz alleine. Da habe ich ihm den Vorschlag gemacht, daß er sich eine Wohnung bei uns in der Nähe nimmt. So etwas ging mir schon lange durch den Kopf. Für meinen Mann ist eine Welt zusammengebrochen. Die Wohnung wäre vielleicht eine Chance gewesen – im nachhinein hat er's verstanden.

In der Umbruchphase nach der Trennung habe ich jedenfalls Wäsche gekauft, nur für mich. Und mit Norbert hatte ich plötzlich jemanden, der sagte: »Du hast 'n sexy Arsch.« Das hätte ich mir früher nie sagen lassen, es hätte auch keiner *Süße* zu mir sagen dürfen. Oder das Thema Intimrasur. Ich habe das in meiner Ehe als diskriminierend empfunden. In meiner Ehe bedeutete der Akt des Rasierens: Ich bringe dich auf den Punkt zurück, ein Mädchen zu sein. Mit Norbert war das anders, ich hatte das

Gefühl: Der kann mir nicht das Wasser reichen. Da kann ich alles genießen, was mit meinem Mann nicht ging, ich kann mich hingeben. Da fühle ich mich rasiert auch nicht zum Mädchen degradiert, sondern eher umgekehrt: Ich genieße meine Weiblichkeit und die Tatsache, einen Mann damit aufzugeilen. Na ja, es ist einfach so: Es gibt immer Strukturen in einer Ehe, die bestimmten Sachen entgegenstehen. Auch Intimfotos habe ich mit Norbert gemacht, das war für mich auch neu. Da muß ich mich erst dran gewöhnen, mich nackt und lüstern zu sehen – *ja* zu sagen zum eigenen Körper und zu meiner Begierde.

Erst kamen Norbert und Tom, dann Adam. Ihn habe ich auf dem Hof kennengelernt, als er mit der ganzen Familie Biogemüse gekauft hat. Er kam öfter, und wir haben immer öfter länger als nötig geredet, bis wir sogar unsere Mail-Adressen ausgetauscht haben. All das, was wir miteinander erleben, hat sich entwickelt.

Adam ist faszinierend, erfahren, wunderbar, aber ich möchte niemals, niemals, niemals seine Frau sein. Das kommt ein Stück weit daher, daß ich in Adam nicht verliebt war. Ich habe jetzt das Privileg, alles, was er mir geben will, nehmen zu können, aber mehr ist es nicht, wir haben keine Verpflichtungen. Wir kennen uns jetzt gut zwei Jahre, haben per Mail ein unheimliches Vertrauen aufgebaut, uns aber nur zweimal zu unseren Inszenierungen getroffen – wenn Adam manchmal zu uns auf den Hof kommt, hat das nichts mit Sex zu tun. Ich möchte ihn nicht missen in meinem Leben. Er hat mir durchaus viel erzählt von sich, finde ich. Und er hat mich dadurch inspiriert, nicht nur in sexueller Hinsicht. Wir haben auch viel darüber geredet, wie wir leben wollen, was einem ein Partner geben kann, was nicht …

Beim Mailen ganz am Anfang waren wir schnell beim Thema Leidenschaft, ich habe ihm geschrieben, daß ich oft nachts maile, auch mit Tom. Fortan war ich für Adam die Nachthexe … Adam hatte mir per Mail erzählt, daß er gerne erotische Geschichten schreibt. Er wußte schnell ganz viel von meinen anderen Beziehungen und Erlebnissen.

Als ich mich von meinem Mann getrennt hatte, hatte ich ein Jahr eine Orgasmusblockade. Wenn ich mich selbst befriedigt habe, ging es, mit einem Mann aber nicht. Mit Adam fing es ja mit den Mails an, dann kam das Telefonieren. Mit seiner Stimme im Ohr habe ich mich in meine Laken gekuschelt und mir von ausgiebigen Bädern und Massagen mit warmem Öl erzählen lassen. Adam kennt den Körper einer Frau nur zu gut, und unsere Fantasie hat uns einander wirklich berühren lassen, ich habe irgendwann vor Hingabe gestöhnt. Er war der erste Mann, mit dem ich einen Orgasmus hatte, obwohl er nur virtuell anwesend war. Telefonsex hatte ich vorher noch nie gemacht. Ich bin am nächsten Tag bei meiner Freundin aufs Sofa gefallen und habe gesagt: »Das glaubst du nicht.« Das war ein absolut schönes Erlebnis für mich, und da ist auch der Knoten aufgegangen, die Blockade war weg.

Mit Adam teile ich, wie gesagt, das Interesse am Spiel, an Inszenierungen. Als wir uns das erste Mal dazu getroffen haben, war es für mich neu und überraschend, beim zweiten Mal war ich mutiger: Bereits seit meiner Jugend fasziniert mich die sexuelle Hingabe – nicht die Unterwerfung, nein, das Geheimnisvolle, das Abenteuer. Adam ist ein Frauenverwöhner, und deshalb hat er mir eine Geschichte geschrieben mit mir als Hauptperson. Und ich durfte diese Geschichte dann selbst erleben. Er hat mir Anweisung gegeben, wie ich mich kleiden sollte, mit einem offenen BH und einer transparenten Bluse. So sollte ich zu einem bestimmten Rastplatz an der Autobahn kommen. Dort hat er mich am Auto empfangen und mir eine geölte Zucchini zwischen die Beine geschoben. Dann hat er mich angewiesen, ihm zu folgen. Wir sind zu einem kleinen Häuschen gefahren, das ich zunächst nur von außen zu sehen bekam – denn ich setzte mir eine Augenbinde auf, und Adam hat mich so ins Unbekannte entführt. Mich einem vertrauten Menschen gänzlich hinzugeben, ihm blindlings zu vertrauen und mich dabei auf ein Spiel ohne Grenzen einzulassen – das ist für mich der Schritt in eine andere Welt, ins Zauberreich der Lust und Leidenschaft sozusagen. Das ist ganz etwas anderes als der alltägliche Sex – das ist nicht primitiv geil, sondern gelebte Fantasie. Mit Adam konnte ich den Schritt in diese neue Welt tun.

Das mit Adam, das hätte ich in der Nähe nicht leben können, also ... Das geht nur mit Abstand, Distanz, räumlich wie zeitlich. Wenn du Abstand hast und Vertrauen, dann werden Dinge möglich, die sonst schwierig sind. Anal mit meinem Mann? Das konnte ich nicht tun. Dabei ist es so: Viele Männer wünschen sich im Bett ’ne Hure und für tagsüber ’ne Mutter.

Alles, was Adam und ich miteinander austauschen, fasziniert mich. Adam ist mein Rabe, mein weiser Rabe. Wie gesagt: Ich bin auch Schauspielerin. Als ich im Netz rumgeklickt habe, bin ich auf einer Erotikseite gelandet, da habe ich eine Mail hingeschrieben. Ich wußte nicht, daß die veröffentlicht wird. Es kamen viele Zuschriften, eigentlich habe ich gedacht: Mach die gleich alle in den Mülleimer. Da kamen Erotikfotos der übelsten Art. Aber bei einem dachte ich: Was erzählt denn der? Wir hatten Mail-Kontakt über Wochen, ich und der Steppenwolf. Über Hesse sind wir eingestiegen ins Gespräch, bald kam Persönliches, Sexuelles. Er ist ein Topmanager aus dem Süden. Mit dem Mann bin ich auf die Idee gekommen, eine Inszenierung total im Dunkeln zu machen, ein Blinddate total. Adam saß bei dabei als Rabe auf der Schulter, das heißt, er wußte, was ich mache, wo ich bin, ich hatte keine Angst. Er war sozusagen bei allem dabei, als ich zum Friseur gegangen bin, beim Anziehen, beim Ausziehen.

Mein Manager und ich haben uns im Hotel getroffen. Er hatte im Zimmer gewartet und mir per Handy seine Zimmernummer übermittelt. Er kam und ging direkt ins Bad. Ich habe mir dann die schwarze Augenbinde umgelegt. Ich wußte nur, er ist 1 Meter 92 groß. Es war abgemacht, daß er ins Zimmer kommt, sich hinter mich stellt und mich in den Nacken küßt. Ich konnte die Augenbinde abnehmen, wann ich wollte. Ich hatte überhaupt nicht das Bedürfnis, sie abzulegen – ich wollte die Hingabe an diesen unbekannten und doch vertrauten Mann erleben ... Ich habe für ihn die Beine gespreizt, und sein gekonntes Zungenspiel hat meinen Saft der Lust, so nenne ich das jetzt mal, nur so fließen lassen. Er war ein Verwöhner und Genießer, der Steppenwolf. Und ich war überhaupt nicht entsetzt über das, was ich hinterher ohne die Binde sah. Das Erlebnis mit dem Steppenwolf war ein echtes Highlight. Das ließ sich auch nicht einfach so schnell wiederholen. Seit einigen Tagen schreiben wir wieder Mails. Wie soll das erste Erlebnis noch zu toppen sein? Ich habe schon gesagt: »Vielleicht treffen wir uns lieber mal zum Bratwurstessen.«

Wenn du mir vor drei, vier Jahren erzählt hättest, daß ich so was mal machen werde, hätte ich das nicht für möglich gehalten. Meine Eltern haben mir immer eine heile Beziehung vorgelebt. Meine Mutter hat meinen Vater mit 15 kennengelernt, jetzt ist sie über 60. Bei ihnen lief immer alles glatt. Vor zwei, drei Jahren war mein Vater zur Kur. Da war eine Frau, die hat ihn inspiriert. Mit ihr hat er geredet, richtig geredet, was sonst nicht seine Art ist. Er läßt höchstens mal Dampf ab, spricht sich aber nicht aus. Als er von der Kur zurückkommt, telefoniert er also plötzlich ausgiebig, richtig stundenlang, zwei, drei Stunden … Es gab eine große Krise zu Hause, aber mittlerweile akzeptiert meine Mutter, daß da 'ne andere Frau ist, mit der er redet, wohlgemerkt: redet. Was es bei uns zu Hause nie gab. Das war für mich auch der Grund, sehr früh auszuziehen. Dafür wurde mein Vater sogar vors Jugendamt zitiert, denn er wollte meinem Auszug mit 16 nicht zustimmen. Meine Mutter hat sehr darunter gelitten, daß bei uns zu Hause nicht miteinander gesprochen wurde, das habe ich gemerkt. Ich wollte nicht so leiden, deswegen mußte ich so früh weg von zu Hause. Ab dem Tag, wo ich ausgezogen war, konnte ich immerhin mit meiner Mutter reden – oder sie mit mir.

Mein Mann hat gesagt: »Du bist beziehungsunfähig.« Meine Großmutter war das letzte Kind einer Großfamilie, das zwölfte. Ihre Mutter ist bei der Geburt gestorben, das ist ja früher oft passiert. Sie ist als Nachzügler nicht in ihrer eigentlichen Familie groß geworden, sondern in einer fremden. Das war eine Arbeiterfamilie, der Vater, der Ersatzvater hat getrunken, sie hatten kein Geld. Meine Oma fühlte sich als Mädchen fremd und hat sich gefühlsmäßig völlig abgeschlossen. Sie hat geheiratet und selbst drei Kinder gekriegt, das älteste meine Mutter, dann noch zwei Söhne, von denen einer früh gestorben ist. Zu niemandem hatte sie eine richtige emotionale Bindung, ich war die erste, die sie an sich rangelassen hat. Ich frage mich schon oft, inwieweit ich mütterliche Liebe weitergeben kann oder konnte an meine Kinder. Ich glaube, ich hatte immer sehr abgegrenzte Beziehungen zu meinen Kindern, sie haben mir auch mal vorgeworfen, daß ich mich um die Urlauberkinder mehr gekümmert hätte als um sie. Ich weiß nicht, ob meine Kinder bei meiner vielen Arbeit über die Jahre nicht zu kurz gekommen sind. Ich glaube eigentlich nicht. Andererseits war ich für sie oft wirklich nicht greifbar zum Reden. Für ihre Alltagsbelange, was sie brauchten wie Essen, Bekleidung, Schule, da war ich natürlich da, für alles Organisatorische eben. Komisch, das war in meinem alten Leben.

Du kennst den Film *Interview mit einem Vampir*? Da ist ein Vampir, der denkt, er ist ganz allein auf der Welt. In Paris trifft er auf einen zweiten Vampir: Da stehen die beiden auf Kopfsteinpflaster, jeder einen Zylinder auf und einen Umhang um, und sie machen miteinander wie vorm Spiegel, Bewegungen wiederholen und Grimassen. Der eigentliche Vampir freut sich sehr, daß er nicht allein ist auf der Welt, und läuft vor Freude kopfüber an der Decke eines Bogens.

So ähnlich geht es mir mit einer Frau, die ich kennengelernt habe. Norbert und ich hatten gemeinsam eine Anzeige aufgegeben, woraufhin sich Sigi gemeldet hat. Wir haben sie zusammen kennengelernt, also getroffen, aber da ist sexuell zu dritt nie etwas gelaufen. Für mich ist sie jemand, der versteht, der mich versteht, sie ist meine Hexenschwester. Sie ist seit neun Jahren verheiratet mit einem Mann, mit dem sie nie Sex hatte. Der Mann hat viele Psychoprobleme und kann auch nicht mehr in seinem alten Beruf arbeiten. Die beiden kommen im Alltag recht gut klar, schlafen auch zusammen im Ehebett, nehmen sich in den Arm und streicheln sich. Sie war viele Jahre lang recht glücklich so, weil sie vorher gewußt hat, worauf sie sich einläßt. Aber vor fünf Jahren ist sie dann auf die Suche gegangen, sie hatte seitdem viele Liebhaberbeziehungen, auch parallel.

Sigi hat zwei Männer, die sie ihre Hexer nennt. Einmal hat sie mich mitgenommen zu diesen Männern. Das war ein herber Rückschlag in meinem Nachthexenleben, ich wußte es schon, als ich den Raum betrat und die Männer sah. Aber ich wußte auch: Du willst das jetzt erleben, diese Erfahrung machen. Allein, wenn ich daran denke: Wir waren in derselben Stadt im Hotel wie ich mit meinem Steppenwolf, aber mit ihm war ich im Grandhotel, mit gewärmten Handtüchern, Marmorbad, und jetzt fand ich mich in einer, ja, in einer billigen Absteige. Das war eigentlich nicht das Problem. Das Schlimmste war: Es war keine Inszenierung! Wir haben von neun Uhr abends bis drei Uhr morgens einfach nur, ja, einfach nur rumgevögelt. Es war 'ne Rudelbumsaktion. Ich wußte schon Anfang des Jahres: Dieses Jahr wird das Jahr, wo ich meine Lust bejahe, meine Fantasien. Aber das Rudelbumsen hatte damit nichts zu tun. Es gab dabei natürlich auch lustige Momente, wenn sich die Männer gegenseitig auf die Schulter getippt haben, so nach dem Motto: Laß mich mal. Mir ist jedenfalls im nachhinein aufgefallen: Ich hatte den ganzen Abend über immer noch irgendwas an, den Rock oder die Corsage.

Die Überschrift zu meinem Leben, auch zu dem Kapitel in deinem Buch, könnte sein *Bahnsteig 9 Dreiviertel*. Warum? Das ist aus dem Harry-Potter-Buch. Harry soll sich dort einfinden, an einer Wand sieht er ein Schildchen. Er kann durch diese Wand durchgehen und ist plötzlich in einer anderen Welt. So ähnlich fühle ich zum Beispiel mit Adam: Er hat mir ein bißchen den Weg gezeigt in ein anderes Land.

Ich genieße mein neues Leben. Natürlich frage ich mich manchmal, ob ich mein Leben lang alleine leben will, ich brauche manchmal schon eine Schulter zum Anlehnen. Aber da habe ich Norbert: Mit ihm geht's mir gut, da kann ich auch mal übernachten, er hört mir zu, ich kann mich ankuscheln. Norbert nuckelt wie ein Baby an meinen Brüsten, und dann genieße ich es, wenn er in meinem Schoß versinkt. Mit Norbert schlafe ich ohne Gummi, und das ist für mich eines der höchsten Glücksgefühle: wenn er sich in mir verliert und ich ihn aufnehmen kann, wenn wir miteinander verschmelzen. Mit Tom ist es anders wunderbar. Das schönste Kompliment, das Tom mir jemals gemacht hat, ist: Er hat gesagt: »Bei dir kann ich so richtig Mann sein, weil du so wunderbar Frau bist.«

Zur Zeit treffe ich mich ab und zu mit einem Pärchen. Wir wollen eigentlich alle gerne zu dritt, das ist zu spüren, aber ich merke: Es fehlt noch die Inszenierung. Mal sehen, ob vielleicht Adam unser Zeremonienmeister sein kann, ich kann mir durchaus vorstellen, daß er das alles aus der Ferne lenkt. Wir haben so was schon gemacht, zu zweit. Als wir gerade angefangen hatten mit unseren Mails, arbeitete ich noch manchmal in einer großen Buchhandlung. Mehr zum Vergnügen, weil ich ab und zu was anderes sehen wollte als den Hof und das Gemüse und die Urlauber. Adam gab mir die Anweisung, einen Nachmittag mit einem ganz kurzen Strickrock in die Buchhandlung zu gehen, natürlich nichts drunter. Ich habe gesagt: »Ich lass' mich drauf ein, ich mach' das.« Hab' ich auch getan. Das war ein guter Nachmittag, erregend, erotisch, nur für mich und irgendwie für Adam, alles fand ja hauptsächlich im Kopf statt.

Bevor ich Adam kennengelernt habe, waren meine Fantasien, die ich früher durchaus hatte, geradezu vertrocknet. Ich glaube, ich habe sie mir selber verboten, weil sie mich aus meiner monogamen Ehe hätten reißen können. Ich bin richtig dankbar, daß jetzt alles ganz anders, daß es so gekommen ist. Wobei: Gekommen ist es ja nicht, ich habe ja entschieden und etwas getan. Es gab schwere Zeiten in meinem Leben mit wenig Freizeit und viel Arbeit, die Zeit der Trennung von meinem Mann. Aber, alles, alles, alles, was ich bisher in meinem Leben gemacht habe, würde ich wieder so machen. Ich habe nie etwas bereut.

Christine, 40, medizinisch-technische Assistentin

Ich mit Matthias, sie mit Heiko

Oder: Glücklich verheiratet, und doch ...

Bei einer Lesung fragte mich ein Mann: »Gibt es nicht auch Paare, die offen mit ihren Nebenbeziehungen umgehen und bei denen beide Partner Liebhaber haben?« Ich mußte sagen: »Kenne ich bisher nicht.« Nach der Lesung kamen Christine und Heiko und ließen sich Bücher für Simone und Matthias signieren – und hier erzählt Christine die Geschichte einer höchst ungewöhnlichen Liebe von vier Menschen um die 40.

Am 24. Mai werden das zwei Jahre mit Simone und Matthias. Ich, also, wir alle, haben ja mittlerweile Ihre Bücher mit den Protokollen von Männern und Frauen über ihre Liebhabergeschichten gelesen – also, bei denen ist es ja ganz anders als bei uns, die haben doch bestimmt manchmal ein schlechtes Gewissen. Ich finde es bei uns gut, daß der andere Bescheid weiß, daß alle Bescheid wissen. Wir – das sind insgesamt vier. Ich und mein Mann Heiko – ich bin medizinisch-technische Assistentin, und er ist Kundenberater im Großhandel. Und eben Simone und Matthias – sie leitet ein Sozialprojekt, und er ist Programmierer. Wir – das sind eigentlich auch unsere Kinder, die mittlerweile ebenfalls Bescheid wissen, was vieles sehr erleichtert ... Ich denke immer, bei uns klappt es so gut, weil wir vier Erwachsenen das wollen.

Aber ich muß weiter ausholen. Mein Mann hat vor drei, zweieinhalb Jahren immer länger am Computer gesessen. Wenn ich ins Arbeitszimmer kam, kriegte ich mit, daß er sich da oft Bilder mit freizügigen Damen ansah. Ich dachte: Da läuft was schief.

Warum macht er das? Gut, im Bett war es bei uns ein bißchen sehr eingefahren. Und während ich abends vorm Fernseher gebügelt habe, saß Heiko vorm Computer, hat gespielt und eben auch diese bestimmten Seiten angekuckt. Was machst du jetzt, habe ich überlegt. Einfach direkt drauf zu, ihn fragen: »Was fehlt?« Ich habe hin und her überlegt. Eines Abends hat sich dann die Gelegenheit ergeben. Die Kinder waren bei der Oma, wir saßen im Wintergarten, es war ein schöner Abend. Da habe ich einfach gefragt: »Heiko, ich hab' das mitgekriegt ... Warum machst du das?« Wir haben uns daraufhin mehrere Stunden ausgesprochen. Dabei kam heraus, daß er das Gefühl hat, daß ich immer öfter keine Lust habe, wenn er gerne mit mir schlafen möchte, daß wir uns nicht mehr so oft wie früher necken, fast gar nichts Neues mehr miteinander ausprobieren – einfach dem anderen weniger Aufmerksamkeit schenken. Und er gestand mir auch, daß er gerne mal den Körper einer anderen Frau berühren möchte, die, wenn möglich, größere Brüste hat als ich. Genauso traute ich mir endlich, ihm zu sagen, daß ich zum Beispiel manchmal davon träume, von jemand anderem verführt oder von zwei Männern gleichzeitig berührt zu werden. Es ging also wirklich darum: Was fehlt – im Alltag, im Bett? Was ist langweilig, welche Wünsche haben wir?

Heiko und ich waren jetzt 17 Jahre verheiratet. Wir sind jung zusammengekommen, da war ich 19 und gerade mit der Lehre fertig, er 20 und mitten im Studium. Wir haben uns bei einer Jugendfreizeit kennengelernt und nach drei Tagen die Adressen ausgetauscht. Er schrieb, er liebt mich. Das ging schnell, nicht? Er war dann auch gleich bei einer Feier in meiner Familie dabei und wurde allgemein angenommen. Eigentlich haben wir die meiste Zeit unserer Ehe nichts vermißt. Ich hatte vor Heiko nur mit einem geschlafen, der mich entjungfert hat – eine Klassenkameradin hatte mir diesen Jungen vermacht. Wir hatten also beide vorher etwas Erfahrung gesammelt, aber eben nicht so viel.

Gut, nun hatten wir uns ausgesprochen und standen vor der Frage: Wo können wir gemeinsam jemanden kennenlernen? Das hatten wir uns nämlich überlegt, daß wir gerne mit einem anderen Pärchen ... Dabei wollten wir jedoch eine Beziehung, bei der die Erotik zwar eine große Rolle spielen sollte, aber aus der eventuell auch eine richtige Freundschaft entstehen könnte. Da waren wir sehr naiv, oder? Uns fiel natürlich ein, was man so weiß: Pärchenclubs, Anzeigen ...

Im Winter waren wir dann das erste Mal in einem Pärchenclub, ganz bei uns in der Nähe. Wir hatten im Internet einen herausgefunden, der uns seriös erschien und in dem an dem Abend nur Paare zugelassen waren. Als wir hinkamen, sah ich die Männer und Frauen, alle in schönen Dessous, das gefiel mir. Auch die Atmosphäre war locker. An der Bar kamen wir mit einem Pärchen ins Gespräch. Die beiden fragten uns bald ganz offen, ob wir mit ihnen zusammen eine Liegestatt aufsuchen wollen. Es wurde ein sehr schönes Erlebnis. Aber als wir uns ein zweites Mal trafen, waren einfach die Erwartungen zu hoch und die Enttäuschung dementsprechend groß, weil es diesmal nicht *klappte*. Wir sind danach manchmal gemeinsam im Club gewesen, und manchmal war Heiko auch allein da. Natürlich bekam er dann auch unzweideutige Angebote und ein-, zweimal nahm er sie auch an. Ich hatte damit aber kein Problem und großes Vertrauen, auch weil er mir ja am nächsten Tag immer alles erzählte.

Als ich wieder einmal mit war, saß ich im Whirlpool, und so ein jungscher Schnösel hockte neben mir. Ich wollte auch mal versuchen, wie man sich aufgeilt, und ich merkte die ganze Zeit, ich traute mich nicht, dem Mann das zu sagen, daß ich es probieren will, da war so ein Himmelbett ... Eine Frau hat uns gesehen und Heiko sozusagen gewarnt: »Du, der ist sehr ausdauernd ...« Heiko kennt mich, er hatte Angst, daß ich schlecht nein oder stopp sagen kann, wenn ich erst mal angefangen habe, aber er ließ mich gewähren. Also machte ich die Erfahrung, daß Lust nicht immer auch puren Genuß bedeutet.

Wir hatten nun also unsere gemeinsame Pärchenclub-Erfahrung, und wir waren uns einig, daß es nicht das war, was wir wollten – es war so oberflächlich. Uns ging es nicht nur um das Sexuelle, sondern wir suchten auch Nähe und Freundschaft.

Als nächstes haben wir eine Anzeige aufgeben. Da ging aber etwas schief: Wir suchten und suchten in der entsprechenden Online-Ausgabe der Zeitschrift, die Anzeige war nicht erschienen. Das war um die Weihnachtszeit. Ich war anfangs ja nicht so begeistert von der Anzeigen-Idee, weil ich Angst vor Viren hatte. Nicht für uns, nein, ich hatte Angst vor Computerviren, die man sich einfangen kann, wenn man viele fremde E-Mails bekommt. Dann, ein gutes Vierteljahr später, versuchten wir es noch einmal. Hier, ich habe den Anzeigentext mitgebracht, ich les' mal was vor: »... junggebliebenes Ehepaar, Ende 30, sie etwas groß geraten ... mögen Dessous zu später Stunde und viele Streicheleinheiten ... suchen nichtrauchendes Paar auf gleicher Wellenlänge ... Erotik zu viert als Bereicherung der Partnerschaft ... Partnertausch bei gegenseitiger Sympathie kein ›Muß‹, aber ein ›Vielleicht‹, ... Wir haben pubertierende Söhne und würden auch gerne mit den Familien Freizeit verbringen.«

Das alles unter dem Stichwort: »Glücklich verheiratet und doch Lust auf Neues ...« Es war uns klar: Erotik ja, aber tabu ist SM und alles, was man besser allein auf der Toilette erledigt, und selbstredend nichts mit Kindern. Wir wünschten uns aber durchaus gemeinsame Unternehmungen und Freizeitaktivitäten mit der ganzen Familie. Das mit »glücklich verheiratet« hatten wir geschrieben, um einzelne Personen oder Paare, die sich was Falsches vorstellen, abzuschrecken. Es kamen etliche Mails, darunter sogar relativ lange, ausführliche. Aber auch solche wie: »Wir erfüllen all eure Kriterien ...« – so was hat uns eher abgestoßen.

Die Mail von Matthias und Simone kam so ziemlich als letzte, und sie war nicht sehr lang. Wir konnten uns schwer entscheiden, haben aber dann den beiden als einzigen ziemlich schnell geantwortet. Das war irgendwie Intuition, in ihrer Mail stand wirklich nicht viel.

Als wir uns die ersten Mails schrieben, waren Simone und Matthias dabei, ihr Dachgeschoß auszubauen. Wir hatten das auch gerade hinter uns, da weißt du, die Baustelle frißt einem fast die ganze Zeit weg. Auch wenn unsere Kontaktaufnahme jetzt in so eine Phase fiel, dachten die beiden wie wir: Die könnten es sein. Ihnen ging es wie uns: Sie dachten auch seit einem halben Jahr über etwas anderes nach. Sie waren auch im Winter in einem Pärchenclub gewesen, sie bekuckten sich dieselben Anzeigenseiten im Internet. Vieles war bei uns ähnlich: Wir hatten ein Haus neu gebaut, sie waren gerade dabei, ein altes Haus auszubauen. Wir waren seit 17 Jahren verheiratet, die beiden auch. Unsere Jungs Florian und Tom waren elf und dreizehn, ihre Tochter Nora zwölf. Wir kannten sogar den See, wo sie immer baden gehen, da hatten wir schon mal Urlaub gemacht.

Wir haben ihnen geschrieben: Schickt doch mal Bilder, wir schicken euch auch welche von uns. Die beiden mailten Fotos, die sie mit ihrer neuen Digital-Kamera gemacht hatten. Ich habe auf Arbeit ein Foto von Heiko und mir eingescannt, das bei einem professionellen Fotografen entstanden war – ich wollte meinem Mann nämlich eigentlich zum Geburtstag einen erotischen Kalender mit Fotos von mir schenken. Als ich dann aber gehört habe, was das kosten sollte beim Profi, dachte ich: Da nehme ich Heiko mit, dann haben wir gleich Fotos von uns beiden. Das war auch besser, weil ich ihm so nicht erklären mußte, wo ich alleine hin wollte, denn eigentlich sagen wir uns immer, wo wir sind. Wir hatten also diese Fotos, und eins davon haben wir Simone und Matthias geschickt, eins, wo wir uns richtig anhimmeln.

Nun war es so: Wir wußten, wie die aussehen, die wußten, wie wir aussehen. Die beiden schrieben: »Wir sollten uns schnell treffen, was ja nicht heißt, daß wir gleich ins Bett müssen.« Drei Wochen nach der ersten Mail haben wir uns verabredet. Wir wußten ja durch die Mails schon viel voneinander. Es war klar, daß es eine Ebene gibt. Als die beiden mit Nora zur Tür reinkamen, war es, als ob man sich schon ewig kennt. Obwohl: Als ich das erste Bild von Matthias sah, habe ich gedacht, er ist nicht mein Typ, vom Visuellen her. Aber ist das wirklich wichtig? Wir haben Kaffee getrunken, die Kinder waren im Schwimmbad. So hatten wir Zeit und Ruhe, uns näher kennenzulernen. Es gab so viel zu erzählen, und wir merkten dabei gar nicht, wie die Zeit verging.

Wir konnten ja nicht gleich irgendwas anfangen, die Kinder kamen ja zurück. Aber irgendwann waren die oben in den Betten. Matthias hatte aus dem Internet ein erotisches Würfelspiel heruntergeladen, so eins mit Aufgaben, wo aber jeder entscheiden kann, wie weit er gehen will. So ähnlich wie früher Flaschendrehen. Es ging von Streicheln und Küssen bis zur Preisgabe der Lieblingsstellung. Bis Mitternacht waren wir ganz schön aufgedreht, da war so ein erotisches Flair. Wir hatten uns in den Mails geschrieben, daß wir auch erotisch fotografieren wollen, in Dessous, das spielt auch heute noch eine Rolle. Wir hatten auch was von einer erotischen Modenschau geschrieben. Die wollte ich jetzt machen.

Bei dem Spiel war es schon ganz schön intim zugegangen. Ich hatte Matthias geküßt, gestreichelt und mich sogar bis zu seinen erogenen Zonen vorgewagt. Auch Heiko und Simone waren nicht gerade untätig gewesen, hatten sich erotisch also schon ganz schön viel getraut. Als ich mich für die Modenschau umziehen gehen wollte, sagte Matthias: »Aber nur mit Küßchen vorher.« Aus dem Küßchen wurde Sex, auch bei den anderen beiden. Es fing an mit Küssen, Streicheln, Lecken und steigerte sich dann schnell zu ausgiebigem Geschlechtsverkehr mit Partnertausch. Wir sind im Wohnzimmer geradezu übereinander hergefallen. Bis morgens um halb fünf. Das war der erste Geschlechtsverkehr. Die Modenschau haben wir trotzdem noch gemacht – danach. Wir haben geduscht, und dann sind wir als Paare – richtig sortiert – schlafen gegangen. So machen wir das heute noch, weil wir es momentan alle vier so wollen, und weil wir denken, daß es auch ein Zeichen für die Kinder ist, daß ihre Eltern zusammenbleiben und sich nicht trennen werden.

Diese erste Nacht hat jeder von uns absolut genossen. Das haben wir uns auch geschrieben. Wir konnten es kaum fassen, daß in so kurzer Zeit so viel Sympathie entstanden war. Wir fragen uns bis heute alle immer wieder: Wie kann das eigentlich sein? Ich kann es nicht anders nennen als: das absolute Glück, der absolute Glückstreffer. Und wir glauben fest daran, daß es weitergehen wird.

Seit wir ausgerechnet die beiden übers Internet kennengelernt haben, glaube ich auch nicht mehr an Zufälle. Uns passieren sowieso ganz viele Dinge gleichzeitig. Neulich zum Beispiel ist unsere Heizung ausgefallen. Als ich das abends Simone am Telefon erzählte, sagte sie, daß ihre Heizung sich auch verabschiedet hat. Manchmal starten wir einfach, um die anderen beiden auf die Schnelle und überraschend zu besuchen, und sie sind gerade auf dem Weg zu uns – tatsächlich oder zumindest in Gedanken. Das ist mehr als eine erotische Verbindung. Und das kann nicht schlecht sein, auch wenn die Gesellschaft das anders sieht – das heißt, es sehen würde, denn es kriegt ja keiner was mit.

Geplant war anfangs, daß wir uns so alle Vierteljahr sehen. Nach dem Kennenlernen hat es sich aber schnell auf vier bis sechs Wochen, nicht selten schon zwei, eingependelt.

Das mit den Treffen ist wunderbar, aber jeder hat weiter sein eigenes Leben: die Arbeit, die verwandtschaftlichen Beziehungen. Aber dann ist da auch ganz stark das Bedürfnis, daß du mit den anderen zusammensein willst. Das ist, wie wenn man verliebt ist. Die Entfernung, die knapp 100 Kilometer zwischen uns, ist günstig. Das ist zu viel, um sich jeden Tag zu sehen, aber man kann doch eben mal schnell in einer guten Stunde hin. Trotzdem nehmen wir durch das Mailen und Telefonieren ganz stark Anteil am Leben der anderen, wir tauschen aus, was wir erlebt haben, schreiben auch über die Erlebnisse oder Probleme mit den Kindern oder in den eigenen Beziehungen, geben uns Ratschläge und sprechen über das, was uns emotional bewegt.

Wenn wir uns dann treffen, ist ein Wochenende weg. Wir haben uns vorgenommen, auch immer etwas mit den Kindern zu machen. Das kann sein, daß wir alle zusammen ins Kino gehen, wir dann vielleicht in einen Erwachsenenfilm, sie in *Harry Potter*, aber hinterher treffen wir uns wieder. Oder wir fahren mit den Kindern zusammen ins Planetarium, ins Theater, Konzert ... Neulich waren wir alle zusammen in *Jesus Christ Superstar*. Das haben meine Eltern mit uns auch schon so gemacht: uns an Dinge herangeführt, die uns erst gar nicht so interessant erschienen. Im inzwischen sogar gemeinsamen Urlaub ist es genauso, wenn man mit den Kindern Museen besichtigt oder Kirchen ... Bisher wollen sie ja noch mit ihren Ellies in Urlaub.

Es ist lustig, wenn Heiko und ich bei Simone und Matthias zu Hause sind, schlafen wir immer in ihrem Ehebett – ich bin doch so groß, und das Ehebett ist länger als das Gästesofa – auf dem schlafen Simone und Matthias, wenn wir da sind. Morgens sitzen wir alle beim Frühstück zusammen, das ist immer ein Sektfrühstück, das gehört zum Ritual. Natürlich zieht sich die Abfahrt immer entsprechend hin. Das war schon beim ersten Mal so: Es fällt unheimlich schwer, sich zu trennen.

Im August hatten wir uns das dritte Mal gesehen, ich weiß das so genau, weil da der Geburtstag von meinem Vati ist. Matthias, Simone und Nora kamen aus dem Ostseeurlaub zurück, wir wollten uns in der Mitte treffen, in Berlin. Für die Kinder hatten wir einen Ausflug in den Filmpark Babelsberg vorgesehen, und wir wollten uns alle zusammen Berlin ankucken, den neuen Potsdamer Platz, das neue Sony Center. Simone hatte ein Ferienhaus in der Nähe von Berlin gebucht, wo wir und die Kinder jeweils abgeschlossene Bereiche hatten. Das fanden die Kinder natürlich klasse – und wir konnten relativ sicher sein, nicht in flagranti erwischt zu werden.

An diesem Abend, als wir zusammensaßen und Wein tranken, schenkten uns Simone und Matthias eine Herzbüchse, so einen Spartopf mit Figürchen in erotischen Stellungen drauf. Sie hatten gleich zwei gekauft. Wir haben geschwatzt, viel Spaß gehabt und abgemacht, daß wir in die Sparbüchse jedesmal einzahlen, wenn ein Paar miteinander schläft, also: die richtigen Paare, und es sollte ein vollendeter Geschlechtsakt sein, also mindestens einer muß einen Orgasmus gehabt haben. Ja, es gibt richtige Einzahlungsmodalitäten. Anfangs zahlten wir auch bei Intimrasur ein, das fiel später weg. Bei jedem Besuch wandern aber immer noch vier Euro in die Sparbüchse der Gastfamilie. Am Ende des Jahres wird ausgezählt. Die Summe überweist jeder auf sein Konto, und zu unserer Silberhochzeit in acht Jahren wollen wir vier zusammen nach Island. Ich freue mich auf Island, obwohl ich so eine Frierkatze bin. Natürlich sind wir, Heiko und ich, schon ordentlich im Hintertreffen, die anderen beiden schlafen eben öfter miteinander. Anfangs hatte das mit den Sparbüchsen ein bißchen Wettkampfcharakter, das hat sich jetzt verloren.

Jedenfalls: Als wir uns nach diesem Wochenende bei Berlin auf der Autobahn aus den Augen verloren haben, war das richtig traurig, fanden die anderen auch. Es ist so schön, daß wir gleich bei unserem ersten gemeinsamen Familienausflug merkten, wir haben eine Wellenlänge, auch bei den Ausflügen für die Kinder. Einer macht einen Vorschlag, und meistens finden den alle o.k. Manchmal ist bei den Familienausflügen auch ein Freund oder eine Freundin unserer Kinder dabei, und einmal verliebte sich da eine Freundin von Nora in Tom. Das funktionierte aber nicht lange – natürlich, in dem Alter, bei der Entfernung, man will sich doch ständig sehen. Ich kann mich an diese Episode noch genau erinnern, und das hat einen Grund: Simone, Matthias und Nora waren bei uns zu Besuch – und Heiko und Simone gerade hinten im Schlafzimmer; das vermeiden wir ja eigentlich tagsüber wegen der Kinder, aber wenn es schon passiert, sorgen wir immer dafür, daß wenigstens zwei, von jedem Paar einer, ansprechbar sind. Ausgerechnet in so einem Moment wollte Tom mit mir darüber reden, wie er das nun Noras Freundin beibringt, daß es so nicht geht, daß Schluß sein muß. Das hat mich sehr berührt, ich mußte an meine Jugend denken. Solche Liebeserlebnisse hatte ich nicht, schon wegen meiner Größe. Wenn mich mal ein Junge zum Tanzen aufgefordert hat und ich dann aufgestanden bin, wäre der immer am liebsten gleich weggelaufen, das habe ich gesehen. Mich hat das irgendwie doch gehandicapt, meine Größe.

Heiko und ich hätten auch gerne noch eine Tochter gehabt, und es ist für uns deshalb schön, jetzt mitzuerleben, wie Mädchen so sind, besonders im Vergleich zu unseren Jungs. Und für Nora ist es auch toll, daß da ein erwachsener Mann ist, der flachst und ihr Komplimente macht, das ist doch was anderes als der Vater.

Diese Viererbeziehung ist wirklich etwas ganz Besonderes. Klar – ich kann ja nur für mich sprechen, ich weiß es für die anderen nicht so genau – aber es gibt schon manchmal auch so etwas wie Eifersucht. Du vergleichst dich mit der anderen Frau. Was hat sie, was hab' ich nicht? Du siehst, daß der andere, also Heiko in diesem Fall, glücklich ist mit ihr. Zu Anfang waren wir ja alle vier immer in einem Raum, da kriegst du mit, was passiert, alle haben mehr Kontrolle. Die Wende in dieser Beziehung kam nach etwa einem Jahr. Da gibt es ein herrliches Foto, Matthias und ich draußen bei der Strafarbeit, beim Heckeschneiden, drinnen saßen Heiko und Simone und sprachen *den Sündenfall* durch. Es war nämlich folgendes passiert: Wir haben einen Weckdienst eingeführt fürs Aufstehen am Morgen. Also: Ich und Heiko kamen zu Matthias und Simone ins Zimmer und haben die beiden ganz lieb geweckt. Ich legte mich neben Matthias, Heiko zu Simone, und wir kuschelten ziemlich intensiv miteinander ... Matthias und ich können uns dann meistens nicht so schnell wieder voneinander lösen wie die anderen beiden, die sind diesbezüglich impulsiver und auch rationaler. Ja, da sind Heiko und Simone eben irgendwann duschen gegangen und wir beide – wir bekamen noch einmal so viel Lust aufeinander, daß wir ein zweites Mal miteinander schliefen. Simone hat das mitgekriegt, als sie zum Anziehen wieder reinkam, und da war dicke Luft. Zum einen, weil bei uns zu Hause eigentlich immer Heiko und ich das Frühstück machen, bei Simone und Matthias ist das dann umgekehrt, und zum anderen, weil wir allein und ohne es vorher mit den beiden abzusprechen, miteinander geschlafen hatten. Während des gemeinsamen Frühstücks war's irgendwie komisch. Klar, Matthias und ich hatten etwas getan, was sich Heiko und vor allem Simone zu diesem Zeitpunkt noch gar nicht vorstellen konnten.

Nun sind wir alle vier nicht die Typen, die etwas in sich hineinfressen. Heiko und Simone haben also drinnen geredet, und Matthias hat mir draußen gesagt: »Nun warte mal, Simone beruhigt sich schon wieder, ich kenne sie schließlich und weiß, was ich machen kann und was nicht.« So war es dann glücklicherweise tatsächlich. Wir tauschten anschließend auch noch alle vier gemeinsam unsere Gedanken und Gefühle aus und verabschiedeten uns nicht im Groll.

Ich hatte in den nächsten Tagen noch das Bedürfnis, das, was da vorgefallen war, in den Mails weiter zu klären. Ich schrieb beiden: »Ich möchte nicht, daß irgendwas zwischen uns steht, ein schlechtes Gewissen, was auch immer.« Ich hatte auch das Verlangen, besonders Simone zu sagen, daß ich mir manchmal diese Fragen stelle: »Was hat sie, was ich nicht habe?« Simone hat geschrieben, daß sie gelegentlich das Gefühl hat, bei Matthias zu kurz zu kommen, wenn wir alle vier zusammen sind. Es ist dann eben so, daß ich mehr Zeit mit Matthias verbringe. Klar, manchmal fragt man sich: »Kann es passieren, daß dein Mann doch zu Simone läuft?« Oder umgekehrt, ich zu Matthias? Eigentlich glaube ich nicht daran, wir haben alle unsere Häuser, die Kinder, die Arbeit, so viel gemeinsame Vergangenheit. Das kann man nicht einfach so eintauschen. Wir haben das alles inzwischen geklärt, und ich glaube, alle fühlen sich sicher, und das sind wir ja auch.

Bei allen Gemeinsamkeiten ergänzen wir uns eben auch so, daß wir zusätzlich das bekommen, was uns fehlt. Einerseits auf erotischem Gebiet: Matthias zum Beispiel liebt Oralsex, also er genießt es, mich mit seinem Mund, seiner Zunge, seinen Lippen zu verwöhnen beziehungsweise von Simone oder mir ebenso verwöhnt zu werden. Heiko dagegen liebt gerne kraftvoll und wollte schon immer gerne große Brüste anfassen, die konnte ich ihm nicht bieten. Er hat so große, breite Hände, und Simone hat große Brüste. Es gibt mittlerweile eine sogenannte Simone-und-Heiko-Stellung, bei der Heiko oben liegt, in der sie gerne miteinander schlafen und er Simone richtig durchfickt. Und es gibt eine Matthias-und-Christine-Stellung, bei der wir beide sowohl das ausgiebige Streicheln als auch das Ineinanderverschmelzen – abwechselnd ganz langsam und dann wieder schnell und tief – ausgiebig genießen. Aber bitte nicht falsch verstehen: Ich kann Heiko auch sagen: »Ich mag es genauso, wie du mich nimmst, mit Matthias ist das anders schön, es ergänzt sich eben.« Genauso ergänzt es sich auf nicht-erotischem Gebiet. Auch unsere Mentalitäten sind nämlich unterschiedlich: Simone und Heiko planen gerne, den Urlaub, das Wochenende – was machen wir? Matthias und ich tendieren häufiger zu spontanen Entscheidungen. Heiko und Simone merken sich wesentlich mehr Details als Matthias und ich, zum Beispiel von Ereignissen. Heikos Hobby ist die Küche, das Kochen und Backen ... Simones auch. Matthias und mich zieht es eher zum Computer. Es paßt einfach alles – in den Partnerschaften und kombiniert zwischen den Paaren. Ich habe relativ zeitig mal einen Traum gehabt: Da wohnten wir alle zusammen im Altersheim, in getrennten Zimmern zwar, aber eben wir vier zusammen.

Wir haben uns auch schon im Abstand von sieben Tagen getroffen, da merkst du dann aber: Das schaffst du auf Dauer nicht, das bringt das Leben zu sehr durcheinander, wir sind schließlich alle vier berufstätig. Natürlich haben wir eigentlich das Bedürfnis, uns öfter zu sehen. Es ist schon ulkig, als Matthias und Simone bei uns waren an einem Wochenende, kamen zufällig auch meine Eltern vorbei. Wir haben dann immer abwechselnd im Wohnzimmer meine Eltern unterhalten. Wenn ein Pärchen fehlte, konnten wir das erklären: Offiziell waren Heiko und Simone in der Küche, Matthias und ich am Computer. An diesem Nachmittag hat Heiko auch einfach die Hand auf Simones Bein gelegt, an den Rocksaum, da war zwar noch die Sessellehne davor, aber immerhin. Wir haben auch zusammen Silvester gefeiert, das erste Mal bei uns, das zweite Mal bei ihnen zu Hause. Silvester bei Simone und Matthias, da hatte Nora noch Freunde eingeladen, sie waren drei Jungs und drei Mädchen. Die waren oben, haben gefeiert und ihre Spiele gemacht. Wenn fremde Kinder im Haus sind, müssen wir noch vorsichtiger sein, da mußt du dir auch ein Küßchen verkneifen. Machen wir, aber ... Wir warteten schon manchmal alle vier richtig, daß die Kinder endlich ins Bett gehen. Da sitzen wir dann bei einer Flasche Wein. Im Laufe der Zeit wagen wir dann doch manchmal ein Küßchen oder fassten unters T-Shirt – die Risikobereitschaft wächst eben. Um elf, halb zwölf haben wir dann angefangen, uns auszuziehen. Und seit einem Jahr ist ja auch klar: Wenn ein Paar allein und die Gelegenheit günstig ist, dann passiert es eben.

Trotz aller Vorsicht: Irgendwann hat Nora ihre Eltern gefragt: »Warum küßt der Papa Christine auf den Mund?« Da hat Matthias ihr erklärt: »Christine und Heiko sind für uns viel mehr als nur gute Freunde, und das ist eben ein Zeichen dafür.« Wir haben uns immer viele Gedanken darum gemacht: Was denken die Kinder, wie verkraften die das, wenn sie was mitkriegen? Das Wichtigste für uns alle ist, daß wir ehrlich zu unseren Kindern sein wollen, ihnen die Wahrheit sagen bis zu dem Punkt, den sie unserer Meinung nach verkraften können, damit ihr Vertrauen nicht geschädigt wird. Wir meinen, daß das, was wir tun, für die Kinder o.k. ist, wenn sie merken, daß ihnen nichts *weggenommen* wird. Im Gegenteil, sie registrieren mehr und mehr, daß diese besondere Freundschaft ihrer Eltern auch für sie sehr viele Vorteile bringt – die gemeinsamen Unternehmungen, Matthias' Hilfe bei Computerproblemen ...

Dabei: Kinder sind ja noch sehr sensibel, was Paarbeziehungen angeht, gerade in der Pubertät. Für sie ist ein *Ich-liebe-dich* etwas für immer und ewig. Wenn man einen anderen küßt oder mit ihm schläft, kann das für sie Verrat sein. Sie haben überhaupt manchmal noch komische Vorstellungen. Als Nora mal mitgekriegt hat, daß ihre Eltern tagsüber miteinander geschlafen haben, hat sie gefragt. »Ja, macht man es denn auch am hellichten Tag?«

Als Simone und Heiko eines Nachts im Schlafzimmer waren und Matthias und ich lagen im Wohnzimmer, da haben wir mitgekriegt, daß plötzlich Tom runter kam, weil er Durst hatte. Matthias und ich waren so ungeduldig gewesen, hatten den Tisch beiseite geschoben und lagen miteinander auf dem Teppich, nackt aufm Teppich. Ich hatte das Gefühl, Tom hat was gesehen, durch die Milchglastür. Wir haben überlegt: Was machen wir? Aber wir haben abgewartet, ob er was sagt, wir hatten Bammel. Er hat aber nichts gesagt.

Als Nora ihre Mutter dann vor etwa einem halben Jahr gefragt hat: »Schläft Papa mit Christine?«, sagten Matthias und Simone ihr die ganze Wahrheit. Sie haben ihr auch erklärt, es gibt nichts zu verbergen, sie könnte sich die Mails durchlesen, alle Fotos ankucken. Und es hat Nora anfangs natürlich sehr interessiert. Sie wollte vieles wissen und hat sich auch fast alle Fotos angeschaut. Seit sie jedoch ihre erste Neugier befriedigt hat, fragt sie nur noch sporadisch. Unseren Jungs haben wir es bald darauf ebenfalls gesagt, daß es wie Verliebtsein ist, was wir erleben, daß Papa und Mama sich lieben, daß da mit Simone und Matthias aber eben auch noch etwas anderes ist, nämlich das lustvolle Entdecken eines anderen Körpers, eine zweite große neue Liebe. Die drei gehen nun mit unserer Beziehung sehr normal um, akzeptieren sie, ohne uns irgendwelche Vorwürfe zu machen.

Ich merkte, durch diese neuen Gefühle kommt auch das mit den Schmetterlingen im Bauch für den eigenen Partner wieder, dasselbe gilt für die beiden anderen. Matthias war letztes Jahr im Oktober drei Wochen dienstlich in Südafrika und saß da alleine am Atlantik, kuckte sich den Sonnenuntergang an und keiner war da, weder Simone noch wir – da hat er Simone sehnsüchtige Liebes-Mails geschrieben, er hat sie richtig vermißt. Uns natürlich auch ... Jedenfalls sagte Simone: »Man freut sich dann ganz doll auf den anderen.«

Ja, es ist so: Wir sind Teil voneinander. Diese Familie ist Teil von uns, Teil von unserem Leben, und wir sind Teil von ihrem Leben. Wir denken in ganz vielen Situationen: Was würden die jetzt sagen, wie würden sie entscheiden? Simone ist meine Freundin – aber sie ist auch die Geliebte meines Mannes. Ich möchte, daß auch diese Rest-Eifersucht, dieses umnütze Vergleichen, noch aufhört. Die Basis für unsere Ehe ist doch, daß wir wissen, wir gehören zueinander. Uns ist allen klar, daß es im Alltag überkreuz nicht gehen würde. Dabei ist wirklich alles sehr nah, ihr Zuhause ist wie ein zweites Zuhause für uns. Wir hoffen, daß es so bleibt, daß wir das schaffen bis ins Alter.

Wir schreiben uns viele Mails. Ich schreibe gern, ich kann mich ausdrücken, aber durch die Mails ist das manchmal ein wirkliches Aufarbeiten, es wird reflektiert. Es ist ja auch wirklich etwas Besonderes, Unfaßbares, unerklärbar Schönes, was uns da passiert. Wir hatten alle die letzten zehn Jahre nichts wirklich vermißt, haben trotzdem gesucht und finden: uns! Simone und Matthias reden zuweilen mehr miteinander als wir. Die werten auch die Dinge detaillierter aus, die wir zu viert erleben, und schreiben es uns. Heiko und ich genießen das. Wir versuchen, alle miteinander so offen wie möglich zu sein. Aber klar, natürlich erzähle ich Heiko nicht immer haarklein alles, was ich mit Matthias im Bett erlebe oder worüber wir reden. Das geht auch gar nicht. Aber wir reden über manches und vor allem viel öfter miteinander als früher.

Klar denkt man manchmal über komplizierte Sachen nach, was ist, wenn Simone oder ich, wenn eine von uns schwanger wird. Sie nimmt die Pille, ich habe die Spirale. Wie wäre es im Zweifelsfalle mit der Gesetzeslage? Aber das ist eben auch das Spiel des Lebens. Uns stellte sich beim ersten Mal natürlich auch die Frage nach Kondomen, wegen Aids. Nach einem kurzen Meinungsaustausch verzichteten wir jedoch darauf. Wir haben da alle offenbar so ein Urvertrauen, auch wenn uns klar ist, daß dies durchaus schwerwiegende Folgen hätte haben können.

Simones Eltern haben schon sehr früh bemerkt, daß zwischen uns mehr ist als nur eine *normale* Bekanntschaft, weil wir uns ja auch so oft treffen. Zum Beispiel verblüfften wir Simone und Matthias am Valentinstag mit einem Kurzbesuch. Simones Eltern waren auch gerade da und wunderten sich natürlich über die Überraschungsgäste. »Na, aber es ist doch Valentinstag!« haben wir da gesagt, und für uns war alles klar. Wir glauben jedoch, daß die Eltern die wahre Intensität der Beziehung bis heute nicht erkannt haben.

Meine Eltern sind glücklich miteinander, auch Simones Eltern sind ein zufriedenes Paar. Wir kommen aus glücklichen Familien und machen so was ... Nein, vielleicht machen wir es gerade, weil wir aus glücklichen Familien kommen. Ich habe bei meinen Eltern nur einen Versuch mit einer Andeutung gewagt. Sie haben einen großen Freundes- und Bekanntenkreis, können sich aber nicht vorstellen, daß da sexuell auch etwas sein könnte. Darüber spricht ja kaum jemand. Und auf der Kur für junge Mütter, bei der ich vor einigen Jahren mal war, da kam raus: Die meisten schlafen nur selten oder nur am Wochenende mit ihrem Mann.

Es ist komisch, wie wichtig die Menschen den Sex andererseits nehmen. Eine Tante hat mal zu mir gesagt: »Schau doch mal, wie Heiko mit der Simone flirtet, paß bloß auf ...« Simone und Matthias sind inzwischen selbstverständlich auch bei unseren Familienfeiern dabei. Daß Leute wie meine Tante so ängstlich und zögerlich auf ihre Beziehungen achten, hängt wahrscheinlich mit dem Geld zusammen, der Angst vor den finanziellen Folgen, wenn man sich trennt. Ich finde, das wird immer schlimmer, gerade auch, wenn die Frauen nicht berufstätig sind. Ich bin gerne Mutter, ich fand auch die bei mir jeweils einjährige Erziehungszeit zu Hause richtig und wichtig, aber dann muß man auch loslassen können, und ich wollte einfach wieder arbeiten. Ich weiß aber auch: Du mußt vor allem dann da sein, wenn dein Kind dich wirklich braucht, wenn es Probleme hat, in der Schule oder mit sich selbst. Das ist wichtig!

Als ich mal in Toms Schulbibliothek auf ihn gewartet habe, lag da ein Buch: Reflexionen berühmter Persönlichkeiten, von Goethe bis sonst wem. Das war so interessant. Ich denke, jeder müßte mehr Zeit für sich haben, wo du dich fragst, wer bist du eigentlich und was ist dir wirklich wichtig im Leben? Das kam bei mir erst in den letzten Jahren, wird Zeit, wir sind alle immerhin plusminus 40 mittlerweile.

Ich war von Kind auf schüchtern und ängstlich. Meine Mutter sagt, daß ich Angst vor der Schule hatte, weil ich meinte, ich könnte das alles nicht. Ich hatte auch Angst, Verwandten, die zu Besuch kamen, die Tür aufzumachen oder ihnen etwas vorbeizubringen. Erst meine Lehrzeit war für mich der Weg in die Selbständigkeit; plötzlich stand ich da und mußte mir selbst die Fahrzeiten für den Zug zusammenstellen. Meine Größe war für mich auch immer ein kleines Handicap, ich fühlte mich deplaziert. Und ich hatte keine Freundin, mit der ich das alles bereden konnte. Gut, nach dem Abitur, der Lehre und vor allem während des Studiums hat sich das alles ein bißchen gelegt. Aber erst jetzt spüre ich, daß ich bei mir angekommen bin.

Ich konnte ja nicht wissen, was auf mich zukam, als wir vier uns das erste Mal getroffen haben, als wir das erste Mal miteinander schliefen. Ich kann nicht sagen, daß ich nicht gerne mit meinem Mann schlafe. Im Gegenteil, damals wie heute. Aber der Aufbau der Erotik ist anders mit Simone und Matthias zusammen. Wir alle erleben Dinge, die wir sonst wohl nie erfahren hätten. Daß die Kinder es jetzt wissen, hat auch viel geändert in unserer Viererbeziehung. Es ist jetzt kein Problem mehr, daß man sich mal überkreuz berührt oder sich ein Pärchen schon mal tagsüber ins Schlafzimmer zurückzieht. Früher ging das nicht, da mußten wir viel mehr aufpassen.

Meine Eltern, all unsere Eltern, wissen nicht, was läuft. Ich nehme an, daß sie damit auch überfordert wären. Manchmal denke ich, vielleicht ahnen sie ja doch, was wir machen. Simones Mutter hat zum Beispiel kürzlich zu ihrer Tochter gesagt, als es um ein Kochbuch ging: »Das wäre doch was für *deinen* Heiko.« Und auf Arbeit bei mir las mal eine Kollegin während der Kaffeerunde Bekanntschafts-Inserate aus der Zeitung vor. Das war Gesprächsstoff, alle haben sich amüsiert und waren sehr interessiert. Ich dachte nur bei mir: »Wenn ihr wüßtet ...« und würde ihnen schon gern erzählen wollen, wie wunderbar bereichernd eine *Nebenbeziehung* sein kann, wenn alle Beteiligten sie genießen können.

Matthias und ich waren bisher immer die, die am meisten gewagt haben, ob nun beim Küssen, Händchenhalten vor den Kindern, was man eben so macht, wenn man verliebt ist. Jetzt, seit die Kinder es wissen, sind auch Heiko und Simone offener.

Wie verwirrend so eine intensive und wunderbare Viererbeziehung trotz allem doch sein kann, zeigt folgendes Beispiel. Der Satz »Ich liebe dich« gehört eigentlich nur dem eigenen Partner. Ich kann also theoretisch zu Matthias nicht sagen: »Ich liebe dich«, auch wenn diese Liebeserklärung mir schon oft auf der Zunge lag. Das ändert sich jedoch auch langsam. Mittlerweile kann ich mir nämlich zumindest vorstellen, es ihm irgendwann ins Ohr zu hauchen.

Ach ja, es ist so schön mit uns. Einmal haben Heiko und ich im Wohnzimmer gesessen und nur zugekuckt, wie sich Simone und Matthias miteinander hochschaukelten. Als sie dann vom Wohnzimmer ins Schlafzimmer wechselten, haben sie nicht direkt gesagt: »Ihr könnt auch kommen«, aber wir sind kurze Zeit später hinterhergegangen. Wir haben einfach nur geschaut und genossen.

Du genießt es eben auch, zu sehen, wie die beiden anderen sich gut tun. Auf einmal waren Heiko und ich doch dabei, es hat sich etwas verknäuelt, wir zwei Frauen lagen in der Mitte. Matthias hat mich an der Klitoris berührt, Simone streichelte mich an einer Brust, Heiko an der anderen. Also, so ein Gefühl hatte ich noch nie, so einen Orgasmus. Danach haben wir alle vier nur dagelegen und geträumt. Nach diesem wunderbaren Gefühl war es schön, den eigenen Partner zu spüren, du wolltest auch noch mit dem eigenen Partner ... Die Viererbeziehung ist für uns alle ideal, man bekommt so viel dazu und verliert dabei absolut nichts.